Helen Waldstein Wilkes

»Das Schlimmste aber war der Judenstern«

Helen Waldstein Wilkes

»Das Schlimmste aber war der Judenstern«

Das Schicksal meiner Familie

Osburg Verlag

Titel der Originalausgabe:
Letters from the Lost
A Memoir of Discovery
© 2010 Helen Waldstein Wilkes
Published by AU Press, Athabasca University
Edmonton, Canada

Alle Rechte der deutschen Ausgabe
© Osburg Verlag Hamburg 2014
www.osburgverlag.de

Lektorat: Bernd Henninger, Heidelberg
Satz: G&U Language & Publishing Services GmbH, Flensburg
Druck und Bindung: GGP Media GmbH, Pößneck

Printed in Germany

ISBN: 978-3-95510-043-8

Dank

Die Übersetzung ins Deutsche wurde ermöglicht durch:
Christina Goldt
Ingrid Hildebrand
Margarete Kollmar
Angelika Meirhofer
Ilse Windhoff

Inhalt

Stammbaum

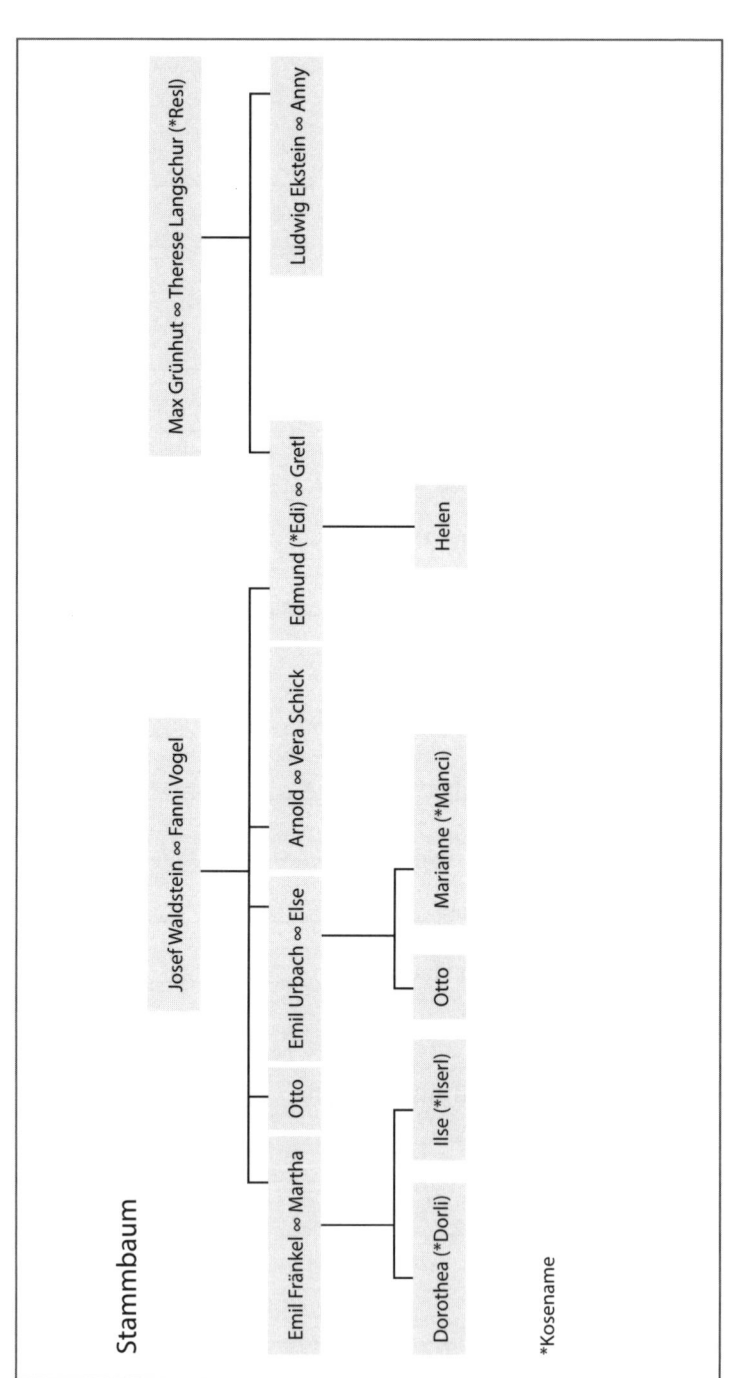

Max Grünhut ∞ Therese Langschur (*Resl)

Ludwig Ekstein ∞ Anny

Edmund (*Edi) ∞ Gretl

Helen

Josef Waldstein ∞ Fanni Vogel

Arnold ∞ Vera Schick

Marianne (*Manci)

Emil Urbach ∞ Else

Otto

Otto

Ilse (*Ilserl)

Emil Fränkel ∞ Martha

Dorothea (*Dorli)

*Kosename

Stammbaum der Familie Waldstein

1. Kapitel

Eine Schachtel aus Pappe

Für mich existierte sie immer, diese Pappschachtel, die gerade so groß ist, dass ein paar Zeitschriften hineinpassen würden. An eine Zeit ohne die Schachtel kann ich mich nicht erinnern. Ich glaube, sie kam von Eaton's, damals das größte Kaufhaus in Kanada.

Die Schachtel gehörte meinem Vater. Sie war rot und mit kitschigen Bildern beklebt: Ein Vater, der einen Schlitten zieht, bunt gekleidete Kinder, die fröhlich Schlittschuh laufen, dazwischen kleine Stechpalmenzweige mit roten Beeren. Eigentlich eine Schachtel für ein Weihnachtsgeschenk.

Warum hatte mein Vater gerade diese Schachtel zum Aufbewahren seiner Briefe ausgesucht? War es seine Sehnsucht nach einer fröhlichen kanadischen Familie? Verkörperten die Bilder den Traum eines neuen Lebens in Kanada? Oder erinnerten sie ihn an eine vergangene, eine frohere Zeit? An seine eigene Kindheit?

Ich war gerade 22 Jahre alt, als er starb. Ich hatte zum ersten Mal das Elternhaus verlassen und mein Studium an der Sorbonne begonnen, als mich das Telegramm erreichte: »Vater krank. Komm sofort zurück.« Am nächsten Tag saß ich im Flugzeug, aber da war es schon zu spät.

Obwohl ich noch unter dem Schock seines Todes stand, hatte ich nur diesen einen Gedanken, der mich nicht losließ: Ich musste unbedingt meine Mutter dazu bringen, die Schachtel für mich aufzubewahren. Ich weiß nicht, was meine Mutter mit den anderen Habseligkeiten meines Vaters getan hat. Vielleicht hat sie ihn in seinem einzigen guten Anzug beerdigt, seine übrige Kleidung mag sie an bedürftige Nachbarn verschenkt haben, und die wenigen deutschen Bücher hat sie womöglich weggeworfen, weil sie sich dachte, dass sowieso niemand sie jemals lesen würde. Doch die Schachtel mit den Briefen hat sie tatsächlich aufgehoben.

Das Album mit den Familienfotos hat sie auch behalten. Erinnerungen können mit der Zeit verblassen, aber Fotos bleiben ewig.

Wenn ich heute diese Bilder betrachte, sehe ich Menschen in einer Welt, die schon lange nicht mehr existiert. Aber ich entsinne mich gut, wie es war, wenn meine Mutter das Album hervorholte. Zuallererst breitete sie ein weißes Tuch auf dem Tisch aus und danach legte sie das Album darauf. Und dann war sie oft lange schweigsam und tauchte mit ihren Gedanken wie in eine andere Welt ein. Und noch heute höre ich ihre Stimme in der mir so vertrauten Färbung. Ihre Finger tasteten über die Gesichter der Angehörigen und sie erzählte mir von ihnen:

»Hier ist dein Onkel Arnold, der Bruder deines Vaters mit seiner Frau Vera, an ihrem Hochzeitstag. Vera war hübsch und hochintelligent. Sie haben sich so gut ergänzt. Er war Ingenieur und sie war Ärztin. Damals als Frau Medizin zu studieren, das war ja doppelt schwer.

Hier ist deine Tante Martha, die jüngste Schwester deines Vaters. Schau dir diese lockigen schwarzen Haare an! Sie war noch so jung, als sie Emil Fränkel geheiratet hat. Und hier ist ein Bild von deiner Cousine Ilserl. Vielleicht erinnerst du dich nicht mehr, aber ihr zwei habt stundenlang miteinander gespielt. Von der kleinen Dorli haben wir keine Bilder. Sie kam auf die Welt, kurz bevor wir Europa verließen.

Das hier ist ein Bild von Else. Sie ist die ältere Schwester deines Vaters. Deine Cousine Ilserl wurde nach Else benannt, weil sich Else schon als Kind wie eine zweite Mutter um Martha gekümmert hat.

Hier ist Else an ihrem Hochzeitstag. Sie hat Emil Urbach geheiratet. Der war ein sehr berühmter Arzt. Die Patienten kamen aus ganz Europa zu ihm – bis die Nazis an die Macht kamen. Dann war alles aus. Und hier, das sind die Urbach-Kinder, Marianne und Otto. Sie waren etwas älter als du, aber sie haben so gerne mit dir gespielt!«

Als Einzelkind auf einer von der Welt abgeschnittenen Farm fühlte ich mich so einsam, dass ich diese Worte geradezu aufsaugte. Da wir so weit weg von Nachbarn wohnten, hatte ich keine Spielkameraden, und meine Eltern besaßen weder Auto noch Telefon, um die Einsamkeit zu lindern. Als ich fünf Jahre alt war, konnte ich endlich in die Schule gehen, um meine ersten Worte Englisch zu lernen. Bis dahin war das Fotoalbum das Einzige, was mich mit anderen Menschen verband.

Manchmal bin ich heute noch neidisch, wenn ich meine Freunde die Feiertage planen höre:

»Es ist wichtig, dass die ganze Familie zusammenkommt.«

»Letztes Jahr waren wir 24.«

»Mein Sohn bringt dieses Mal seine neue Freundin mit, dann sind wir 31 bei Tisch.«

»Wie hältst du es mit der Sitzordnung? Die Kinder an einem Tisch und die Erwachsenen separat oder alle zusammen?«

Brüder, Schwestern, Tanten, Onkel, Vettern und Cousinen, Großeltern. Oft habe ich mich gefragt, wie es wohl sein würde, sie alle zu kennen. Für mich bestand die Familie nur aus drei Personen: Mutter, Vater und ich. Für kurze Zeit waren wir fünf. Das war, als die einzige Schwester meiner Mutter, Anny, und ihr Mann Ludwig mit uns auf der Farm lebten.

Anny und Ludwig hatten keine Kinder. Man erzählte sich, dass Anny keine Kinder bekommen konnte, weil sie in Europa als Röntgenassistentin gearbeitet hatte, zu einer Zeit, als die schädlichen Auswirkungen der Röntgenstrahlen noch nicht bekannt waren. Oft drängte ich meine Eltern, noch ein Kind zu bekommen. Ihre Antwort war immer dieselbe: »Am Anfang hatten wir Angst. Du warst noch ein Baby, als wir geflohen sind, und wir waren Fremde in einem fremden Land. Wir hatten kein Geld, wir sprachen kein Englisch und wir hatten keinen passenden Beruf. Wir hatten Angst – und jetzt ist es einfach zu spät.«

Warum waren wir nur so wenige? Wo waren all unsere Verwandten aus dem Fotoalbum?

Mein Vater hatte vier Geschwister, von denen drei verheiratet waren. Sie luden einander zu ihren Hochzeiten ein, freuten sich zusammen, wenn einer von ihnen einen herausragenden Erfolg zu feiern hatte, und halfen sich gegenseitig, wann immer es nötig war. Drei der fünf Geschwister – Else, Martha und mein Vater – hatten Kinder und wohnten in der Nähe der Großeltern. So konnten sich Oma Fanni und Opa Josef am Lachen der Enkel erfreuen.

Leider besitzen wir keine Porträts von den Eltern meines Vaters. Von meiner Großmutter Fanni habe ich nur einen Schwarz-Weiß-

Schnappschuss. Sie sitzt in einem Liegestuhl im Garten und sieht liebevoll auf ein Kind herab, das sich an sie schmiegt. Das Kind ist meine Cousine Ilserl. Auf dem besten Bild, das es von meinem Großvater Josef gibt, trägt er Uniform. Es ist ein Foto aus dem Ersten Weltkrieg und zeigt ihn mit seinen drei Söhnen, Arnold, Otto und Edmund, alle uniformiert. Edmund, mein Vater, war damals siebzehn Jahre alt.

Es wird oft gesagt, dass Großeltern einen starken Einfluss auf ihre Enkel haben. Ich weiß von einem Großvater, der seine Liebe zur Natur an seine Kindeskinder weitergegeben hat, oder von einem, der seinem Enkel gezeigt hat, wie man mit Werkzeug umgeht und wie stolz es einen macht, etwas mit den eigenen Händen zu schaffen. Ich kenne eine Großmutter, deren unendliche Liebe sich untrennbar mit dem Duft ihres frisch gebackenen Kuchens verband.

Was heißt es, Großeltern zu haben? Ich weiß es nicht, da ich keine bewusste Erinnerung an sie habe. Großmutter und Großvater sind keine Realität für mich. Es sind nur Namen, die zu den Bildern im Fotoalbum gehören. Großvater Max, der Vater meiner Mutter, ist nicht mehr als das Bild eines Mannes im Anzug mit Weste, ein Mann mit buschigen Augenbrauen und einem Schnurrbart über einem ernsten Mund. Er steht hinter einer einfach gekleideten Frau, die ein herzförmiges Medaillon trägt. Das ist meine Großmutter Resl.

Ich sammelte damals Geschichten über meine Großeltern, so wie ich dünnes Silberpapier von Zigarettenschachteln sammelte. Das Silberpapier brachten die Kinder in die Schule, für die Kriegshilfe. Kein Lehrer hat mir jemals erklärt, wie diese Folie unseren Soldaten helfen könnte. Ich stellte mir Berge von Silberpapier vor und Fabriken, in denen man daraus Tragflächen für Flugzeuge schmiedete.

Vieles wurde nicht erklärt. Aber sogar als Kind wurde mir irgendwann klar, dass es zwischen den Bildern im Fotoalbum und den Briefen in der bunten Schachtel einen Zusammenhang gab. Die Briefe waren immer auf hellblauem Luftpostpapier geschrieben. Immer wenn ein Brief kam, legte ihn der Briefträger in den Metallbriefkasten, der an einem Pfosten oben an der Landstraße angebracht war. Jedes Mal schickten mich meine Eltern mit einem liebevollen Klaps in den Garten. »Geh spielen«, sagten sie.

Allein streifte ich durch unseren zugewachsenen Garten und versuchte mir auszudenken, was für Geheimnisse wohl hinter den verschlossenen Türen besprochen wurden. Wenn es vorher geregnet hatte, ließ ich in den Pfützen auf dem Fahrweg zu unserem Haus Holzstückchen schwimmen. Ich stieß sie übers Wasser und stellte mir vor, dass sie Schiffe auf dem Ozean wären. Einige Schiffe erreichten das sichere Ufer, andere nicht.

Obwohl der Krieg schon begonnen hatte, bekamen wir immer noch Briefe. Ich erfuhr später, dass eine Cousine meines Vaters in New York die Briefe an uns weitergeleitet hatte. Nach dem Angriff der Japaner auf Pearl Harbor Anfang Dezember 1941 kamen keine Briefe mehr. Bei Kriegsende war ich fast neun, alt genug, um mich daran zu erinnern, mit welcher Ungeduld meine Eltern auf Nachricht warteten.

Als der letzte, lang ersehnte Brief endlich unser Haus erreichte, wurde ich für lange Zeit aus dem Haus verbannt. Habe ich es wirklich gehört oder mir nur vorgestellt, dieses schreckliche Jammern, das mich noch heute mit Entsetzen erfüllt?

Schließlich kamen meine Eltern aus dem Haus, um ihrer täglichen Arbeit nachzugehen. Die Kühe mussten gefüttert und gemolken werden, der Stall wurde ausgemistet und das zweimal am Tag, ganz egal, was passiert war. Ich kam mir vor, als ob ich meine Eltern wie Fische in einem Aquarium beobachtete. Sie waren kaum mehr wiederzuerkennen und von einer unheimlichen Ruhe umgeben, ganz für sich in einer Welt, in der ich sie nicht erreichen konnte.

Dieses beängstigende Schweigen blieb. Obwohl sich meine Eltern langsam wieder an den Alltag gewöhnten, war doch etwas völlig anders geworden. Ich konnte es nicht benennen, aber dieser letzte Brief markierte eine Wende. Ab jetzt konnte nicht mehr über alles gesprochen werden. Ich habe nie gefragt, was in dem Brief stand, und man hat es mir auch nie gesagt.

***

Ich weiß nicht, wann mir zum ersten Mal klar wurde, dass mein Vater die Briefe behalten und in der bunten Schachtel aufbewahrt hatte. Ich weiß nicht einmal, wann ich eine Verbindung zwischen den Briefen und seiner Familie herstellte. Wahrscheinlich war es im Frühjahr 1946, als ich in der sechsten Klasse war und wir in die Stadt umzogen.

Als der Krieg vorbei war, konnten meine Eltern endlich die Farm hinter sich lassen. Einerseits waren sie stolz, ihre Dankesschuld an Kanada abgeleistet zu haben, andererseits sehnten sie sich nach einem ihr Leben bereichernden Freundeskreis, wie sie ihn in Europa hatten. Der Umzug in die Stadt bedeutete für meine Eltern die Rückkehr in ein kultiviertes Leben. Die Farm hatten sie dem erstbesten Interessenten, der auftauchte, gern verkauft. Mit dem Erlös erwarben sie ein altes Haus in Hamilton. Wir wohnten im Arbeiterviertel dieser Industriestadt und teilten das Haus mit einer anderen Familie, um die Hypothek ablösen zu können. Aber alles erschien ihnen besser als Kühe melken, Hühner schlachten und das abgeschiedene Leben auf der Farm.

Mein Vater arbeitete sechs Tage in der Woche als Packer in einem Lagerhaus. Täglich kamen Lastwagen voller Kisten, die er abladen und ein paar Tage später auf andere Lastwagen wieder umladen musste. Meine Mutter fand eine Stelle als Akkordarbeiterin in einer Textilfabrik, und ich hatte den Eindruck, dass es nichts gab, was meinen Vater mehr quälte. In diesen Nachkriegsjahren beklagte er stets, dass seine Frau arbeiten gehen musste. Manchmal sprach er sehnsüchtig von dem Plan, einen kleinen Lebensmittelladen zu kaufen, um eine eigene wirtschaftliche Grundlage zu haben, aber es blieb nur ein Wunschtraum.

Hatten sie Angst, das Wenige, das sie besaßen, aufs Spiel zu setzen? Waren die paar Ersparnisse zu gering, sogar für einen heruntergekommenen Laden? Was auch immer der Grund dafür gewesen sein mag, meine Eltern haben sich jedenfalls niemals selbstständig gemacht. Bis zum Ende ihres Arbeitslebens blieben sie unter dem Joch der Abhängigkeit von Vorgesetzten, die genau wussten, dass diejenigen, die keine Qualifikationen vorzuweisen hatten und nur wenig

Englisch konnten, geringen Einfluss auf Bezahlung oder Arbeitsbedingungen hatten.

Das Lagerhaus, in dem mein Vater Kisten hin und her schleppte, lag in der Stadtmitte. Meine Mutter hatte einen weiteren Weg zur Arbeit. Sie musste mit der Straßenbahn fahren. In der Frühe – an hellen Sommermorgen oder in der Dunkelheit des Winters – begleitete mein Vater sie zur Haltestelle und wartete ab, bis sie eingestiegen war. Dann erst kam er zurück, um seinen Kaffee fertig zu trinken, während ich meine Schulbücher zusammensuchte.

Es lag bloß eine Stunde Zeit zwischen meiner Rückkehr von der Schule und der Rückkehr meiner Mutter von der Arbeit, aber diese Stunde war für mich die längste des Tages. Sie schien kein Ende zu nehmen. Manchmal stöberte ich dann im Haus herum. Eines Tages öffnete ich die Nachttischschublade meines Vaters und fand Ratgeberbroschüren für das eheliche Sexualleben. Ich las diese Broschüren und versuchte, eine Verbindung herzustellen zwischen den abgebildeten Zeichnungen und den verwirrenden Bruchstücken, die ich aus dem einzigen (und peinlichen) Gespräch zu diesem Thema mit meinen Eltern behalten hatte. Sie hatten es »Aufklärung« genannt. Das war meine einzige sexuelle Erziehung gewesen.

Es war wahrscheinlich während so einer Stöberstunde nach der Schule, als ich im Nachttisch meines Vaters die bunte Schachtel zum ersten Mal sah. Ich erinnere mich daran, wie meine Hände zitterten, als ich das Band von der Schachtel streifte, und welche Angst ich hatte, meinen ungeschickten Finger könnte es nicht gelingen, die Schleife wieder zuzubinden.

Ich entsinne mich auch, dass ich die Briefe gesehen hatte. Dutzende von Briefen, und auch wenn ich in den Sexratgebern geschmökert hatte – im Wissen, dass ich es nicht tun sollte –, hatte ich die Briefe nicht gelesen. Irgendwie war mir bewusst, dass diese Briefe etwas Besonderes waren. Sehr sorgfältig band ich die Schleife wieder zu und legte die Schachtel genau an ihren Platz zurück.

Ich glaube, dass ich kaum noch an die Schachtel dachte, bis zu dem Zeitpunkt, als mein Vater starb. Damals bat ich meine Mutter, die Schachtel für mich aufzubewahren. Ich erinnere mich, dass sie sagte, sie habe sie in den Keller getan, zu den High-School-Zeugnissen, den Sportabzeichen und zu dem Akkordeon, auf dem ich nicht mehr spielte. 1967 heiratete ich und zog nach Vancouver. Auch hier gab es bewegte Jahre mit Umzügen von einer Wohnung in die nächste, bis ich schließlich ein bleibendes Zuhause erwarb. Als meine Mutter bei einem ihrer Besuche die Schachtel mitbrachte, schien sie mir dadurch zu bestätigen, dass ich jetzt erwachsen war und dass ihr Haus in Hamilton nicht mehr mein richtiges Zuhause war. Ich erinnere mich, meinen Dank gemurmelt und die Schachtel ins oberste Fach des Schlafzimmerschranks gestellt zu haben. Da blieb sie, Jahr für Jahr, unbeachtet und vergessen.

Erst 1996, im Jahr meines sechzigsten Geburtstags, hatte ich das Bedürfnis, die Schachtel zu öffnen. Dieser Geburtstag sagte mir, dass es Zeit wäre, ein neues Kapitel meines Lebens zu beginnen. Jahrelang hatte ich eine Tür geöffnet und eine andere geschlossen. Mein Leben kam mir vor wie in Abschnitte aufgeteilt: vor dem Studium und danach, vor der Heirat und danach, bevor die Kinder da waren und nachdem sie das häusliche Nest verlassen hatten. Ich hatte das Bedürfnis, alle Türen gleichzeitig zu öffnen und mich im Geiste frei in der Vergangenheit und in der Gegenwart zu bewegen. In diesem Sommer ging ich ganz allein in meine Hütte in den Bergen und nahm die Schachtel mit. Es war das erste Mal, dass ich kein einziges Buch dabei hatte.

Lange saß ich vor der bunten Schachtel und starrte sie an. Unsicher betasteten meine Finger das alte Band. Selbst als die Schleife gelöst war, zögerte ich noch. Nur das Ticken der Uhr unterbrach die atemlose Stille. Die Sommersonne schien durchs Fenster, doch meine Hände waren eiskalt. Endlich nahm ich den Deckel ab.

Vor mir lagen sorgsam gefaltete Blätter aus dünnem Luftpostpapier. Einige Briefe steckten in Umschlägen mit rot-weiß-blauem Rand, andere waren vorgedruckte Luftpostbriefe zum Zusammenfalten mit einem Adressfeld auf der Rückseite. Das Papier war so dünn, dass die Schrift durchschimmerte. Einige Blätter waren beidseitig beschrieben; jeder Zentimeter war mit winzig geschriebenen deutschen Wörtern bedeckt.

Ich griff nach dem obersten Brief und betastete das dünne Papier. Zeit verging. Endlich entfaltete ich es und suchte nach der Unterschrift. Emil. Sofort wusste ich, dass es ein Brief von Emil Fränkel war. Emil war der Mann von Martha, der jüngsten Schwester meines Vaters, und zugleich auch der beste Freund meines Vaters. Ich saß lange da und erinnerte mich an die regelmäßigen Sonntagmorgenspaziergänge mit meinem Vater nach unserer Übersiedlung in die Stadt. Ich war einsam, aber ich glaube, mein Vater war noch einsamer. Zusammen spazierten wir durch unser Viertel, nur wir beide. Manchmal sagte mein Vater, wie sehr er Emil vermisse und welches Glück er gehabt habe, einen Schwager zu haben, der auch sein bester Freund geworden war. Manchmal starrte mein Vater vor sich hin, und dann sagte er leise: »Wenn nur der Emil nach Kanada hätte kommen können ...«

Emil hatte darauf bestanden, dass wir nach Kanada auswanderten. Meinen Eltern wäre es nie in den Sinn gekommen. Warum sollte auch jemand eine liebevolle Familie, Freunde und ein bescheidenes, aber sicheres Auskommen aufgeben, um über den Atlantik zu reisen? Und warum gerade nach Kanada? Meine Eltern haben oft gesagt, dass sie sich vorgestellt hatten, den ganzen Sommer über mit Bären kämpfen zu müssen und im Winter in einem Iglu zu hocken.

Meine Eltern waren einfache Menschen. Wie seine vier Geschwister wurde mein Vater daheim in seinem Elternhaus im Dorf Strobnitz geboren. 1900, im Jahr seiner Geburt, war Strobnitz ein entlegenes Nest in einem ebenso entlegenen Winkel der Österreichisch-ungarischen Monarchie. Da es in solch einem Dorf nur eine Volksschule gab, besuchte mein Vater die Handelsakademie im nahe gelegenen Gmünd, wo er Buchführung lernte, um später seinen Eltern in ihrem kleinen Kolonialwarenladen zu helfen, der ihnen den Lebensunterhalt sicherte. Auf einem Silvesterball verliebte er sich dann in das schlanke Mädchen im blauen Abendkleid.

Dieses Kleid hat meine Mutter nach Kanada mitgenommen. Ich besitze es heute noch. Beide, mein Vater wie meine Mutter, sagten immer, es sei Liebe auf den ersten Blick gewesen. Im Juni darauf heirateten sie und ein Jahr später, im August 1936, kam ich zur Welt.

Hitler ergriff im Januar 1933 die Macht, nachdem Reichspräsident Hindenburg der Berufung Hitlers als Reichskanzler zugestimmt hatte. So wie viele andere Menschen, die außerhalb von Deutschland lebten, machten sich meine Eltern deshalb keine großen Gedanken. Um Politik sollten sich andere kümmern. Zudem war Strobnitz für sie ein sicherer Ort in einem demokratischen Land. Bereits unter der böhmischen Krone war die Familie meines Vaters dort ansässig gewesen. Um sicherzustellen, dass der Erste Weltkrieg »der Krieg war, der alle Kriege beendete«, hatten die Alliierten, England und Frankreich, 1918 die Grenzen neu gezogen und Böhmen und andere strategisch wichtige Gebiete von Deutschland und Österreich abgetrennt und zu dem neuen Staat Tschechoslowakei zusammengefügt. Weil es ein von den Alliierten geschaffenes demokratisches Land war und weil seine Unabhängigkeit als vertraglich abgesichert galt, gab es keinen Grund zur Sorge.

Wie mein Vater erzählte, war es Emil Fränkel, der im Frühjahr 1938 für eine ernste Unterredung allein nach Strobnitz angereist kam. Ich nehme an, dass ihr Gespräch etwa folgendermaßen verlaufen sein muss:

»Kanada! Emil, bist du verrückt?«

»Aber Edi, wir haben schon früher darüber gesprochen.«

»Und ich habe Nein gesagt.«

»Nein, lieber Edi. Du hast gesagt, du willst es dir überlegen.«

»Ja, richtig. Ich habe es mir auch überlegt und meine Antwort ist Nein. Ich bin doch nur ein einfacher Mensch. Ich fühle mich wohl hier, und ich will nicht in einem fremden Land allein sein.«

»Aber Edi, hör mir zu. Du musst es tun. Für uns alle musst du es tun.«

»Für uns alle weigere ich mich zu gehen.«

»Edi, du verstehst einfach nicht, wie wichtig es ist.«

»Wichtig ist, dass ich für meine Familie sorge. Für meine Frau und das Kind zuerst und dann für meine Eltern.«

»Für die Familie zu sorgen, ist nicht mehr möglich, wenn Hitler über die Grenze kommt.«

»Aber Emil, er hat doch erst letzte Woche gesagt, dass er sich weiter für kein anderes Land interessiert.«

»Und du glaubst ihm? Heute sagt er so und morgen so. Das Sudetenland ist reich, es ist deutschsprachig, und die Leute hier sind nicht anders als die Österreicher. Im vorigen Monat haben 99% der Bürger meines Landes für Hitler und für den Anschluss gestimmt. Und so wie meine lieben Landsleute werden auch die Sudetendeutschen entscheiden, sich Deutschland anzuschließen.«

»Emil, ich weiß, dass die Zeitungen einen verrückt machen können. Schlechte Nachrichten bringen gute Schlagzeilen. Aber das ist doch noch kein Grund, alles zu glauben, was sie schreiben.«

»Edi, ich bin nicht verrückt. Du musst es mir glauben: Hitler kommt ins Sudetenland. Du musst weggehen.«

»Aber selbst, wenn du recht hast, ich kann nicht weg. Wer wird das Geschäft führen? Der Papa wird nicht jünger. Und wovon sollen wir leben? Du bist ein Geschäftsmann und hast Erfolg. Du hast mit nichts angefangen.«

»Ja, ich hab es gut getroffen, aber jetzt kann es sein, dass ich alles verliere. Die Juden sind gewarnt worden, sie sollen Österreich verlassen. Aber ich weiß nicht, wohin. Kein Land will Juden aufnehmen. Ich habe keine Verwandten im Ausland, die mir helfen könnten. Außerdem erwarten wir ein Baby. Martha ist schwanger, und der Arzt meint, sie soll nicht reisen. Wir müssen jetzt in Linz bleiben, bis das Kind da ist.«

»Du könntest wenigstens zu meinem Bruder Arnold nach Prag gehen. Der würde dir bestimmt helfen, bis alles vorbei ist.«

»Bis das vorbei ist? Edi, Hitler hat erst angefangen. Und so gern ich deinen Bruder habe, ich bin nicht mehr davon überzeugt, dass Prag so ein sicherer Ort ist.«

»Prag nicht sicher? Die Hauptstadt der Tschechoslowakei? Die Alliierten haben für die Unabhängigkeit ihre Garantie gegeben.«

»Ich befürchte, dass Hitler zuerst das Sudetenland nimmt und dann den Rest der Tschechoslowakei.«

»Aber was soll ich denn tun? Ich habe jeden Groschen in das Geschäft gesteckt. Sie können mir doch nicht einfach das Geschäft wegnehmen.«

»Sie können und sie werden es tun. Denk an die Eltern von Gretl. Nur mit ihrer Kleidung auf dem Leib sind sie von Deutschland gekommen. Glaubst du, dass Hitler ihnen für ihr Haus und für ihr Geschäft in Deutschland Geld geben wird?«

»Aber ich habe weiter nichts gespart. Wovon sollen wir denn leben?«

»Eben deswegen musst du weggehen. Lass hier alles liegen und stehen und geh nach Kanada.«

»Aber Gretl? Kannst du dir Gretl in Kanada vorstellen? Dort ist doch Wildnis. Und was ist mit der kleinen Helen? Sie ist noch so klein. Ich kann sie nicht verlassen.«

»Natürlich nicht. Ihr müsst alle drei zusammen weggehen. So schnell wie möglich.«

»Unmöglich! Gretl wird nie ihre Eltern im Stich lassen. Sie sind schon aufgeregt genug, weil ihre andere Tochter nach Kanada geht. Aber Anny war schon immer die Widerspenstige. Sie hatte immer ihren eigenen Kopf.«

»Gretl muss gehen. Ich gebe dir mein Wort, ich werde mich um ihre Eltern kümmern, damit sie mit dem nächsten verfügbaren Schiff nach Kanada nachkommen. Du musst Gretl davon überzeugen. Sie muss vernünftig sein.«

»Vernünftig sein? Ich weiß nicht, was hier vernünftig ist. Gerade weil ihre Schwester Anny so verrückt ist, auszuwandern ...«

»Nicht verrückt. Gescheit! Anny und Ludwig sind beide gescheit genug, um wegzugehen.«

»Gescheit sein ist leichter, wenn man entsprechende Fähigkeiten hat. Die Kanadier lassen Ludwig herein, weil er vom Land kommt und etwas von der Landwirtschaft versteht. Kanada braucht Farmer.«

»Dann geh als Farmer nach Kanada. Du bist jung, und Ludwig wird dir schon zeigen, wie man alles macht.«

»Emil, warum gehst *du* nicht nach Kanada, wenn du glaubst, dass es so leicht ist?«

»Edi, du weißt, dass ich schon morgen gehen würde, wenn ich nur könnte. Du bist der Einzige in der ganzen Familie, der die Möglichkeit hat auszureisen. Weil Gretl Annys einzige Schwester ist, kann sie für euch drei bürgen. Ihr seid Verwandte ersten Grades. Es gibt keinen anderen Weg nach Kanada. Sie nehmen keine Juden. Wenn ihr dort seid, musst du einen Weg finden, für uns zu garantieren. Siehst du das nicht ein? Edi, du bist unsere einzige Hoffnung. Die Zukunft der ganzen Waldstein-Familie liegt auf deinen Schultern.«

Die Heimat verlassen

Wie schwer muss diese Verantwortung auf den Schultern meines Vaters gelastet haben! Ich musste so oft an ihn denken, als ich die Briefe weiter durchlas. Ich konnte immer nur kleine Abschnitte lesen. Manchmal brauchte es nur einen einzigen Satz und schon flossen meine Tränen. Manchmal konnte ich einen ganzen Absatz lesen, ohne den inneren Drang zu verspüren, im Zimmer auf und ab zu gehen. Meine Gedanken waren in Aufruhr, und so oft ich auch auf den schönen Waldwegen in der Nähe meiner Hütte Spaziergänge machte, ich kam nicht zur Ruhe.

Fragen über Fragen verfolgten mich. Erinnerungen aus meiner Kindheit kamen an die Oberfläche. Sie vermischten sich mit Geschichten, die ich fünfzig Jahre früher gehört hatte.

Warum hatten sich meine Großeltern nicht sofort eingeschifft, wie sie es meiner Mutter versprochen hatten? Warum sind sie uns nicht gleich nach Kanada gefolgt? Was ist mit Emil passiert und was mit all den anderen Geschwistern und deren Familien? Es klafften in meiner Familiengeschichte riesige Lücken, die ich nicht schließen konnte. Das Lesen der Briefe hatte mir meine Seelenruhe genommen, und ich fühlte mich in Teile zerlegt wie ein aufgelöstes Puzzle.

Abends spazierte ich oft die Landstraße entlang und suchte vergeblich nach innerer Ruhe, die ein paar Stunden Schlaf versprochen hätte. Sehnsüchtig starrte ich in den Himmel, an dem ich gerne mehr Sternbilder als nur den Großen Wagen gekannt hätte. Sterne haben mich immer fasziniert. Die Vorstellung eines Lichtjahres überfordert mich. Trotz seiner unbegreiflichen Geschwindigkeit hat das Licht unzählige Jahre gebraucht, bis es mein Auge erreicht. Es ist sogar möglich, dass jener Stern am Himmel selbst schon lange tot ist, und doch sehe ich ihn in der Finsternis leuchten.

So schien es mir mit denjenigen, die die Briefe geschrieben hatten. Ihre Worte waren für mich so lebendig wie das Licht vom fernsten Stern. Lebten diese Menschen noch? War noch ein Einziger am

Leben? Wie war es möglich, dass ich früher nicht gesehen habe, was ich heute sah? Jeder einzelne Mensch existierte jetzt durch seine Briefe, existierte so gewiss wie die Sterne am nachtschwarzen Himmel.

Zahlen haben für mich keine Bedeutung. Das ist ein Grund, warum ich ein Astronomiestudium nie ernsthaft in Erwägung gezogen habe. Ich bin hoffnungslos humanistisch veranlagt, und der Daseinskampf eines einzelnen Menschen macht auf mich einen größeren Eindruck als die exaktesten statistischen Angaben. Die Seelenqual von Eltern, die ihr Kind verloren haben, trifft mich tief. Ich erstarre innerlich, wenn man Kinder und Eltern zu Tausenden, Zehntausenden oder Hunderttausenden zusammenzählt. Oder gar zu Millionen. Besonders schwierig war für mich die Zahl sechs Millionen. Das ist die Anzahl der Juden, die nach einem systematischen, staatlich sanktionierten Plan in Europa vernichtet wurden. Darunter sollten auch meine Familie und ich sein. Es gibt keinen Grund, warum ich nicht zu den Millionen Ermordeten gehöre. Dass ich heute noch am Leben bin, ist ein Zufall, genauso wie es ein Zufall ist, dass sechs Millionen andere Juden dem Tod nicht entronnen sind.

Als Kind habe ich gelernt, Fragen zu vermeiden, die meine Eltern womöglich beunruhigt hätten. Obgleich ich als Erwachsene viele soziale und politische Normen hinterfragt habe, habe ich keine Fragen über den Krieg gestellt. Erst als ich die Briefe gelesen hatte, wurde mir das Ausmaß meiner Unwissenheit bewusst.

Die ersten Zeilen von Martha, der jüngeren Schwester meines Vaters, rüttelten mich auf. Der Brief, in dem sie stehen, stammte vom 2. April 1939. Die Handschrift war gut zu lesen und die deutschen Worte waren leicht zu verstehen:

Heute Sonntag fällt es uns besonders schwer, Euch zu vermissen, wir sind immer und immer in Gedanken bei Euch. Als Ihr uns Samstag verlassen habt, war eine solche Traurigkeit in uns, dass wir uns ernstlich zusammennehmen mussten, um vor allem die l. [lieben] Eltern zu trösten.

Ich hatte nie über das genaue Datum unserer Abreise aus Europa nachgedacht. Meine Eltern haben nur mit Unbestimmtheit davon gesprochen. Ich erinnere mich lediglich, dass sie sagten: »Es war vor Hitler.« Marthas Zeilen gaben mir zum ersten Mal ein Datum. Schnell habe ich zurückgezählt, zuerst mit meinen Fingern und dann auf dem Papier. Wenn der März 31 Tage hat und der 2. April ein Sonntag war, so war der Samstag davor der 25. März. Das muss der Tag gewesen sein, an dem wir den Zug von Prag nach Antwerpen genommen haben.

Warum hat mir dieses Datum keine Ruhe gelassen? Etwas hatte mich beunruhigt, und ich brauchte Zeit, um diese neue Information zu verarbeiten. Ich eilte in die Bibliothek. In der historischen Abteilung gab es ein ganzes Regal mit Büchern über den Krieg. Ich suchte nach Daten. Am 15. März 1939 marschierten Hitler und seine Armee in Prag ein. Das waren ganze zehn Tage, bevor wir abreisten.

Aber warum waren meine Eltern überhaupt in Prag, in der Hauptstadt der Tschechoslowakei? Prag war viele Kilometer von unserem Zuhause in Strobnitz entfernt. Unser Heimatort lag fast an der österreichischen Grenze. Meine Mutter hatte oft bedauert, Prag nie gesehen zu haben. Immer wenn Freunde von Prag sprachen, seufzte sie: »Alle sagen, es sei eine wunderschöne Stadt. Schade, dass ich Prag nie gesehen habe.«

Mir schwirrte der Kopf. Ich hatte noch nie die einzelnen Bausteine zusammengefügt. Für mich hatte der Krieg immer im September 1939 begonnen. Ich hatte nie an Ereignisse vor dem September gedacht. Verschwommen erinnerte ich mich an den Namen Neville Chamberlain, Premierminister von England, der versucht hatte, »Frieden in unserer Zeit« auf Kosten der Tschechoslowakei zu erkaufen. Nun suchte ich nach genaueren Angaben.

Die Tschechoslowakei war nach dem Ersten Weltkrieg zusammengestückelt worden, indem man mit künstlichen Grenzen grundverschiedene ethnische Gruppen miteinander verband, zu denen Tschechen, Slowaken, Ruthenen, Polen, Ungarn und Deutsche gehörten. Die Deutschen lebten zumeist in der Nähe der Grenze zu

Deutschland und Österreich, in einem Gebiet, das Sudetenland hieß. Sobald Hitler 1933 an die Macht kam, strebte er danach, das Sudetenland dem Deutschen Reich einzuverleiben.

Wie haben die Juden gewusst, was Hitler vorhatte und dass es Zeit war, das Sudetenland zu verlassen? Vor der Bibliothek, von einer öffentlichen Telefonzelle aus, rief ich Mimi, die Freundin meiner Mutter, an. 1938 war sie 26 Jahre alt gewesen. Sie erzählte mir von den Koffern, die fertig gepackt für die Abreise im Flur standen, während sie mit ihrer Familie am Radio saß. In den frühen Morgenstunden des 30. September teilten die europäischen Großmächte der Welt das Ergebnis ihrer Verhandlungen mit. Ohne die Tschechoslowakei an den Beratungen zu beteiligen, unterzeichneten England, Frankreich, Deutschland und Italien in München das Abkommen, das Deutschland erlaubte, das Sudetenland zu besetzen.

Kaum war Neville Chamberlain in London aus seinem Flugzeug gestiegen, stolz darauf, die Gefahr eines Krieges durch diplomatische Verhandlungen mit Herrn Hitler abgewendet zu haben, setzte sich die deutsche Wehrmacht in Bewegung. Chamberlains Name blieb für alle Zeiten mit dem Begriff Appeasement verbunden. Im Sudetenland wusste man, was in Deutschland mit den Juden geschehen war, dass man ihnen die deutsche Staatsbürgerschaft aberkannt und sie öffentlich diffamiert hatte. So flohen bereits in den frühen Morgenstunden Juden aus dem Sudetenland mit dem Zug nach Prag. Am selben Nachmittag überschritt die deutsche Wehrmacht die Grenze.

Es muss an diesem Morgen, dem 1. Oktober 1938, gewesen sein, dass meine Eltern in Prag Zuflucht fanden. Sechs Monate später, am 15. März 1939, waren sie immer noch dort, als Hitler vom Balkon des Hradschin den Gruß »Sieg Heil« entgegennahm und der Welt verkündete, dass die Tschechoslowakei als souveräner Staat nicht mehr existierte.

Warum waren meine Eltern so lange in Prag geblieben? Hatten sie sich versteckt gehalten, weil ihnen der stark bewachte Bahnhof zu unsicher war? War es zu gefährlich, auf der Straße mit einem Koffer in der Hand gesehen zu werden? Sind sie geblieben, weil sie kein

Ausreisevisum hatten und nicht wussten, wohin sie fliehen sollten? Bekam mein Vater tatsächlich erst am 15. März 1939 den Stempel für die Ausreise?

Diese Geschichte hat mir mein Vater nur ein einziges Mal erzählt, auf einem unserer Sonntagsspaziergänge, aber sie hinterließ einen tiefen Eindruck:

»Ich ging an diesem Tag sehr früh auf die Bank. Noch bevor sie öffneten. Eine innere Stimme drängte mich, als Allererster anzustehen. In dem Augenblick, als sie aufmachten, lief ich sofort zum nächsten Schalter und schob meine Papiere unter der Schalteröffnung durch. Der Kassierer seufzte, als er meine Papiere in seine linke Hand nahm. Mit der Rechten griff er nach dem Stempel. Als er den Stempel auf dem Farbkissen hin und her bewegte, sagte ein anderer Bankbeamter etwas zu ihm. Automatisch drückte der Kassierer den feuchten Stempel auf meine Papiere und drehte den Kopf zu dem Bankbeamten.

Kassierer: ›Was hast du gesagt?‹

Bankbeamter: ›Ich habe gesagt, keine Stempel mehr. Keine Ausreisestempel. Wir machen zu. Befehl von oben.‹

Schnell zog der Kassierer das Gitter herunter, aber noch schneller hielt ich meine Papiere in der Hand!«

Jetzt hatte ich verstanden, warum mich das Datum im Brief von Martha so aus der Fassung gebracht hatte. In weniger als einem Jahr sind meine Eltern mit mir nicht nur zweimal geflohen, sondern mein Vater hatte außerdem den allerletzten Vorkriegsausreisestempel erhalten.

Was empfand man in den Jahren 1938 und 1939, wenn man Jude war? Über diese Tage, Wochen und Monate sprachen meine Eltern nie. Heute glaube ich, dass meine Mutter diese Zeit völlig aus ihrem Gedächtnis gelöscht hatte.

Ich habe weitere Hinweise dafür gefunden, dass wir tatsächlich monatelang in Prag lebten. Der stärkste Anhaltspunkt war eine Postkarte, die an uns in Prag adressiert war. Der Inhalt bezieht sich darauf, dass wir im September 1938 aus dem Sudetenland geflüchtet sind. Wie der Poststempel zeigt, saßen wir sechs Monate später immer noch in Prag fest und warteten darauf, uns aus der Schlinge befreien zu können.

Als ich von meiner einsamen Hütte zurückgekehrt war, fragte ich meine Mutter nach Prag. Wieder stritt sie ab, jemals in Prag gewesen zu sein. Ich versuchte, weiter in sie zu dringen, aber sie konnte sich an nichts erinnern. Ihr einziges Zugeständnis war – und das schützte sie vor dem, was sie in diesen Monaten der Ungewissheit erlebt hatte: »Es ist möglich, dass wir in Prag waren, aber nur ein paar Stunden. Nur am Bahnhof, auf dem Weg nach Antwerpen.«

Wieder überprüfte ich die Daten. Wenn wir erst am 25. März 1939 Prag verließen, dann waren wir noch dort, als Hitler in die Stadt einmarschierte. Welche Erfahrungen bewogen meine Mutter dazu, den Vorhang über diesem Teil ihres Lebens zuzuziehen?

Ich kann mir ihre furchtbare Angst nicht vorstellen. Saß sie vor Angst zitternd zusammen mit meinem Vater am Radio und hörte Hitlers heiserer Stimme zu? Haben sie über jedes einzelne Wort, das er sagte, nachgedacht oder konnten sie vor Angst nicht mehr denken? Wer war dabei? Waren wir allein, meine Eltern und ich? War es zu gefährlich, sich auf die Straße zu wagen? War selbst die kurze Entfernung zwischen zwei Häusern zu weit? War der Jubel bei Hitlers Ankunft in Prag und die wild gewordene Masse eine Warnung, dass sie zu Hause hinter zugezogener Gardine bleiben sollten?

Sicherlich fühlte sich jeder Jude in Prag in die Enge getrieben. Die sogenannte Kristallnacht, die Nacht der zerbrochenen Fensterscheiben, hatte bereits als staatlich organisierter Angriff gegen Juden überall in Deutschland, Österreich und im Sudetenland stattgefunden: Am 9. und 10. November 1938 wurden Synagogen in Brand gesetzt, jüdische Geschäfte und Häuser geplündert und Juden auf der Straße geschlagen, während die Passanten Hurra riefen und vor ihnen ausspuckten.

Fehlten meinen Eltern noch die nötigen Papiere? War das der Grund, warum wir immer noch in Prag waren? Ohne Papiere mussten sie um ihr Leben fürchten.

Ängstliche Gedanken müssen meinen Vater aufgewühlt und ihm die Kraft genommen haben. Meine Mutter hat oft erzählt, dass er auf der Bahnfahrt nach Antwerpen an der Ruhr erkrankt war und oft länger auf der Toilette blieb. Wie viel davon war Krankheit und wie viel war pure Angst?

»Niemand ist zu dieser Zeit mit der Bahn gefahren«, versicherte mir Mimi, als ich sie zum zehnten Mal anrief. »Die Flugzeuge waren klapperig, aber die Leute sind trotzdem geflogen. Den Zug zu nehmen war zu gefährlich. Da hätte man durch ganz Nazi-Deutschland fahren müssen.«

Die Briefe bestätigen, was meine Mutter erzählt hat. Wir fuhren tatsächlich mit der Bahn von Prag nach Antwerpen. Der einzige Weg, den es gab, führte quer durch Nazi-Deutschland.

Ich versuche, mir meine Eltern im Zug vorzustellen: wie sie den Blick senkten, um keine Aufmerksamkeit auf sich zu lenken. Irgendwie war es ihnen gelungen, meine kindliche Neugierde zu dämpfen und mich zum Schweigen zu bringen. Obwohl ich keine konkreten Erinnerungen an die Bahnfahrt habe, lebt ein Gefühl der Angst noch heute in mir.

In dem Hollywood-Film *Julia* spielt Jane Fonda eine Amerikanerin, die kurz vor Kriegsbeginn mit dem Zug durch Deutschland fährt. Dieses Video habe ich sehr oft ausgeliehen. Immer wieder sehe ich mit Herzklopfen, wie die Nazis in den Zug steigen. Ich warte auf die Szene, in der der Kontrolleur nach ihrem Pass fragt und einen kurzen Moment zögert. Wie hypnotisiert sehe ich meinen Vater in der gleichen Situation vor mir, wie er den Atem anhält, während seine Papiere geprüft werden.

Zwischen den Briefen in der Schachtel liegt eine ganz schlichte Postkarte, die an uns in Antwerpen adressiert ist. Auf der Karte ist kein Bild. Adresse und Mitteilung sind mit der Schreibmaschine getippt. Das einzig Persönliche ist die Unterschrift: *Emil*. Bewog schon die Unterschrift seines Schwagers meinen Vater dazu, diese unauffällige Karte aufzubewahren und mit nach Kanada zu nehmen?

Die Adresse sieht ganz nach vorübergehender Zufluchtsstätte aus. Das Wort Monsieur ist falsch abgekürzt als Mons. Dann folgt der eindeutig deutsche Name meines Vaters: Edmund Waldstein. Die Adresse: Hotel Maison Max und die Straße Rue de la Station 40-42-44 weisen darauf hin, dass meine Eltern ein Hotel gewählt hatten, in dessen Nähe eine Bahntrasse verlief – die Lebensader aller Menschen auf der Flucht. Und dann fällt die französische Fassade ganz ab und die Angabe von Stadt und Land ist in deutscher Sprache: Antwerpen, Belgien.

Emil bestätigt auf der Postkarte den Empfang eines Telegramms und dreier Briefe, was darauf hinweist, dass wir längere Zeit in Antwerpen geblieben sind. Was hat meine Eltern davon abgehalten, das nächste Schiff nach Kanada zu nehmen?

Genauestens prüfe ich jedes Wort von Emil:

Ich war heute bei der Canadian Pacific Gesellschaft und Steiner sagte mir, dass man keinen Vorzeigebetrag brauche, aber die Schiffskarte von drüben und ich soll in einigen Tagen nachfragen kommen, was für Bestimmungen herauskommen. Heute sagte Steiner nichts von einem Permit und ich muss Euch alles selbst überlassen, sich in Canada sofort zu erkundigen, ob ich auf Grund der früheren Anforderung ohne Kapital einreisen kann oder Permit und Schiffskarte von drüben brauche.

Das muss wohl der Grund gewesen sein, warum wir so lange in Antwerpen geblieben sind. Wir warteten darauf, dass Anny und Ludwig uns nicht nur die Einreisebewilligung für Kanada, sondern auch die Schiffskarten schickten. Außerdem verlangte die kanadische Regierung, dass für jeden Immigranten 1000 kanadische Dollar als Sicherheit hinterlegt wurden. Mimi erzählte mir, dass man aus Europa kein Geld ausführen durfte, und dass wir in Kanada mit dem Gegenwert von einem Dollar in der Tasche ankamen.

3. Kapitel

Briefe nach Antwerpen

Der Anfang ist wohl bitter. Manches wird Euch schwer fallen und schmerzlich berühren, aber der gute Wille und das harte Muss wird alle Schwierigkeiten überbrücken.

Diese Worte von Arnold, dem älteren Bruder meines Vaters, blieben mir im Gedächtnis. Ihre Symbolik erstaunt mich – wie so vieles im ersten Brief vom 2. April 1939. Mein Vater hatte dafür einen Ausdruck: vernünftig.

Diese Wortwahl passte gut zu meiner Vorstellung von einem großen Bruder, wie ich ihn mir wünschte, einem Bruder, der mir den Weg ebnen würde, und ebenso passte sie zu meinem Bild von Menschen, die sich zum Ingenieurberuf hingezogen fühlen. Jetzt entdecke ich diesen Arnold, dessen unerschütterlicher Optimismus das Ergebnis einer tiefen Familienbindung ist, und nehme ihn aus der Nähe wahr.

Heute sind es 8 Tage seit wir uns von einander verabschiedeten und noch immer habe ich dieses schreckliche traurige Gefühl in mir, das mich diesmal zum ersten Male so tief ergriffen hat. Ihr könnt Euch denken, wie glücklich wir waren, als wir von Eurer guten Ankunft in Antwerpen erfuhren und wie uns allen viel leichter wurde. Wir begleiten Euch in all den Tagen mit unseren Gedanken auf Eurer großen Reise und sprechen stets von Euch. Und ich schreibe Euch auch gleich am ersten freien Tag, damit Ihr gleich nach der Ankunft meine Zeilen erhaltet und Euch ein Gruß von der Heimat etwas Trost bringen soll, in Eurer neuen und so ungewohnten Umgebung.

Hoffentlich gelingt es Euch bald, Euch einzuleben, dem neuen Milieu anzupassen und das neue Ungewohnte nicht zu sehr zu empfinden. Eure l. Angehörigen werden es gewiss an nichts fehlen lassen, um Euch den Übergang erträglich zu gestalten, die Gegensätze mildern, und Euch manche von den Unannehmlichkeiten ersparen, die sie selbst mitzumachen gezwungen waren.

Für uns ist es ein sehr beruhigendes Bewusstsein und unsere stärkste seelische Stütze, Euch und den l. Otto in gesicherter Existenz zu wissen, denn wir bauen ja auch unsere Zukunft auf Euch. Ich bitte Dich in diesem Sinne sofort an die l. Bella zu schreiben und die Sache so weit es nur geht, zu beschleunigen. Es wäre mir doch eine gewisse Beruhigung, wenn ich und die l. Vera schon diese Aussicht oder Sicherheit hätten.

Gestern nachm. waren wir bei Elsa. Wir waren die einzigen Gäste und so war es recht ruhig im Gegensatz zu voriger Woche. Wir sprachen viel von Euch und Emil berichtete von Euren Briefen. Für Deine Bemühung mit der Tovona habe vielen Dank l. Edi. Leider kam schon inzwischen ablehnende Antwort, da die dortigen Vorschriften es nicht zulassen.

Eine andere Handschrift – die von Arnolds Frau Vera – folgt. Als Ärztin hat Vera einen fotografisch präzisen Blick und hält so den Moment unserer Abreise fest:

Ich sehe Euch noch so vor mir, wie Ihr aus dem Coupéfenster saht, vor Euch das blonde Lockenköpferl der kleinen Helli, die so lustig und herzig war und lachte, als ob es keinen Abschied auf der Welt gäbe. Hoffentlich hat das Kind mit seinem unbewussten Optimismus recht.

Dort, wo Arnold und Vera zu schreiben aufhören, füllt die geschliffene Sprache von Else, der Schwester meines Vaters, die Seiten.

Meine Lieben, nun sind es schon acht Tage seit wir Euch Lebewohl sagten und Ihr habt Euch inzwischen ein großes Stück von uns entfernt. Wir denken jede Stunde an Euch und verfolgen im Geiste jedes Stück Eurer Reise. Es ist gerade Sonntag nachmittag, der erste ohne Euch. Ich glaube jeden Moment, dass die Türe aufgeht und Ihr hereinkommt und höre Helli sagen, Tante Else, ich will ein Fettenbrot.

Aunty Elsa, Tante Else. Ich versuchte es sowohl auf Englisch als auch auf Deutsch, ließ die Worte auf mich wirken, aber sie riefen keine bekannten Gefühle hervor. Ich konnte mir kaum vorstellen, dass ich einmal regelmäßig durch die Tür gestürmt bin und den Namen meiner geliebten Tante gerufen habe.

Weniger erstaunt mich, dass mein unersättlicher Appetit noch weiter zurück in die Vergangenheit zu gehen scheint, als ich gedacht habe. Meine Mutter hat mir oft von unserer Überfahrt erzählt. Während sie und mein Vater unter Deck in den überfüllten Kabinen kaum Luft bekamen, lief ich auf dem Schiff herum und erzählte völlig fremden Leuten, dass ich hungrig sei. Noch heute bereitet es mir Schwierigkeiten, nicht gleich, wenn ich nach Hause komme, in die Küche zu marschieren. Auch wenn mein Appetit sich nicht verändert hat, sind die Lebensmittel wenigstens andere. Ausgelassenes Gänsefett gehört heute nicht mehr zu meinen Leibspeisen. In der Welt meiner Mutter waren die bevorzugten Leckerbissen Gänsefett, Entenfett und Hühnerfett – und zwar genau in dieser Reihenfolge. Meine Mutter liebte es, mit der Hand die dicke, cremige Schicht Fett unter der Geflügelhaut herauszuziehen. Dann ließ sie es langsam in der Bratpfanne aus und gab noch etwas Zwiebel dazu, um den Geschmack zu verfeinern. Erst wenn es ausgekühlt und wieder hart war, durfte ich es auf eine dicke Scheibe Roggenbrot streichen.

Es ist mir noch immer nicht ganz ins Bewusstsein gedrungen, dass Ihr schon wirklich fort seid, und doch müssen wir alle von Glück reden, dass es so rasch und günstig gegangen ist, denn jetzt würde es bestimmt viel schwieriger oder vielleicht sogar unmöglich sein, da keine Ausreisebewilligungen zu haben sind. Unsere Marianne hat jetzt auf einmal große Lust bekommen, nach England zu gehen. Doch wird es sehr schwer möglich sein, dass sie hinkommt, da der Andrang sehr groß ist. Der l. Emil hat sich diese Woche mit ihr einige Stunden lang anstellen müssen, dass sie nur eine Nummer bekommt und in zwei Wochen soll sie erst eine nähere Information bekommen. Ich kann mich mit dem Gedanken noch nicht vertraut machen, dass sie schon in die Fremde gehen soll, aber je früher es der Fall wäre, desto besser

für sie. Es ist ja leider jetzt das Los so vieler Eltern. Ich hoffe halt im-
mer, dass wir doch noch einige Jahre werden alle beisammen bleiben
können. Das Schicksal scheint es anders zu bestimmen.

Auch wenn sie es verstecken wollte, die Aussicht, Marianne nach
England schicken zu müssen, lastete schwer auf Else. Ich erinnere
mich daran, wie es mit meinen eigenen Töchtern war, die mit etwa
zehn Jahren zwar schon sehr selbstständig waren, aber dennoch vielerlei Unterstützung brauchten, um erwachsen zu werden. Wie sehr
hätte es mir widerstrebt, sie in dieser entscheidenden Phase ihres
Lebens jemand anderem anzuvertrauen.

Ich habe mir immer vorgestellt, dass ich den Mut einer Löwin be-
säße, wenn ich meine Kinder verteidigen müsste. Zugleich habe ich
mich gefragt, wie schlimm die Situation sein muss, damit ich meine
Kinder ins Ausland schicke, um sie von Fremden aufziehen zu lassen. Ich war nicht imstande, mir das vorzustellen. Andere Schreck-
nisse kann ich mir leicht vorstellen, und die sind auch nicht weit weg
von mir. Die Angst vor Verfolgung ist immer gegenwärtig.

Bei der Geburt jedes Kindes kaufte ich goldene Münzen in der Absicht, sie in den Saum ihrer Bekleidung einzunähen, sollten wir jemals
fliehen müssen. Für den Fall, dass meine Kinder von mir getrennt werden, wollte ich, dass diejenigen, die sie finden würden, auf jeden Fall
ausreichend Mittel hätten, um sie durchzubringen. Noch heute entzün-
det jede Weltkrise die Flammen meiner Paranoia. Alte Ängste mögen
begraben sein, aber sie verschwinden nicht. Das Gold habe ich noch.

Als nächstes Familienmitglied trägt Dr. Emil Urbach, der Ehemann von Else, zum Brief vom 2. April bei. Er richtet seine Worte
nur an meinen Vater, sie sind eine Mischung aus sinnvollen Empfehlungen und ungeschminkten Fakten:

Lieber Edi, ich habe mich sehr gefreut, dass es Euch unterwegs
verhältnismäßig gut ergangen ist und hoffe, dass Ihr auch gutes
Seewetter haben werdet. Es wäre notwendig, dass Du an Deinem
jetzigen Wirkungsorte eine sehr ausgiebige Kost einnimmst, damit
Du Kräfte für das Farmen sammelst.

Emil gibt keinen Hinweis, dass er nach Kanada kommen möchte, aber er trifft Vorsorge, seine Tochter nach England zu schicken, um sie dort in Sicherheit zu bringen.

Bei uns hat sich vorderhand nichts geändert. Wir beabsichtigen die l. Marianne nach England zu einer Familie zu schicken, haben sie jetzt deswegen registrieren lassen. Ob und unter welchen Bedingungen es geschehen solle, erfahren wir Freitag, den 14. d. M.

Es waren die Worte Emils, die mich an *Kindertransport* denken ließen, ein Wort, an das ich mich noch dunkel erinnern konnte. Jetzt begann ich mich eingehender mit dieser Rettungsaktion zu beschäftigen.

Zwischen 1938 und 1940 lockerte Großbritannien seine Einwanderungspolitik, um mindestens 7500 jüdische Kinder aus Österreich, Deutschland und der Tschechoslowakei ins Land zu lassen. Auch wenn der britische Altruismus ein wenig von seinem Glanz verliert, weil er an schwer erfüllbare Bedingungen geknüpft war – private Organisationen und Bürger mussten nicht nur für den Unterhalt und die Ausbildung dieser Kinder aufkommen, sondern auch für ihre etwaige Auswanderung aus Großbritannien –, so kann doch festgehalten werden, dass Großbritannien immerhin nicht untätig blieb.

Kanada und die USA dagegen entschieden sich gegen solche Hilfsmaßnahmen. 1940 informierte der kanadische Botschafter in Washington den Premierminister, dass die amerikanische Regierung gegen die Aufnahme jüdischer Kinder in Kanada sei, aus Angst, diese könnten eines Tages doch versuchen, in die USA einzuwandern. Aber auch wenn es die Türen für jüdische Kinder verschloss, gab Kanada Kindern, die in Großbritannien, Frankreich, den Niederlanden, Belgien oder in Skandinavien geboren waren, vorübergehendes bzw. immerwährendes Aufenthaltsrecht.[1] Es war ein großer Schock für mich, erkennen zu müssen, dass der Antisemitismus auch in Kanada und den USA so tief verwurzelt war.

---

1   Irving Abella, Harold Troper: *None is Too Many. Canada and the Jews of Europe, 1933–1948.* Toronto 1986, S. 102.

Mit den Zeilen Emil Urbachs noch frisch in meinem Gedächtnis schaute ich mir den Dokumentarfilm *The Power of Good* über Nicholas Winton an, der im Rahmen einer Zeitzeugenreihe auf CBC-TV gesendet wurde. Der Film stellt Winton in den Mittelpunkt, einen bescheiden auftretenden Engländer, der über 600 tschechische Kinder – darunter auch Joseph Schlesinger, der den Film gedreht hat – retten konnte. In der vagen Hoffnung, dass er den Streifen vielleicht gesehen hatte, schrieb ich eine E-Mail an meinen einzigen kanadischen Verwandten, einen Großcousin meiner Mutter.

Und tatsächlich: Herbert – heute über achtzig Jahre alt – hatte den Film gesehen. Noch erstaunlicher war allerdings, dass man unter den weinenden tschechischen Kindern, die aus den Fenstern ihren Eltern Lebewohl winkten, auch ihn sah. Ich habe Herberts E-Mail aufgehoben:

Schlesinger ist großartig, und der Film ist fast wie wenn ein Märchen wahr wird. Einmal war ich wirklich zu Tränen gerührt. Und natürlich ist der Augenblick des Abschiednehmens von meinen Eltern am Bahnhof unseres kleinen Städtchens in mein Gedächtnis eingekerbt. Die ausgesprochenen und die verschluckten Dinge, die zurückgehaltenen Gedanken …

Wieder war ich durch die Schmerzen eines anderen sprachlos. Ich konnte Herbert nicht bitten, diese Abfahrt von Prag noch einmal durchzumachen. Trotzdem wollte ich mehr wissen, und so besuchte ich einen Workshop, in dem Überlebende, die damals Kinder waren, ihre Geschichte erzählten.

Besonders bewegte mich die Geschichte eines Mannes in meinem Alter. Seine Eltern hatten ihn in einen Zug nach England gesetzt, jedoch wurde dieser vom deutschen Einmarsch in die Niederlande gestoppt. Eine nette Familie nahm das Kind aus dem Zug auf. So wie mir meine Verwandten aus dem Gedächtnis geraten waren, vergaß auch er sehr schnell die Leute, die in seinen jungen Jahren einmal um ihn waren. Er fragte sich nie, warum seine Geschwister blonde Haare und blaue Augen hatten. Die Erinnerung an die andere Familie schwand. Kurz nach dem Krieg klopfte jemand an die Türe. Vor dem Jungen stand eine verstörte, fremde, ausgemergelte Frau, die behauptete, seine Mutter zu sein. Jahrzehnte später waren die Wunden des Mannes immer noch frisch.

***

Auf die Zeilen von Emil Urbach folgt die Handschrift von Martha, der Schwester meines Vaters. In ihren zum Teil schon oben wiedergegebenen Worten ist deutlich die Angst zu spüren, dass der Abschied vielleicht ein endgültiger war.

> *Als Ihr uns Samstag verlassen habt, war eine solche Traurigkeit in uns, dass wir uns ernstlich zusammen nehmen mussten, um vor allem die l. Eltern zu trösten.*
>
> *Und doch seid Ihr die »Auserwählten«, denn überglücklich sind heute die, die in die Ferne ziehen können. Gebe nur der l. Gott, dass Ihr gesund und wohlbehalten an Eurem Ziel ankommt. Beim Betreten der neuen Erde wünschen wir Euch alles nur erdenkliche Gute. Die Luft in Eurer neuen Heimat soll Euch Kraft geben, um wieder festen Fuss zu fassen und in friedlicher Arbeit sollt Ihr Euer Brot verdienen.*

Man begegnet in Marthas Worten einer unerwarteten Poesie und Erhabenheit. Wo hat dieses Mädchen vom Land mit einer nur minimalen Schulbildung diese Sprache erworben?

Wie zum Ausgleich umgibt sich Martha mit Liebe, welche die ganze Familie zusammenhält. Sie spricht uns spielerisch mit Worten der Zärtlichkeit an. Meine Mutter nennt sie »Greterl« und meinen Vater »Ederle«. Ich bin das »Helli-Kind«. Zu meiner Überraschung entdeckte ich, dass ich auch einen Namen für meine Tante Martha hatte.

> *Ich glaube am Besten wird es das liebe Helli Kindi haben. Sie wird sich überall gleich wohl und glücklich fühlen. Denkt sie noch an die »Matie«? Ich schicke ihr viele tausend Bussi.*

Ich hänge dem Wort »Matie« nach. Dieser kindliche Kosename sagt mir, dass Tante Martha offenbar jemand war, den ich liebte und der eine feste Größe in meinem Leben war. Wie kann es sein, dass ich überhaupt keine Erinnerung an sie habe? Ich bin bestürzt herauszufinden, dass ich bereits sprechen konnte, bevor wir Europa verließen. Nie hatte ich mir vorgestellt, wie ich damals mit meiner Tante redete, auf sie zulief und sie umarmte, ihr Parfüm roch und ihre Arme um mich spürte. Durch ihren Brief wandelt sich Martha für mich von einem bedeutungslosen Schatten zu einer fassbaren Wirklichkeit.

Matie. Das Wort berührt mich sehr tief. Obwohl ich mich an Marthas Anwesenheit nicht erinnern kann, bin ich erstaunt, wie ihre Abwesenheit auf mich wirkt.

Leider werden die Tage immer ernster, man zerbricht sich Tag und Nacht den Kopf, man möchte am liebsten morgen schon fort. Wird man dieser neuen Nervenprobe standhalten, es erwartet uns viel. Wenn es nötig sein wird, muss man, das heißt, wenn man kann. Und nach Erez gehen? Aber was wird mit den Kindern? Die Lage kennt Ihr ja zur Genüge. Sie wird nur täglich trauriger. Die blauen Karten sind momentan gar nicht zu haben.

Liebes Ederle, ich brauche Dir unsere übergroße Bitte nicht wiederholen. Jedoch, sollte die Sache ganz aussichtslos sein, dann schreibe uns bald möglichst, was uns sehr schmerzen würde. Vielleicht gönnt uns doch das Glück noch gemeinschaftlich schöne Stunden. Wir haben ja gemeinsame Jugendstunden verbracht. Vielleicht werden sie in unserem sogenannten Alter auch sein?

Ich bin verblüfft, wie besorgt sie ist. Ihre Angst ist mit Händen zu greifen. Sie versucht erst gar nicht, meinen Vater zu beschwichtigen, dass alles in Ordnung sei; vor ihrer Offenheit kann niemand die Augen verschließen. Es gibt viel in Marthas Brief, was mich umtreibt. Zunächst die Auswanderung nach Palästina. Warum ist das keine Lösung, die auf der Hand liegt? Und warum geht sie davon aus, dass sie die Kinder zurücklassen müsste? Wieder einmal suche ich die Bibliothek auf, um die Umstände von 1939 verstehen zu können.

Ich wusste, dass Israel erst 1948 gegründet wurde. Und seine Entstehung war das Ergebnis der Anstrengungen der Nationen der Welt. Ich wusste, Israel wurde nicht ohne Kämpfe gegründet – aber die Details waren verblasst. Ich verstand nicht, warum die Fränkels nicht einfach das nächste Schiff über das Mittelmeer nach Palästina bestiegen.

Jetzt fand ich heraus, dass der Völkerbund nach dem Ersten Weltkrieg das britische Mandat anerkannt und unterschrieben hatte, welches Großbritannien die Herrschaft über Palästina garantierte. Zwischen 1920 und 1948 setzte Großbritannien der jüdischen Einwanderung nach Palästina enge Grenzen. Je größer der Druck derer wurde, die Nazi-Deutschland entkommen wollten, desto strenger handhaben die Briten die restriktive Einwanderung.

Um dieses Nadelöhr zu umgehen, organisierten einige zionistische Gruppen illegale Transporte – vor allem mit leistungsfähigen Menschen, die imstande sein würden, das Land zu bewirtschaften und für seine Freiheit zu kämpfen. Dieses Wissen gab mir die Antwort auf ein Übersetzungsproblem, welches sich in einem späteren Abschnitt des Briefes ergab. Marthas Mann verwendet das Wort »Transport«, im Deutschen ein Fremdwort. Das einzige Mal, dass meine Eltern das Wort nach dem Krieg verwendeten, war in Bezug auf die Züge, welche die Leute in die Konzentrationslager gebracht hatten. Ich befürchtete, das Wort im Brief falsch verstanden zu haben.

Weitere Antworten fand ich in einem Buch Arthur Koestlers, der eine Parallele zog zwischen den verschlossenen Waggons, welche die Juden in den Tod brachten, und den Schiffen, die nach Palästina unterwegs waren. Er nannte sie »kleine Todesschiffe«:

»Die Geschichte Palästinas von Mai 1939 bis zum Ende des Krieges ist im Grunde die Geschichte der Juden, die versuchten, ihre Haut zu retten, und die Bemühungen der Mandatsmacht [Großbritannien], dies durch eine Einwanderungssperre zu verhindern. […]

Es ist wichtig …, im Gedächtnis zu behalten, dass diejenigen Juden in unmittelbarer Lebensgefahr waren, die in den von den Deutschen besetzten Gebieten lebten. Die Flucht eben dieser Menschen war für ›ungesetzlich‹ erklärt worden. […]

Die praktische Folge dieser Politik war [...], dass in Palästina mehr als eine halbe Million Juden mit offenen Armen auf ihre gequälten Verwandten warteten. [...]

Schmutzige und seeuntüchtige kleine Frachtschiffe kamen über das Mittelmeer und das Schwarze Meer und trieben auf offener See, während sie vergeblich auf die Erlaubnis warteten, ihre menschliche Fracht abzuladen. Hunger, Durst, Krankheit und unsägliche Lebensbedingungen herrschten auf diesen schwimmenden Särgen.

Im März und April 1939 erreichten drei mit Juden beladene Flüchtlingsschiffe Palästina und bekamen keine Landeerlaubnis.

Im Unterhaus fragte Noel-Baker den Kolonialsekretär Malcolm MacDonald, was mit diesen Menschen geschehe. MacDonald sagte, dass man sie dorthin zurückschicke, wo sie hergekommen seien.

Noel-Baker: ›Bedeutet das in Konzentrationslager?‹

MacDonald: ›Die Verantwortung bleibt bei denen, die die illegale Einwanderung organisiert haben.‹ «[2]

Ich wusste nicht, dass Dachau und andere Konzentrationslager schon vor dem Krieg eingerichtet worden waren und dass die Alliierten sehr wohl über diese Lager Bescheid wussten. Ich dachte, diese Horrorgeschichten seien erst nach der Befreiung bekannt geworden. Vielleicht war das etwas, woran zu glauben für mich notwendig war.

Als ich die Geschichtsbücher schloss und wieder zu Marthas Brief zurückkehrte, wurde mir erst so richtig bewusst, wie haarscharf mein Vater entkommen war.

Die Lage kennt Ihr ja zur Genüge. Sie wird nur täglich trauriger. Die blauen Karten sind momentan gar nicht zu haben.

Ich rief Mimi mit neuen Fragen an. Sie bestätigte meine Vermutungen. Die blauen Karten waren Ausreisevisa, welche sowohl von der Bank als auch von der Gestapo bestätigt werden mussten. Es muss

---

2 Arthur Koestler: *Promise and Fulfilment. Palestine 1917–1949. London 1949,* S. 55–58.

eine solche blaue Karte gewesen sein, die mein Vater zusammen mit seinen anderen Dokumenten zur Bank getragen hatte. An jenem Morgen, als ihm ein verschlafener Bankbeamter das letzte Ausreisevisum gab, welches in Prag ausgestellt wurde.

Kein Wunder, dass Martha von ihrer Notlage überwältigt war. Sie flehte meinen Vater um Hilfe an und unterstrich die Worte »übergroße Bitte« zweimal. Sie wechselte zu anderen Themen, aber die Vorspiegelungen eines normalen Lebens werden schnell zerstört.

Gestern waren wir mit Onkel Fritz bei Vally. Es ist überall dasselbe Thema.

Nur wenn Martha über ihre Kinder spricht, lichten sich die Schatten. Die Kleinen bringen flüchtige Strahlen des Glücks.

Unsere liebe Dorothy ist sehr goldig, aber seit dieser Woche kniet sie sich im Wagen auf, sodass man sie sofort anschnallen musste, damit sie nicht heraus fliegt. Man wird ihr ein Betterl aufstellen müssen. Ilserl ist sehr brav.

Das »Betterl« scheint symbolisch zu sein. Wenn sie wirklich eines aufstellen, heißt das, dass sie jetzt noch nicht weggehen. Dieses Bett bringt mich zu einer anderen Frage. Wie und wo lebte diese vierköpfige Familie? Sie müssen wohl alles im von den Nazis kontrollierten Österreich gelassen und sich von Linz nach Prag aufgemacht haben. Dort wurden sie offenbar von Arnold und Vera aufgenommen. Ich gehe alles noch einmal durch, aber die ersten Briefe bringen keine Anhaltspunkte dafür.

Der kurze Satz »Ilserl ist sehr brav« beschäftigt mich. Es ist eine weitere Verbindung zwischen mir und meiner neun Jahre alten Cousine, da ich ja auch ein braves Kind genannt wurde. Aufgewachsen in einem Land, in dem Selbstbehauptung und der Aufstand gegen die Eltern die Norm zu sein scheinen, hatte ich damit zu kämpfen, so anders als meine Gleichaltrigen zu sein. Als Erwachsene habe ich gelernt, dass diese Art von »Bravsein« eine Sache für Kinder ist, deren

Familie dem Tod ins Gesicht geschaut hat. Kann man sich Anne Frank als Mädchen vorstellen, das sich schlecht benimmt? Steht das Leben auf dem Spiel, lernen Kinder sehr schnell, »brav« zu sein.

Es vergingen viele Tage, bis ich wieder einen von Marthas Briefen in die Hand nahm. Mir war alles recht, um dies auf die lange Bank zu schieben. Sie hatte einen Nerv getroffen, aber ich wollte nicht zu diesem tiefen Gefühl vordringen, welches ihre Worte auslösten.

Jedoch, sollte die Sache ganz aussichtslos sein, dann schreibe uns bald möglichst, was uns sehr schmerzen würde. Vielleicht gönnt uns doch das Glück noch gemeinschaftlich schöne Stunden. Wir haben ja gemeinsame Jugendstunden verbracht. Vielleicht werden sie in unserem sogenannten Alter auch sein.

Wie schwer muss es Martha ums Herz gewesen sein, als sie diese Worte verfasste. Von meiner eigenen Kindheit habe ich behalten, dass ein solches Gefühl die Norm ist. Meine Eltern schienen immer unter einer dunklen Wolke zu wandeln und ihre Gespräche kreisten immer um Probleme. Enttäuschte Menschen. »Das Leben ist nicht leicht« war ein Satz, den meine Mutter stets auf den Lippen trug.

Aber meine Eltern versuchten, mich glücklich zu machen. Ohne dass sie dies für sich selbst getan hätten, kauften sie mir zu jedem Geburtstag ein besonderes Geschenk. Meine erste Uhr, einen Ring mit einem kleinen grünen Stein als Geburtsstein. Ich wusste, dass diese Geschenke der Ausdruck ihrer Liebe waren – so wurde von mir erwartet, sie auch glücklich zu machen.

Und das tat ich. Ich war immer ein gutes Mädchen. Es gelang mir, sie mit meinen Erfolgen stolz zu machen. Die Schule war ein gangbarer Weg, um dieses Ziel zu erreichen. Ich hatte gute Noten, während ich meine sozialen Kämpfe und die Tatsache, eine totale Außenseiterin zu sein, verbarg. Für einen Teenager ohne Samstagabendverabredungen war das eine große Herausforderung – aber in den ersten Jahren waren meine Eltern leicht zu täuschen.

Ihre Kindheit in Europa war so anders gewesen als meine in Kanada. Mein Vater war Teil einer riesigen, lebendigen Familie. Meine Mutter lebte mit einer fast gleichaltrigen Schwester und einem Schwarm von Freunden in einer kleinen Stadt in Bayern. Ich wuchs als Einzelkind auf, isoliert auf einem Bauernhof in Ontario, wo ich eine einklassige Schule besuchte. Meine ersten Schuljahre waren so traumatisch, dass ich sie fast völlig aus meinem Gedächtnis gestrichen habe. Meine Schulkameraden machten mir nämlich klar, dass sie mich nie in ihre Gemeinschaft aufnehmen würden.

Meine erste Sünde war, dass ich kein Englisch sprach, in einer Schule, wo wir »Rule Britannia! Britannia rule the waves!« lernten. Meine zweite Sünde war, dass ich Deutsch sprach – die Sprache des Feindes. Meine dritte Sünde war, dass ich Jüdin war – damals noch ein hässliches Wort.

Viele Jahre lang gab ich mir selbst die Schuld, eine sozial Ausgestoßene zu sein. Nachdem wir den Bauernhof verlassen hatten, bemühte ich mich um jüdische Freunde, aber diese Beziehungen hielten nie so richtig. Die jungen Juden, die ich Ende der 40er, Anfang der 50er Jahre traf, waren entweder sehr materialistisch ausgerichtet oder lebten in einer Pro-Israel-Welt, von der ich nichts wusste. Ich kam überhaupt nicht mit ihnen zurecht, weder mit denjenigen, die für eine in der Ferne liegende Heimat kämpfen wollten, noch mit denen, die nichts anderes interessierte als die Frage, was sie zur nächsten Party anziehen werden.

Eine Zeit lang dachte ich, wenn mich Nicht-Juden einmal als Person kennenlernten, dann würde die Tatsache, als Jüdin geboren zu sein, nicht mehr wichtig sein. Das Leben lehrte mich aber etwas anderes. Die Mädchen in meiner High School bildeten eine Art »Studentinnen-Verbindung«, von der allein ich ausgeschlossen blieb. Die wenigen jungen Männer, die sich mit mir trafen, nahmen bald wieder Abstand, nachdem ihre Eltern »Helen wer?« fragten und meinen Nachnamen hörten.

Langsam begann ich meine Eltern ein bisschen zu verstehen und ich erkannte die tiefen Wunden, die ihnen eine unwirtliche, abweisende Welt zugefügt hatte. Ich verbrachte viel Zeit damit, mir vorzustellen, wie es wohl für sie gewesen war. Wie konnten sie jemals wieder jemandem vertrauen, nachdem sich ihre früheren Klassenkameraden und Freunde, mit denen sie Fußball oder Himmel und Hölle gespielt hatten, gegen sie gewandt hatten? Welche neue Bedeutung schrieben sie dem Wort »Nachbar« zu, als sie die Menschen aus der Nachbarschaft dabei beobachten mussten, wie sie sich hinter zugezogenen Vorhängen versteckten oder auf der Straße die Augen von ihnen abwandten? Ich für meinen Teil wollte beides: Ich hatte das Bedürfnis, jemandem zu vertrauen, und war dennoch nicht bereit, mich auf andere einzulassen, wohl wissend, dass dieser beständige Argwohn an der Seele nagt.

Wenn ich so zurückdenke, fanden meine Eltern nie wirklich Anschluss an echte Kanadier – wie sie diese nannten –, weder in den Jahren auf dem Bauernhof noch in der Stadt. Alle Besucher, die zu uns auf eine Tasse Tee oder zum Essen kamen, sprachen mit dem gleichen deutschen Akzent, der sie von den anderen unterschied, egal wie flüssig ihr Englisch war.

Ich glaube nicht, dass meine Eltern jemals das Gefühl des Fremdseins, des »Andersseins«, welches ihnen von der Welt auferlegt wurde, verloren. Sie sagten von sich selbst oft, »Ausländer« und »Greenhorn«, zu sein – und da waren deutliche Anführungszeichen zu hören, wenn sie diese Worte benutzten. Während meine Mutter die »Kunst der sauren Trauben« – nicht zu begehren, was nicht erreichbar war – ganz gut beherrschte, war mein Vater etwas komplexer veranlagt.

Nur schwer konnte ich mir vorstellen, dass mein Vater einst eine unbekümmerte Seele war, der im Kreis ihrer Familie in Europa Ukulele zupfte oder Klavier spielte. Ich erlebte ihn als einen ruhigen, nachdenklichen, sensiblen Menschen, dem die Einsamkeit zusetzte.

Obwohl er während unserer Sonntagsspaziergänge oft laut dachte – offenbar vergaß er, dass ich noch ein Kind war –, kreisten seine Sorgen um die Gegenwart. Selten sprach er über seine Jahre als Erwachsener in Europa. Nun, da ich mit dem Lesen dieser Briefe begonnen habe, versuche ich, auch die Wurzeln für diese umfassende Traurigkeit zu ergründen, was mir bis dato in keiner Weise gelungen ist.

Einen Hinweis auf diese Traurigkeit fand ich im ersten Brief von Emil Fränkel. Im Brief vom 2. April 1939 folgt seine Handschrift unmittelbar der seiner Frau Martha. Ich habe fast den Eindruck, Emils Worte in der Stille des Morgens zu hören.

Meine Lieben,

Sehnsüchtig warteten wir alle auf Eure erste Nachricht über Euere Reise und Ankunft in Antwerpen. Ich war gerade bei den l. Eltern als Donnerstag um 11 Uhr vormittags der Brief von Euch kam. Der Brief wurde von mir geöffnet und der l. Papa hat ihn uns vorgelesen.

Wir waren alle überglücklich, von Euch gute Berichte bekommen zu haben und haben alle einen Wunsch, der l. Gott möge Euch bis zu Eurem Ziel weiter begleiten. Wenn mir noch so nach Euch bange ist, so tröste ich mich damit, dass Ihr in einigen Tagen an Ort und Stelle sein werdet, wo Ihr nach langer Zeit Eure Ruhe gefunden habt.

Zu den l. Eltern komme ich zweimal täglich und besorge für sie alle Wege. Eure Möbel von der Wohnung sind bereits bei Bush und stehen neben den Sachen von der l. Anny, die gemeinsam expediert werden. Es ist ganz ausgeschlossen an die l. Anny die erwünschten Sachen zu schicken. Wie Euch die l. Martha bereits geschrieben hat, warten wir auf Euren Bericht um sich ein Bild zu machen, welche Aussichten für uns dort bestehen. Vorderhand ist gar keine Möglichkeit, eine Ausreise zu erlangen. Liebreich sollte schon diese Woche mit seiner Familie nach Erez ausreisen und ist der Transport auf unbestimmte Zeit verschoben worden. Onkel Fritz meint, wir sollen uns alle für den nächsten Transport anmelden. Arnold würde sich uns anschliessen. So arbeiten meine Gedanken Tag und Nacht und ich weiss nicht wo ich früher sein soll.

Zeile für Zeile sann ich über den Brief nach, um ihn zu verstehen. Da Emil der Erste war, der die Schatten am Horizont wahrgenommen und meinen Vater ermutigt hatte, nach Kanada zu gehen, erwartete ich von ihm, dass er mehr Details als die anderen wissen würde. Obwohl viele Fragen blieben, enttäuschte mich dieser Brief dennoch nicht.

Sehnsüchtig warteten wir alle auf Eure erste Nachricht über Euere Reise und Ankunft in Antwerpen.

Sehnsüchtig! Dieses so poetisch verwendete Wort ist ziemlich fehl am Platz. Ich muss mich daran erinnern, dass diese Worte ja nicht von einem Dichter niedergeschrieben wurden, sondern von einem praktisch veranlagten, auf dem Boden der Tatsachen stehenden Geschäftsmann.

Ich gehe noch einmal Marthas Teil des Briefes durch und sehe, dass sie ein Postskriptum angefügt hat, welches sie unterstrichen hat: *Emil ist sehr einsam!*

Wie selten vernimmt man heutzutage einen Mann, der bekennt, einsam zu sein? Marthas Worte sind der Beweis für die große Zuneigung zwischen diesen beiden Männern und somit für die Tiefe des Verlustes für meinen Vater. Emil war nicht nur sein Schwager, sondern auch sein Vertrauter und sein bester Freund.

Ich war gerade bei den l. Eltern als Donnerstag um 11 Uhr vormittags der Brief von Euch kam.

Den Morgen verbringt Emil immer gleich: Er besucht die Eltern meiner Mutter, Max und Resl. Ich weiß, dass nur Emils Versprechen, nach ihnen zu sehen, meine Mutter letztlich doch noch dazu bewegen konnte, nach Kanada zu gehen. Für mich gibt es bis heute nicht den leisesten Zweifel daran, dass meine Mutter fest davon ausging, ihre Eltern würden nachkommen. Weder die harte Realität noch mögliche Komplikationen konnten sie davon abhalten, das zu glauben, woran sie glauben musste. Da Emil ihr versichert hatte, nach Max und Resl zu schauen und ihnen auf schnellstem Wege eine Karte für die Überfahrt nach Kanada zu besorgen, verließ meine Mutter Europa, überzeugt davon, bald wieder mit den Eltern vereint zu sein.

Zu den l. Eltern komme ich zweimal täglich und besorge für sie alle Wege.

Ich versuche mir die Szene vorzustellen, die sich Emil jeden Tag darbot. Meine Großmutter wird ruhig in ihrem Sessel gesessen und Emils Klopfen an der Tür kaum wahrgenommen haben. In dem fehlgeleiteten Versuch, ihre Klimakteriumsbeschwerden zu lindern, hatten ihre Ärzte Anfang der dreißiger Jahre ihren Geist zerstört. Da meine Mutter große Angst davor hatte, auch ihre Wechseljahre könnten mit Komplikationen verbunden sein, erzählte sie mir diese Geschichte oft. Es war erst Mittag, als meine Großmutter ihre Schürze zum letzten Mal abnahm. Völlig erschöpft vom Kochen, Aufräumen, der Erziehung zweier Kinder sowie von der täglichen Buchhaltung und der Arbeit im Geschäft meines Großvaters, das den Lebensunterhalt der Familie sicherte, sank sie in den Sessel und sprach die unheilvollen Worte: »Ich kann nicht mehr. Ich bin zu müde. Ich kann einfach nicht mehr.« Man schickte sie in ein Sanatorium, um sie mit Elektroschocks zu behandeln. Danach war ihre Arbeitsfähigkeit, die man doch erhalten wollte, kaum noch vorhanden.

Ich versuche mir meinen Großvater Max vorzustellen, wie er Emil die Tür öffnet und ihn hereinlässt. Selbst an einem Wochentag war Max wohl stets akkurat gekleidet – in einem Dreiteiler, der zu seinem Selbstbild als Paterfamilias passte. Der Empfang wird herzlich gewesen sein, aber vermutlich konnte er Emil noch nicht einmal eine Tasse Kaffee anbieten. Da seine Frau ihn nicht mehr bedienen konnte und seine Töchter im Ausland lebten, musste jemand anders diese Aufgabe übernehmen.

Jedes Detail führt mich zu einer weiteren Frage. Wenn meine Großmutter ihre Dienste nicht mehr verrichten konnte, wer kochte dann? Bestimmt nicht Emil, denn Männer seiner Generation hatten nichts mit der Küche am Hut. Hatte Martha etwas zubereitet, das Emil mitbrachte? Eher unwahrscheinlich, da der Vater meiner Mutter zu den sehr wenigen praktizierenden deutschen Juden gehörte, die auf einer streng koscheren Kost bestanden. Er hätte Essen aus Marthas Küche verweigert.

Abgesehen von diesen familiären Besonderheiten, wie sind mein Großvater und die anderen praktizierenden Juden damit zurechtgekommen, dass sie die Speisevorschriften verletzen mussten, die so sehr zum Fundament ihres Lebens gehörten? Waren solche Belange angesichts der Ereignisse rundherum kleiner geworden?

Meine Großeltern Max und Resl waren von anderen völlig abhängig. Sie blieben bis 1937 in Deutschland, bis sie Anny endlich davon überzeugen konnte, in die Tschechoslowakei zu kommen. Ihr

Besitz blieb in Deutschland so wie der von Emil in Österreich. Wie kam Emil damit zurecht? In Prag war er nur mit einem Touristenvisum und konnte keiner ordentlichen Arbeit nachgehen. Er muss sich ziemlich überflüssig vorgekommen sein. Nicht einmal, sondern zweimal am Tag besuchte er Max und Resl und erledigte für sie alle Besorgungen.

Was waren das für Besorgungen, und was machte mein Großvater, während Emil sie erledigte? Max war erst Anfang fünfzig und gehörte noch nicht zum alten Eisen. Zuhause in Cham in Deutschland hatte er der örtlichen Jüdischen Gemeinde vorgestanden. Viele Jahre war er auch Mitglied der Freiwilligen Feuerwehr von Cham gewesen – was doch nur ein gesunder, fitter Mann leisten kann.

Als die Nazis 1933 in Deutschland an die Macht kamen, war meine Mutter noch nicht verheiratet und lebte zu Hause. Als die neuen Regelungen in Kraft traten, klopfte es an der Tür. Es war ein Nachbar, der ihrem Vater mitteilte, dass ein Jude nicht mehr bei der Feuerwehr sein könne, auch nicht als Freiwilliger. Leise öffnete daraufhin meine Großmutter das Nähkästchen, nahm ihre beste Schere und schnitt die Blechknöpfe von der Feuerwehruniform, damit Max sie nie mehr tragen konnte.

Der Brief wurde von mir geöffnet und der l. Papa hat ihn uns vorgelesen.

Ich bemerke mit Erstaunen, dass Papa Max den Brief laut vorliest, obwohl ihn Emil geöffnet hat. Der Brief könnte für die ganze Familie bestimmt gewesen sein, Emil gibt ihn aber dem älteren Mann. Emil unterstreicht hier wieder sein Gefühl der Einsamkeit.

Wir waren alle überglücklich von Euch gute Berichte bekommen zu haben und haben alle einen Wunsch, der l. Gott möge Euch bis zu Eurem Ziel weiter begleiten. Wenn mir noch so nach Euch bange ist, so tröste ich mich damit, dass Ihr in einigen Tagen an Ort und Stelle sein werdet, wo Ihr nach langer Zeit Eure Ruhe gefunden habt.

Emils Liste von zusätzlichen Verpflichtungen war lang. Er musste sich schon um meine Großeltern kümmern, jetzt wurde ihm auch noch aufgetragen, sowohl unser Hab und Gut als auch das der Schwester meiner Mutter zu verschicken.

Eure Möbel von der Wohnung sind bereits bei Bush und stehen neben den Sachen von der l. Anny, die gemeinsam expediert werden. Es ist ganz ausgeschlossen an die l. Anny die erwünschten Sachen zu schicken.

Was dachte sich Emil, als man ihm solche Wünsche mitteilte? All seinen Besitz hatte er in Österreich zurückgelassen. Wovon lebte er? Wie traf er Entscheidungen, wo alles um ihn herum sich aufzulösen begann?

Wie Euch die l. Martha bereits geschrieben hat, warten wir auf Euren Bericht, um sich ein Bild zu machen, welche Aussichten für uns dort bestehen. Vorderhand ist gar keine Möglichkeit, eine Ausreise zu erlangen.

Für eine lange Zeit saß ich wie blind mit dem Brief auf meinem Schoß. »Vorderhand ist gar keine Möglichkeit, eine Ausreise zu erlangen.«

Diese Worte sind so unfassbar endgültig. Nur eine Woche nach unserer Abreise wurde die Situation hoffnungslos. Wie knapp waren wir entkommen!

4. Kapitel

Ein Neubeginn

Wieso hat Kanada uns hereingelassen? In Kanada wie anderswo waren Juden unerwünscht.

Ich glaube, dass diejenige, die uns geholfen hat, ins Grab ging, ohne unseren Dank zu erhalten. Es war meine Tante Anny. Am Tag ihrer Beerdigung ging ich früh zum Markt und kaufte dort alle gelben Rosen, die es gab. Später legte ich sie auf ihren Sarg. Es war eine ganz kleine Trauergemeinde, die an diesem kalten, verregneten Tag am Grab stand: ein paar Nachbarn und Bekannte, aber fast keine Freunde oder Familienmitglieder. Ihre einzige Schwester war nicht dabei.

Familiengeschichten sind kompliziert, besonders wenn alte Wunden nicht verheilt sind. Meine Tante starb kinderlos, aber jahrelang wurde vermutet, ich sei ihre Tochter. Sie hat immer fröhlich gelächelt, wenn man ihr sagte: »Es ist in Ordnung. Wir Kanadier sind ja modern. Ein uneheliches Kind ist heutzutage keine Schande mehr. Wir wissen, dass du nur so tust, als sei Helen das Kind deiner Schwester. Helen ist dir so ähnlich. Und schau mal, Ludwig liebt sie ja genauso sehr wie du.«

Es wäre nicht schwer gewesen, diese Vorstellung als Wirklichkeit anzunehmen. Meine Mutter war immer »das brave Mädchen« in der Familie und meine Tante war immer »die Draufgängerin«. Auf einem Jugendfoto sieht man Anny sogar auf einem Motorrad sitzen. Es war immer Anny, die sich alles traute, die oft auch einen Schritt ins Verbotene wagte.

Anny und meine Mutter erzählten gern von ihrer Kindheit und Jugend. Oft lachten sie über das frisch gezapfte Bier, das mein Großvater Max ab und zu trank. Da er am liebsten zu Hause im Kreis seiner Familie blieb, hat Anny es gern für ihn geholt. Den Schaum hat sie immer auf dem Heimweg abgeschleckt, und nie gab sie Antwort, wenn der Vater sich beschwerte, dass der Gastwirt immer weniger voll einschenkte.

Später gab es öfter größeren Krach zu Hause. Während eines Besuchs in der Stadt ließ sich Anny ihre langen Haare abschneiden und kam mit einem Bubikopf zurück. Als Nächstes setzte sie durch, dass sie nach Regensburg ziehen durfte, wo sie eine Ausbildung zur Röntgen-Assistentin absolvierte und sich in einen Arzt verliebte.

Diese Liebe war heiß und innig, aber sie währte nicht lang. Es war das Jahr 1933, und Hitler war schon an der Macht. Anny war Jüdin, der Arzt »Arier«. Er entschied sich für seine persönliche Sicherheit.

Gebrochenen Herzens wurde Anny Zuschauerin des Glücks, das ihrer Schwester beschieden war: Gretl als geliebte Braut, jungfräulich und elegant wie eine Prinzessin in ihrer langen weißen Schleppe. Gretl als schwangere Frau, stolz auf ihre Weiblichkeit. Gretl als Mutter eines gesunden Kindes. Die kleine Helly, 1936 geboren.

Anny machte sich nichts vor. Ihre Schwester und ihre Eltern dachten vielleicht an nichts anderes als das Kind, aber Anny sah, was in Deutschland vorging. Sie wusste, dass sie etwas tun musste. Das Wichtigste war, sich und die Eltern aus Deutschland herauszubringen. Das hatte Vorrang.

Die Tschechoslowakei war das beste Ziel. Ein Großteil der Einwohner sprach Deutsch. Das war schon ein großer Vorteil. Zweitens war das Land eine Demokratie mit der Unterstützung des Völkerbundes. Und vor allem war Gretl schon dort. In ihrem tiefblauen Abendkleid hatte sie einem Einwohner den Kopf verdreht und war jetzt Hausfrau in Strobnitz – einem kleinen Dorf unweit der österreichischen Grenze.

Anny fehlte nur ein tschechischer Mann. Sie vertraute sich einer Verwandten an, die ihr Anliegen weitergab, und bald war die Ehestiftung gelungen. Ludwig Ekstein war bereit, Anny Grünhut zur Frau zu nehmen.

Ludwig war ein etwas älterer Mann mit besten Beziehungen und Empfehlungen. Er war wohlhabender Grundbesitzer und genoss als Viehhändler einen ausgezeichneten Ruf. Es war ein Gewerbe, in dem sich viele übel beleumundete Gesellen tummelten, aber Ludwig war eine rühmliche Ausnahme: ein Mann, der Wort hielt.

Anny hatte es mit der Liebe versucht, aber dieser Weg hatte nur Unglück gebracht. Jetzt wollte sie den Weg der Vernunft gehen.

Schnell wurde geheiratet, Anny in Hut und Kostüm mit gelben Rosen im Arm. Sie übersiedelte ins Ekstein'sche Haus in Bischofteinitz (in der Nähe von Pilsen) und setzte sofort um, was sie geplant hatte: Sie brachte ihre Eltern aus Deutschland heraus. Das war 1937.

Aber schon 1938 zeichnete sich ab, dass die Tschechoslowakei alles andere als eine sichere Zufluchtsstätte war. Als in diesem Jahr der »Anschluss« Österreichs stattfand, sagten einige von Ludwigs Verwandten: »Wir sind die Nächsten. Der Hitler wird auch die Tschechoslowakei übernehmen.«

Angesichts der vielen Hunderttausend Juden, die aus Deutschland, aus Österreich und aus der Tschechoslowakei flüchten wollten, schloss Kanada seine Grenzen. Ein am 29. November 1938 vom Auswärtigen Amt und vom Ministerium für Bodenschätze und Bergbau erstelltes Memorandum an Premierminister Mackenzie King offenbarte die bittere Wahrheit: »Wir wollen nicht zu viele Juden hereinlassen, aber unter den gegebenen Umständen wollen wir es nicht offen aussprechen.«

In Prag und anderen Großstädten konnten sich Menschen, die nach Kanada auswandern wollten, nur bei den Bahngesellschaften erkundigen. Die »Canadian National« und die »Canadian Pacific« waren auf der Suche nach Übersiedlern. Ludwigs Verwandte luden einen Vertreter der Canadian Pacific ein, sie zu Hause zu besuchen. Ihr Fleiß und Wohlstand machte auf den Vertreter einen guten Eindruck. Auf seine Empfehlung hin durfte die Familie in Kanada Grundstücke kaufen.

Hat niemand in Ottawa gewusst, dass Ludwig und seine Cousins Juden waren? War C. F. Blair, der Leiter der dem Bergbauministerium unterstellten Zuwanderungsbehörde krank oder im Urlaub, als die Gesuche in Ottawa eingingen?

Ich habe etlichen Historikern diese Frage gestellt. Sie sagen alle dasselbe: »Da hat jemand geschlafen.« Höchstwahrscheinlich hatte die Immigrationsbehörde keine Ahnung, dass der Anführer der tschechischen Gruppe Jude war. Ludwigs Cousin war das Gegenteil jenes Klischeejuden mit dunklen Haaren, Buckel und Hakennase, den damals die kanadischen und europäischen Zeitungen zeigten.

Karl Abeles war groß und blond und fesch. Ab und zu besuchte er unsere Farm, und ich erinnere mich an einen kräftigen, lustigen Mann, der heutzutage im Fernsehen Werbung für eine Biermarke machen könnte.

Im November 1938 kamen Anny und Ludwig auf die Ridge-Farm in der Nähe von Mount Hope, einem Dorf südlich von Hamilton in Ontario. Sie haben sofort für meine Eltern und mich als Immigranten gebürgt.

Und so sind wir am 16. April 1939 in St. John, New Brunswick, an Land gegangen. Von dort sind wir per Zug nach Montreal gefahren, wo Mimi auf uns wartete. Diese Familienfreundin war ein hübsches junges Mädchen. Ihre Eltern hatten sie mit ihrer Tante (einer Cousine von Ludwig) und ihrem Onkel nach Kanada geschickt. Mimi war damals in Montreal, um mit einem Herrn James Colley von der Canadian Pacific zu sprechen. Man hatte ihr gesagt, dass Herr Colley über Wohl und Wehe eines jeden europäischen Juden entscheiden könne. Mimi gab die Hoffnung nicht auf, dass sie – trotz aller bürokratischen Hürden – durch eine persönlich vorgebrachte Bitte ihre Eltern retten könne.

Als ich Mimi fragte, wie sie uns erkannt hätte, lachte sie: »Das war nicht schwer. Man sah euch die Fremdheit an. Ein dürrer Mann in einem zu großen Anzug, eine elegante Frau in einem Kostüm mit passendem Hut und Kragenmantel, die ein kleines Kind fest an der Hand hielt – dich, in einem gelbgrauen, baumwollsamtenen Mantel mit braunem Kragen. Ihr saht so benebbicht aus.«

Obwohl der jüdische Ausdruck »benebbicht«– als Beschreibung für einen Menschen, dem nichts gelingt – sich nicht leicht übersetzen lässt, kann ich mir die Szene doch gut vorstellen. In meiner Erinnerung kratzt mich dieser Kragen noch heute, so düster und schmutzfarben braun im Vergleich zum giftgrünen Komplet meiner Mutter.

Weil ihre Papiere sie als tschechische Bauern auswiesen, legten meine Eltern als Erstes die guten Kleider ab und bereiteten sich auf ihr neues Leben vor. Sie hatten der kanadischen Regierung zugesagt, mindestens fünf Jahre auf einer Farm zu arbeiten.

Es war ein großer Sprung. Von ihrer Rolle als Dorfschönheit musste sich meine Mutter verabschieden und Kühe melken, Hühner rupfen und ausnehmen und Schweine füttern, eine Arbeit, die sie ganz abscheulich fand. Auch mein Vater musste sich von einem Leben, das die Erfüllung all seiner Träume war, verabschieden. Für das bäuerliche Leben war er völlig ungeeignet. Sein magerer Körper wurde nie kräftig genug, und seine Hände blieben ungeschickt. Das Schlimmste jedoch war sein Schamgefühl. Seine eigenen Ansprüche waren bescheiden, aber dass seine Gretl, die feine Braut, der er den Himmel auf Erden versprochen hatte, in solcher Erniedrigung leben musste, war für ihn eine tägliche Demütigung.

Am Anfang haben wir alle zusammen auf der Ridge-Farm gewohnt, das Haus überfüllt mit Verwandten. Sobald wie möglich haben aber Ludwig und Edi, mein Vater, als Partner ihre eigene Farm gekauft. Die Hoffnung war natürlich, dass die Grünhut-Eltern und die ganze Familie Waldstein in nächster Zeit zu uns übersiedeln würden.

Die Wren-Farm haben Edi und Ludwig ausgewählt, weil sie billig war. Zu dieser Zeit gab es genug Angebote, denn im Zuge der Wirtschaftskrise zogen viele Kanadier in die Städte und suchten dort nach einer gut bezahlten Arbeit in einer Fabrik, statt weiterhin ihre Äcker zu pflügen.

Die Wren-Farm war besonders günstig, weil niemand diese 72 Hektar bewirtschaften wollte. Der Grund war uneben und schwer zu bearbeiten. Manche Felder waren immer nass und sumpfig, andere hatten mehr Steine als Erde. Die Zaunpfähle, sofern es welche gab, standen überall schief, und wenn Sturm aufkam, fürchteten wir den Einsturz der alten Scheune.

Doch es war ein Anfang. Von einem Nachbarn kauften Ludwig und Edi eine Kuh. Am nächsten Morgen lag sie tot in unserem Stall. Sie kauften eine zweite Kuh und meine Mutter kochte die Rohmilch auf dem Holzofen in der Küche. Heute noch habe ich den Geruch warmer Milch in der Nase, und auf der Zunge spüre ich die Haut, die sich bildete, wenn die Milch in der Tasse abkühlte. Heute noch trinke ich nur schwarzen Kaffee und ekle mich vor dem Geruch von heißem Kakao.

Es kamen mit der Zeit immer mehr Kühe in den Stall, und ich war gerne dort. Meine Mutter musste sie alle melken. Ich sehe sie noch vor mir, ängstlich hockte sie auf dem kleinen Melkschemel, die Hände am Euter. Ich höre das Geräusch der Milch, wenn sie in den Eimer spritzte. Wann immer meine Mutter aufstand, um die Milch aus dem Eimer in die große Kanne umzugießen, streckte sie sich, zupfte an ihrem roten Kopftuch und tat einen tiefen Seufzer.

Derweil bestellten Ludwig und Edi die Felder. Sie kauften einen Gaul und spannten ihn vor den alten Pflug, den mein Vater mühselig führte. Ludwig war geschickt und reparierte nach und nach etliche defekte Arbeitsgeräte. Dazu sammelte er jedes Stück Schnur, Strick oder Bindfaden. Bei uns wurde nichts weggeworfen. Ich habe ihm stundenlang zugeschaut, wie er mit großer Geduld alles durchprobierte, bis er endlich wusste, wie es funktionierte. Ich habe auch sehr gern meinen Vater aufs Feld begleitet, besonders wenn er Mais säte. Dazu hatte er eine Art Stock mit einer Metallstange, auf die er trat, und jedes Mal kam ein Korn in die Erde.

Meine Tante Anny übernahm eine andere Rolle: die Verbindung zur Außenwelt. Niemand von uns konnte ein Wort Englisch, aber Anny hatte genügend Courage, mit dem Wörterbuch in der Hand einen Anfang zu machen. Mit freundlichem Lächeln und lebhaften Gesten gelang es ihr allmählich, sich mit Nachbarn und Fremden zu verständigen. In Europa hatte Annys zwanglose Art wenig Beifall gefunden, aber jetzt betrachtete man sie als unternehmerisch denkende junge Frau. Sie entschloss sich, Hühner zu halten. Jede Woche stand sie mit einem Korb voller Eier am Rand der Landstraße und fuhr per Anhalter in die Stadt. Dort klopfte sie an jeder Haustür, bis das letzte Ei verkauft war.

Es gab viele Rückschläge, aber mit der Zeit lieferte die Farm doch einen besseren Ertrag. Zu den Eiern kamen frisch geschlachtete Hühner. Beim Rupfen der Hühner durfte ich helfen. Die Sache mit den Hühnern war nicht so einfach. Erst musste man unter die Federn greifen, um abzuschätzen, wie dick die Henne war, und dann erst kam der große Spaß: Das Huhn musste gefangen werden. Da gab es lautes Kreischen, während alle Hühner von einem Ende des

Stalls zum anderen liefen. Inzwischen hatte sich natürlich die auserkorene Henne unter ihre Artgenossinnen gemischt und war unseren suchenden Augen entschwunden.

Das Schlachten selbst erledigte Ludwig. Mit einem scharfen, spitzen Messer stach er den Hühnern in den Schnabel. Mir erklärte er, dies sei schonender, als ihnen den Kopf abzuhauen, denn danach lief eine Henne oft kopflos weiter herum und Blut spritzte in alle Richtungen.

Zunächst musste man die tote Henne in heißes Wasser eintauchen. Das Wasser musste heiß genug sein, um die Federn weich zu machen, aber es durfte nicht zu heiß sein, denn sonst verbrühte man ihnen die Haut. Dann wurden die Hühner an den Beinen auf eine hohe Stange gehängt und jetzt durfte ich helfen, sie zu rupfen. Ich gab sehr Acht, ihre zarte Haut auch bei den längsten Federn nicht zu verletzen.

Den letzten Teil des Putzens erledigte meine Mutter. Zuerst nahm sie das Huhn mit in die Küche, wo sie den Deckel vom Holzofen hob und über der offenen Flamme die ganz feinen, fast unsichtbaren Haare absengte. Dann erst schlitzte sie die Henne vor dem Bürzel auf und steckte die Hand tief in den Bauch des Tiers hinein. Sie zog die Eingeweide heraus, Gedärm, Leber, Magen, alles glibberig ineinander verschlungen. Manchmal zog sie Eier ohne Schale heraus, die warf sie in eine Schüssel mit den kleinen Klumpen Fett, die sie von den Gedärmen für unsere Mahlzeiten abzog. Größere Klumpen Fett wurden sorgfältig gewaschen und mit Herz, Magen und Leber in die saubere Körperhöhle der Henne gelegt, auf dass die Hausfrau, die sie später erwarb, ihre Freude daran haben möge.

Auch die Äcker lieferten mit der Zeit guten Ertrag. Auf manchen Feldern wuchs Weizen. Man schnitt ihn, band ihn zu Garben und stellte die Bündel zu jenen zeltähnlichen Gebilden zusammen, die als Sujet bei Malern so beliebt waren. Mir kam das Bündeln und Aufstellen endlos vor und ich verbrachte unzählige Stunden unter kleinen fast schattenlosen Bäumen am Rand der Felder, während meine Mutter und Anny den Männern halfen. Dazu trugen beide Frauen hohe Gummistiefel trotz der brennenden Sonne, weil sie vor Schlangen Angst hatten. Diese Arbeit war immer nervenaufreibend, denn Regen hätte in dem Moment die ganze Ernte vernichtet.

Erst wenn der Weizen richtig trocken war, konnte man ihn auf einen Wagen laden und zur Dreschmaschine bringen. Das war ein riesiges Ungeheuer. Man musste diese Maschine samt Fahrer weit im Voraus buchen, was immer schwierig war. Bei einer zu frühen Buchung riskierte man, dass der Weizen noch nicht richtig trocken war, bei einer zu späten drohte plötzlicher Regen und Sturm alles kaputt zu machen. Weiterhin musste nicht nur der Fahrer verfügbar sein, sondern man musste sich auch mit allen Nachbarn absprechen, denn das Dreschen war zu der damaligen Zeit nur gemeinschaftlich möglich.

Bei uns im Hause herrschte am Dreschtag immer große Aufregung. Wenn die Nachbarn sich bereit erklärt hatten, zu helfen, fingen die Frauen an, die Mittagsmahlzeit zu planen. Die Planung stürzte meine Mutter und Anny in panikähnliche Zustände. Im ersten Jahr hatten sie zum Dreschen europäisch gekocht und das Beste aufgetischt, was sie zu bieten hatten: Kraut, Knödel mit Schweinebraten und Kuchen als Nachspeise. Die Nachbarn kamen zu Tisch, sahen, was es gab, schoben die Teller weg und gingen nach Hause. Sie hatten richtiges *Roastbeef* mit Kartoffelpüree und Soße und zweierlei gekochtem Gemüse erwartet. Und das Ärgste für Anny und Gretl war, dass sie zum Nachtisch »pie« wollten.

Auch wenn die zwei Frauen späterhin lernten, »kanadisch« zu kochen, blieb ihnen die hohe Kunst des »pie«-Machens zeitlebens ein Rätsel. Beide besaßen Kochbücher, in denen sie handgeschriebene oder ausgeschnittene Rezepte für »pie« aufbewahrten. Es half nichts. Ihre »pie«-Kruste blieb steinhart. Es ist ihnen nie gelungen, den krossen Mürbeteig für diesen Kuchen herzustellen. Den kanadischen Hausfrauen hingegen scheint das in die Wiege gelegt zu sein. Nur mit der Hilfe von Frau Bates, einer lieben Nachbarin, die uns ihre »pies« ofenfertig brachte, konnten Anny und Gretl beim Dreschen eine zufriedenstellende Nachspeise auf den Tisch stellen.

Frau Bates war wirklich eine nette Frau. Ich habe stundenlang bei ihr in der Küche gesessen. Sie hatte so viel Geduld, und es war bei ihr ganz anders als zu Hause, wo meine Eltern selten Zeit hatten, meine zahllosen Fragen zu beantworten. Wie wir uns verständigt haben, weiß ich nicht, denn zu dieser Zeit sprach ich noch kein Wort Englisch.

Damit ich Englisch lernen konnte, haben mich meine Eltern ein Jahr früher als andere Kinder in die Schule geschickt. Die Schule bestand aus einem großen Raum, in dem eine einzige Lehrerin acht verschiedene Altersstufen unterrichtete.

Bevor ich in die Schule gehen durfte, musste ich meinen Eltern versprechen, nie zu sagen, dass wir Juden sind. Sollte die Lehrerin nach meiner Religion fragen, so sollte ich antworten, wir seien »Tschechen«. Zu Hause wurde zuvor lange diskutiert, ob die Leute es einem abnehmen würden, dass es eine tschechische Kirche gäbe. Meine Familie war der Ansicht, dass die Kanadier so wenig über die Tschechei wussten, dass es ihnen nicht abwegig vorkommen würde.

An meine ersten Schultage habe ich keinerlei Erinnerung. Wahrscheinlich habe ich sie verdrängt. Kinder sind oft grausam, wenn man ihnen kein Mitgefühl beigebracht hat. Diese Farmerskinder, die zum ersten Mal jemanden sahen, der kein Englisch sprach, betrachteten mich als ganz fremdartigen Vogel.

Ich erinnere mich nur, dass sie mich verspottet haben. Alles, sogar mein Name, war lächerlich für sie. »Waldstein« war nicht weit weg von »Holstein«, und so hießen die schwarz-weißen Kühe, die viele nach der Schule melken mussten. Überdies hörte einmal jemand, wie meine Eltern mich »Helly« riefen, im Englischen nur mit dem Wort »Hölle« verwandt. Das blieb hängen. *Helly, die Holstein-Kuh.*

Mein Mittagessen war ein weiterer Anlass für Gelächter. Jedes Mal öffnete ich widerwillig die rote Dose, um zu sehen, was für schmackhafte Sachen meine Mutter eingepackt hatte. Oft war es Zunge oder anderes preiswertes Fleisch auf dicken Scheiben von dunklem Brot. Die Kinder kicherten und machten Geräusche, wie wenn sie sich erbrechen müssten. Sie hatten immer Weißbrot, ganz dünne Scheiben, oft war sogar die Kruste abgeschnitten, und ihr Brot war jeden Tag in frisches Wachspapier eingepackt. Ich dagegen legte die ganze Woche das braune Fleischerpapier zwecks Wiederverwendung sorgfältig in meine Box zurück.

Nur ganz selten war das Wetter warm genug, um draußen zu sein. Meist nahmen wir das Mittagessen an unseren Schultischen im Klassenzimmer zu uns, denn wir hatten ja nur diesen einzigen

Raum. Dieser wurde den ganzen Winter mit einem Holzofen geheizt, immer hing der Geruch von nasser Wolle in der Luft. Der Holzofen schien nie auszugehen, und wenn ich frühmorgens durch die Schneewehen stapfte, freute ich mich oft auf seine Wärme. Wie früh haben unsere Lehrerinnen aufstehen müssen, um uns diesen Komfort zu bieten?

Meine Lieblingslehrerin hieß Fräulein Martindale. Ich sehe sie noch vor mir, mit ihren lockigen Haaren, den warmen braunen Augen und ihrem freundlichen Lächeln. Obwohl ständig Schüler aller Altersstufen und mit unterschiedlichsten Fähigkeiten ihre Hilfe brauchten, fand Fräulein Martindale immer Zeit für mich.

Als ich lesen gelernt hatte, bekam ich von ihr immer mehr Bücher. Dann gab sie mir Aufgaben von der nächsten Altersstufe, so dass ich bald zwei Jahre jünger als andere in meiner »Klasse« war. Bücher blieben ein Leben lang meine Freunde, aber damals isolierten mich meine Fortschritte noch weiter von den Altersgenossen.

Nach der Schule lief ich schnell nach Hause und fragte als Erstes: »Wo ist Ludwig?« Dann aber sagte mir meine Mutter, wie sehr diese Frage meinen Vater kränkte, und das war natürlich nicht meine Absicht. Ich liebte meinen Vater.

Doch mit Ludwig hatte ich viel mehr Spaß. Er nahm mich bei der Hand und machte mich mit allen Kühen namentlich bekannt. Nachmittags drehten wir zusammen eine Runde durch die Ställe, wo er jeder Kuh ihre Portion Futter zuteilte. Manchmal gelang es ihm, eine der halbwilden Katzen einzufangen und sie zu halten, während ich mein Gesicht in ihrem weichen Fell vergrub. Manchmal ging er die Milchkannen holen. Dazu hing er einen Steinschlitten an unser altes Pferd Dolly und hob mich auf Dollys breiten Rücken. Allerdings nur, wenn meine Mutter nicht in der Nähe war, denn diese begann meist gleich zu schreien: »Gib Acht, gib Acht, sie wird fallen, sie wird sich weh tun!« Und dann nahm er mich wieder herunter und setzte mich in sicherer Entfernung vom Pferd ab.

Abends saß ich gern bei Ludwig und sah zu, wie er Äpfel schälte. Die papierdünne Schale sank in einer langen, ununterbrochenen Spirale auf den Teller. Nachbarn mit einem Obstgarten hatten uns gesagt, dass wir so viel Fallobst aufsammeln durften, wie wir wollten, und wir hatten genug für die langen Winterabende.

Ludwig kannte unzählige Rätsel und Witze, Geschichten und Lieder, und er schien nie zu sehr in Gedanken vertieft, um mit mir zu sprechen. Manchmal lehrte er mich tschechische Zungenbrecher. Ganze Zeilen ohne jeden Vokal, wie das bekannte »Strč prst skrz krk«, »Steck deinen Finger durch den Hals«, oder meine Lieblingszeile »Trsta trstet tria tribernek«, »Dreitausenddreihundertdreiunddreißig rote Feuerwehrwagen«. Ludwig konnte lachen, bis ich mitlachte.

In meinen Augen war Ludwig mit seinem dichten roten Haar, den großen grünen Augen und dem Grübchen in der Mitte des Kinns ein ganz fescher Mann.

Anny und Ludwig hatten beide mehr Geduld als meine Eltern. Sie waren lebenslustiger und verstanden es, mich aufzumuntern. Ich erinnere mich noch an das Liedchen, das Anny sang, wenn mir die Tränen über die Backen kullerten:

Dudel udel ei
Sagt mei' Wei'
S'Heferl ist zerbrochen
Hab kei' Salz
Hab kei' Schmalz
Wie soll ich da kochen?

Ohne die Hilfe dieser zwei erstaunlichen Menschen hätten meine Eltern das Leben auf der Farm nie bewältigen können. Ludwig brachte alles in Ordnung und er war zugleich der Kitt, der alles zusammenhielt. Was kaputt war, konnte er reparieren. Noch heute hebe ich vieles auf, teilweise aus Sparsamkeit, aber teilweise auch im Gedenken an Ludwig, der alles wieder zusammenfügte, ganz gleich ob Mensch oder Maschine.

Ludwig und mein Vater verstanden sich gut, aber die Reibereien zwischen meiner Mutter und meiner Tante nahmen kein Ende. Alte Rivalitäten, lächerliche Kämpfe aus ihrer Kinderzeit kamen wieder hoch, doch Ludwig gelang es, die Wogen zu glätten.

Oft habe ich darüber nachgedacht, woher Ludwigs Ausgeglichenheit kam. Er war kein sehr gebildeter Mensch, und doch hatte er eine Weisheit, die ich umso bemerkenswerter finde, als es mir selbst oft schwerfällt, die Dinge richtig einzuschätzen. Es ging oft das Gerücht, dass Anny mit anderen Männern »Verhältnisse« hätte. War es wirklich so? Oder war der Grund für dieses Gerede nur Neid und Eifersucht von Leuten, die insgeheim Annys offene Ausstrahlung und ihre positive Wirkung auf andere Menschen bewunderten? Neue Bekannte, sowohl Frauen wie Männer, hatten sofort das Gefühl, dass Anny sie mochte. Sie besaß die Fähigkeit, anderen Menschen entgegenzukommen und ihre Herzen zu öffnen.

Ludwig wiederum verstand es, den Mund zu halten. Nach seinem Tode beklagte Anny, das sei der einzige von Ludwigs Ratschlägen gewesen, den sie nie habe befolgen können. Ludwig war auch in der Lage, das Gute in anderen Menschen zu erkennen und zu fördern. So wie er mich ermutigte, auf dem Pferd zu sitzen, so half er später auch anderen. Als in Kanada noch kaum jemand von den Rechten der Ureinwohner sprach, stellte Ludwig bereits Leute vom regionalen Eingeborenenreservat als Arbeiter an. Oft gab es Zwischenfälle und allerlei Probleme bei der Arbeit, aber Ludwig tat stets, was er für richtig hielt. Er unterstützte die Männer und ihre Familien auch weiterhin und viele von ihnen wurden seine Freunde.

Viele Menschen nahmen an Ludwigs Beerdigung teil. Ein paar jedoch fehlten. Es waren die, denen Ludwig nie verzeihen konnte, dass sie damals gleichgültig reagierten, als andere um Einlass nach Kanada flehten. Manche davon waren selber Juden, jedoch besorgter um ihr eigenes Fortkommen in dem neuen Land als um andere, die noch in Europa festsaßen und direkt von den Nazis bedroht waren.

Anny war immer die Frau der Tat, eine, die das Leben bei den Hörnern packte und nicht nachgab, bis die Dinge sich änderten. So wie sie beim Englischlernen und beim Eierverkauf Vorkämpferin war, so hat sie auch sonst neue Wege beschritten. Merkwürdigerweise grollte meine Mutter Anny umso mehr, je mehr diese leistete. Kleinliche Beschwerden, nur hinter vorgehaltener Hand geäußert. Obwohl Annys Essen mir immer gut schmeckte und die Rezepte meist aus demselben

Kochbuch stammten, das auch meine Mutter benutzte, behauptete diese: »Anny kann nicht kochen.« Heute noch backe ich nach Annys Rezept Ribiselkuchen. Der Kontrast zwischen den herben Johannisbeeren und der süßen Schneehaube entspricht, wenn man so will, Annys Neigung, von einem Extrem ins andere zu fallen.

Obgleich ich meine Tante als lebhafte, extrovertierte Frau kannte, die mit jedem sprach und sehr beliebt war, behauptete meine Mutter, Anny habe keine Freunde. Meine Bewunderung für Anny blieb eins der vielen Geheimnisse, die ich vor meinen Eltern verbarg.

Leider wurde die aus der Kindheit stammende Rivalität zwischen den Schwestern mit den Jahren nur ärger. Nach Ludwigs Tod zog Anny sich von der Welt zurück. Sie baute innere Mauern auf, und wich kein Jota von ihren Gewohnheiten ab. Nur so war es ihr möglich, die Beherrschung nicht zu verlieren.

Es gab immer einen Grund, warum Anny nicht zu meiner Mutter nach Hamilton fahren konnte, obwohl der Weg dorthin wirklich nicht weit war. Montag war Waschtag. Dienstag musste sie bügeln. Mittwoch ging sie zum Friseur und Donnerstag zur Bank. Am Freitag musste sie einkaufen und am Wochenende hat es nicht gepasst. Meine Mutter dagegen besuchte Anny nicht, weil sie wegen ihres Hundes angeblich nicht mit dem Autobus fahren konnte. Dabei schmuggelte sie ihren kleinen weißen Pudel in der Handtasche überall hinein, wenn sie wollte.

Drei Tage vor ihrem Tod habe ich Anny zum letzten Mal besucht. Sie war noch bei klarem Verstand, aber doch bereit, ihren Ludwig im nächsten Leben zu begrüßen. Sie hatte kein Bedürfnis, ihre Schwester noch einmal zu sehen. Nach Annys Tod waren die Briefe der Eltern, die sie an beide Schwestern gerichtet hatten, nirgends zu finden.

5. Kapitel

Briefe nach Kanada

Das Schreiben vom 2. April 1939, an uns in Antwerpen adressiert, ließ jeden Onkel und jede Tante wieder vor mir erstehen. Es kam mir vor, als hörte ich sie sprechen und sähe sie lebendig vor mir. Im Jahr 1996, mit ihren Briefen auf meinem Schoß, nahm diese mir bislang unbekannte Familie Gestalt an.

Ich zitterte mit, als Tante Martha sich Sorgen über die unsichere Zukunft machte. Ich zögerte mit, als Emil Fränkel sich den Kopf zerbrach, welchen Weg er wählen sollte, um den Fängen der Nazis zu entgehen. Marthas und Emils Sehnsucht, bei uns zu sein, überwand Zeit und Raum und drang bis in mein Innerstes.

Ich teilte mit Tante Else die Hoffnung auf eine bessere Zukunft und ich bewunderte ihr Lächeln, das sie sich sogar im Angesicht des größten Unglücks bewahren konnte. Ich fand mich selbst wieder in ihren Bemühungen, die Widrigkeiten des Lebens mit gutem Essen und fröhlichem Geplauder auszugleichen. Mit ihrem Mann kam ich gut aus, denn Emil Urbach hatte dieselbe lapidare Geradlinigkeit, die man auch mir nachsagt. Sogar seine unerbetenen Ratschläge erinnerten mich daran, wie ich mich manchmal mit meiner Hilfsbereitschaft aufdränge. Ungefragt mache ich Vorschläge, wie andere ihre Probleme lösen sollen.

Am besten erkannte ich mich in meinem Onkel Arnold wieder. Ich bin im Grunde wie er: eine Optimistin, die aber mit beiden Beinen auf der Erde steht und immer wachsam bleibt. Deshalb war ich sehr gespannt, als ich den nächsten Brief öffnete, einen Brief in seiner Handschrift. Das Datum des Briefes ist der 25. Juni 1939. Viel war geschehen, seit der erste Brief von sechs Onkeln und Tanten in Prag meine Eltern in Antwerpen erreicht hatte. Meine Eltern waren inzwischen kanadische Farmer geworden. Wie ungeduldig mein Vater diesen Brief beim ersten Lesen überflogen haben muss, auf der Suche nach einem Zeichen, das ihm bestätigte, dass der Himmel nicht über seiner Familie zusammengebrochen war.

Als Ereignis der vergangenen Woche habe ich Euch diesmal zu berichten, dass also Mama hier war. Sie kam heute vor einer Woche, also am Sonntag Früh mit dem Schnellzug hier an und traf uns wegen des schlechten Wetters zu Hause an. Wir gingen dann ins Restaurant zum Mittagsmahl und fuhren von dort aus zu Elsa. In Straschnitz gab es grosse Freude und wie gewöhnlich viel Besuch. Fritz und Hilde waren da und das Ehepaar Sachs sodass wir durchaus komplett waren.

Es wurde natürlich über alles mögliche gesprochen, aber das Hauptthema waret immer wieder Ihr und die neuen Verhältnisse, in denen Ihr lebt und es wurde ebenso sehr über die Trinkwasserfrage debattiert wie über die Feldbestellung und die nächstjährige Strickmode. Ja heute zutage muss man als »Zurückgebliebener« vielseitiger sein denn je und so manche Dinge verstehen lernen.

Arnolds Brief ist keine Enttäuschung. Er steckt voller Neuigkeiten und der Ton ist munter. Es gibt viel Kommen und Gehen. Meine Großmutter Fanni war in Prag, weil sie mit ihrer jüngsten Enkelin Zeit verbringen wollte, mit der »ungewöhnlich herzigen« Dorli. Arnold stellt das Leben in Prag als familiär und unverändert normal dar.

Wenn dies jedoch ein normaler Familienbesuch war, warum kam mein Großvater Josef nicht mit? War Fanni gekommen, um nach einer Wohnung Ausschau zu halten? Im März 1939 war das Protektorat Böhmen und Mähren proklamiert worden und im August trat ein Gesetz in Kraft, das die Juden aus der Provinz dazu zwang, binnen Jahresfrist nach Prag umzusiedeln.

Arnold vermeidet es, meine Eltern mit solchen Sorgen zu belasten. Er berichtet aber, dass Emil Fränkel weder sein Haus noch sein Geschäft in Linz verkauft hat, trotz des neuen Gesetzes, nach dem Juden keinen Privatbesitz haben durften. Der Mann, der inzwischen die Leitung der Firma übernommen hatte, kam sogar mit den Papieren nach Prag, um sich von Emil alles übergeben zu lassen.

Im Jahr 1996, unter meinem eigenen Dach in Sicherheit, dachte ich lange über einen Satz nach, den ich von meinen Eltern oft gehört hatte: »Wir haben alles verloren.« Weil ich selbst fleißig und sparsam bin, konnte ich mir mit der Zeit ein Haus kaufen. Es ist mein Eigentum, und wenn ich morgens aufwache, muss ich keine Angst haben, dass es mir jemand wegnehmen wird. Doch in Deutschland, in Österreich, in der Tschechoslowakei und in anderen Ländern kam es so. Die Regierung änderte einfach das Gesetz. Über Nacht durften Juden keinen Besitz mehr haben. Was sie hatten, nahm sich der Staat, und was der Staat nicht behalten wollte, schenkte er gewissen Leuten oder verkaufte es billig an andere, die ihre arische Abstammung beweisen konnten.

So haben wir alles »verloren« – unser Haus und unser Geschäft in Strobnitz. Ebenso hatten auch meine Großeltern ihr Haus und ihr Geschäft im bayerischen Cham »verloren«, und die Fränkels ihren Besitz in Österreich.

Manche Juden hatten ihren Besitz schnell verkauft, und zwar weit unter Wert, aber Emil wollte nicht. Er gab nicht nach. War der Mann aus Linz nach Prag gekommen, um Emil zu helfen, oder wollte er nur seine Firma übernehmen?

Arnold beschreibt erstaunlich offen seine eigene Arbeitssituation:

Ich habe nebenbei gesagt eine kleine Erholung notwendig, d.h. ich wäre sozusagen schon urlaubsreif, muss mich aber bis Anfang August gedulden. Hingegen stehen mir, da nun ständig einige unserer Beamten auf Urlaub sein werden, sauere d.h. arbeitsreiche Wochen bevor. Wir haben natürlich gar keine Urlaubspläne, da sich ja nicht auf lange Frist vorausdenken lässt. Doch möchte ich wenigstens auf eine Woche nach Taus um mir bei dieser Gelegenheit meine Zähne gründlich herrichten zu lassen.

Der Sinn dieser Zeilen ist mir nicht sofort klar. Ich muss den Absatz genau studieren, um zu verstehen, dass es sich bei den Beamten, die »ständig auf Urlaub« waren, eigentlich um Juden handelte, denen man die Ausübung vieler Berufe gesetzlich verboten hatte. Ich bemerke auch, dass sogar ein Monat als lange Frist betrachtet wird, in der man schwer weitere Pläne machen kann. Wegen der unsicheren Zukunft fordert Arnold meine Eltern auf, öfter zu schreiben.

Von Euch, meine lieben Kanadier, haben wir diese Woche auf ei-
nen Brief gerechnet, doch sehen wir ja anderseits ein, dass Ihr ja
jetzt andere Sorgen habt als Korrespondenz und vielleicht eine zu
schwere und müde Hand für Feder und Tinte.

Arnold schreibt noch einen Absatz dazu, um meinen Eltern zu versichern, dass unsere Familienbande jegliche Entfernung überbrücken
werden.

Nichtsdestoweniger sind unsere Gedanken immer wieder bei Euch
und ich sehe Euere Schwierigkeiten und Unzulänglichkeiten vor
mir, als ob ich sie wirklich kennen würde. Vera ist noch immer in
Gedanken bei Euerer Naturschilderung und fragt mich bei jedem
Bächlein, das wir sehen, ob wohl das Euere auch so sei. Ich wieder
denke oft daran, ob wohl das Wetter bei Euch auch so miserabel
ist wie hier und ob Ihr da nicht verzweifelt seid und ob Euch wohl
jemand hilft, wenn Ihr das Heu draussen habt und es plötzlich zu
regnen anfängt.

Am Ende von Arnolds Brief stehen ein paar Zeilen von seiner Frau,
die uns ein Buch über Naturheilkunde geschickt hatte. Vera entschuldigt sich, weil sie kein modernes Gesundheitslexikon hatte auf-
treiben können.
Ich wundere mich, wieso Vera als Ärztin keinen Zugang zu ak-
tuellen Büchern und wissenschaftlichen Publikationen hat. Sie gibt
dazu keine Erklärung ab, aber ihr Brief deutet an, dass vieles sich
ändert, für sie und für alle Juden. Alle stehen unter Druck.

Eure l. Briefe lese ich immer mit grosser Freude und erwarte sie
schon mit Ungeduld. Ihr dürft mir nicht böse sein, wenn ich ge-
wöhnlich etwas wortkarg bin und mich an Arnolds Briefen nur
»mit besten Grüssen« oder gar nicht beteilige. Wir kennen uns ei-
nander ja so weit, dass Ihr es mir gewiss nicht als Gleichgültigkeit
auslegen werdet, wenn ich manchmal bloss nicht in der Lage bin zu
schreiben. Denn die innere Unruhe und gewisse Unrast, die jetzt

den Alltag charakterisiert, bewirkt bei mir eine solche Leere des Gehirns, dass ich manchmal ausser Stande bin, zusammenhängende Sätze zu schreiben. (Bekanntlich greifen grosse Aufregungen beim Menschen gewöhnlich jenes Organ an, das von Natur aus schwach veranlagt ist, bei manchen den Magen, bei manchen den Darm, und bei mir das Gehirn.)

Veras Kampf gegen diese Beunruhigung bringt sie öfter dazu, Gott um Hilfe zu bitten. Unheil und Ungewissheit erinnern uns unerbittlich daran, dass unserem Wirken Grenzen gesetzt sind.

Vielleicht wird Gott die Seinen auch nicht verlassen. Das hoffe ich auch bei Euch, meine lieben Kanadier. Wir sind uns der Schwierigkeiten, die Ihr zu überwinden haben werdet, sehr wohl bewusst und können uns vorstellen, was die grosse schwere Arbeit, die zu leisten sein wird, für Eure schwachen Kräfte bedeutet. Da wird schon wirklich Gott helfen müssen.

Im Gegensatz zu seiner Schwägerin hat Emil Urbach Vertrauen in die Macht des rationalen Denkens. Seine mit Schreibmaschine getippten Briefe sind wahre Fundgruben an Auskünften und (unerbetenen) Ratschlägen, doch sie beweisen, dass er stundenlang Bücher wälzte, um uns zu helfen.

Prag, den 20. 5. 1939
Wir lesen immer mit viel Interesse Eure lieben Briefe, können uns aber leider bisher keine klare Vorstellung über Euer jetziges Leben und Treiben machen. Auch die dort herrschenden klimatischen Verhältnisse werden von den hiesigen wesentlich verschieden sein.
Es ist schwer, Euch aus der Entfernung irgendwelche Vorschläge oder Ratschläge machen zu wollen, weil uns ja vieles nicht klar ist. Infolge der Nähe einer grösseren Stadt [Hamilton] habet Ihr ein gutes Absatzgebiet für die landwirtschaftlichen Produkte – Milch, Butter, Eier, vielleicht auch für junges Geflügel etc. Ihr lebet ja in dem fast besten Teile Kanadas.

Dort besteht der Boden aus mit Sand gemischtem Lehm. Das Land ist dort eben, lässt sich gut bearbeiten. Kohle habet Ihr dort leider keine, aber dafür die Wasserkraft. Ihr werdet es im Sommer nicht zu heiss, im Winter etwas ziemlich kalt haben. Die Temperatur in Toronto z.B. fällt im Jänner auf -20 °C, steigt im Juli auf +33 und mehr an. Die grossen Seen frieren nicht zu, aber der Winter in Kanada dauert 5 Monate.

Neben den Milchprodukten wird sich vielleicht die Aufzucht von Geflügel und die Mast von Geflügel und Schweinen, das Anpflanzen von rentablen Pflanzen – Mohn, Senf, Futtermitteln fürs Vieh – mehr lohnen als das Anpflanzen von Getreide. Auch die Obstkulturen sind vielleicht rentabel. Wie gesagt, ist es uns von hier aus schwer, etwas für Euch bindendes vorzuschlagen. Das ergibt sich von selbst aus den dortigen Verhältnissen.

Auch ist es vielleicht ratsam, vom Kleinen aufs Grössere überzugehen, zunächst eine kleinere Farm gut zu bewirtschaften und dann mit dem erworbenen und zusammengesparten Gelde etwas Grösseres zu unternehmen. Sicherlich kann ein kleiner Landwirt nicht viel unternehmen; die Landwirtschaft im Kleinen zahlt sich nirgends aus, kaum in Kanada, wenn es schon hier in der CSR auch schon früher unrentabel war, wo doch die Getreidepreise etwas höher waren, als bei Euch. Ein kleiner Landwirt konnte sich nur erhalten, wenn er die »Nebenprodukte« intensiver ausnützen konnte – Geflügelzucht, Schweinemast, eventuell Bienenzucht und Anpflanzung und Vertrieb von rentablen Pflanzen, je nach der Nachfrage nach denselben – Sonnenblumen (wegen des Öles), verschiedene Futterpflanzen (sowohl für das Vieh als auch für die Bienen.)

Am besten wäre, da es Euch an Geld mangelt, wenn Ihr mit kapitalskräftigeren Personen zusammen unter bestimmten Bedingungen ein Kollektiv bilden würdet, Euch für Eure Arbeit bezahlen lassen und auf diese Weise Euch ein Kapital verschaffen könntet. Natürlich heisst es da schuften. Eine grössere Farm ist ja auch mit einer viel grösseren Regie verbunden, während Euer Anteil bei einem Kollektive leichter erschwinglich wäre.

Obwohl er betont, wie schwer es ist, aus der Ferne Ratschläge zu erteilen, nehmen Emils Tipps kein Ende. Mal heißt es, wir sollten uns tausende Kilometer weiter westlich ansiedeln, um in der Prärie billiges Land zu kaufen, obwohl der Winter dort viel strenger sei. Dann wiederum empfiehlt er uns, nach Osten umzusiedeln, um in Gaspé ein Grundstück zu kaufen, in der Hoffnung, auf Mineralvorkommen zu stoßen. Noch heute hallt die aufgebrachte Stimme meines Vaters in meinem Kopf nach: »Lächerlich! Wie stellt er sich denn das vor?«

Emils gut gemeinte Ideen hätten vielleicht einem selbstsichereren Menschen geholfen. Das Ziel meines Vaters war ganz bescheiden: Überleben in dieser fremden Umwelt, für die er in keiner Weise gewappnet war. Emil wusste das bestimmt sehr gut, denn die Bücher, die er sandte, beweisen, wie wenig mein Vater von der Landwirtschaft verstand.

Ich sende Euch mit gleicher Post drei Bücher:

1. *Anleitung zum Gemüsebau*
2. *Der praktische Gemüsegärtner*
3. *Das Gartenbuch für Anfänger*

Ich hoffe, dass sie Euch verlässlichen Rat bringen werden. Euch weiteres recht gutes Wohlergehen und beste Erfolge wünschend, verbleiben wir mit den herzlichsten Grüssen Eure treuen

Ich muss lächeln, als ich das Ende des Briefes lese, weil Emil wie immer seine Unterschrift auslässt. Seine Briefe sind so unverwechselbar, dass er seinen Namen nicht nennen muss. Trotz seiner vielen Nachforschungen gab es aber in seiner Welt nichts, was ihm helfen konnte, die körperlichen Anforderungen unseres Lebens auf der Farm zu verstehen. Er stellte sich vor, dass meine Eltern es sich gemütlich machten und sich eifrig in die Bücher vertieften. Er schreibt:

Am Sonntag werdet Ihr vielleicht die eingesendeten Bücher lesen und über ihren Inhalt mit den Bekannten und Freunden debattieren können.

Die Wirklichkeit sah ganz anders aus. Meine Eltern mussten sieben Tage in der Woche von früh bis spät ackern. Das Abendessen nahmen sie beim schwachen Licht einer Kohle-Öl-Laterne ein. Dann fielen sie erschöpft ins Bett.

Im Juli 1939 hatten meine Eltern die Gemeinschaftsfarm in Mount Hope hinter sich gelassen und mit Anny und Ludwig als Partnern ihre eigene Farm gekauft. In seinem Brief vom 11. Juni 1939 gratuliert ihnen Emil zu diesem großen Schritt nach vorne und wünscht ihnen, dass sie mit Gottes Hilfe und eigenem Fleiß Großagrarier und Millionäre werden. Neben seinen guten Wünschen sendet Emil eine Unzahl von neuen Ratschlägen, die unter günstigeren Bedingungen sicher hilfreich gewesen wären. Aber meine überforderten Eltern konnten schlicht nichts damit anfangen. Sie kamen kaum mit den normalen Anforderungen des Alltags zurecht, und Emil schickte Vorschläge über Vorschläge, an deren Umsetzung nicht zu denken war.

Liebe Gretel und lieber Edi!
Euer lieber Brief hat uns diesmal sehr befriedigt, nachdem er sehr ausführlich war und auch für uns sehr willkommene Einzelheiten enthielt. Wir gratulieren Euch herzlichst zu dem vorteilhaften Erwerbe der neuen Farm, und wünschen Euch, Ihr möget mit Gottes Hilfe und durch Eueren Fleiss zu Grossagrariern und Millionären werden. Es geht zwar von klein auf langsam aber sicher, wenn man nur das notwendige Glück dazu hat, und den festen Willen, durch Ausdauer die Widerwärtigkeiten der Anfänge zu überwinden.

Vor Eintritt der Regenperiode wäre es wichtig das Dach ausbessern zu lassen, damit Euch der Regen das Mauerwerk und das Innere der Farm nicht beschädige. Fraget bei der Regierung nach, ob Ihr das Wasser Eueres Brunnens nicht unentgeltlich untersuchen lassen könntet. Ich schicke Euch (allerdings in Ermanglung einer deutschen Übersetzung) die tschechischen Vorschriften betreffend Brunnen, damit Ihr Anhaltspunkte dafür habet, wie ein Brunnen beschaffen sein solle. Das Wasser darf keinen Nebengeschmack haben, sonst

enthält es abnormale Bestandteile (vielleicht Bittersalz). Das lässt
sich in einer Apotheke in Hamilton leicht feststellen. Ihr hättet dann
eventuell ein »Mineralwasser« zum Abführen im Hause.

Es wird Euch vielleicht doch gelingen, in gutem sandigen Lehm-
boden in der Nähe des Bacherls auch Kraut anzubauen. Mit Korn
würde sich vielleicht ein kleiner Versuch im anzulegenden Garten
auszahlen, damit Ihr erprobt, ob und warum keines dort gedeihen
will. Nach den Angaben in den mir zugänglichen Büchern über Ka-
nada wachsen dort fast alle hiesigen Pflanzen, von manchen sogar
verschiedene Arten. Vielleicht kann dort Korn auch gedeihen, ob-
zwar es unter den Getreidearten nicht angeführt wird, welche im
Jahre 1891 dort geerntet wurden.

Wenn die Frauen nicht auf die Felder gehen müssen, könnten
sie sich eventuell mit der Bienenzucht befassen. Ihr hättet dann sehr
gesunden Honig im Hause. Ebenso sollte Ihnen die Hühnerzucht
und Sorge um das Geflügel obliegen. Beschaffet Euch nur Sorten,
welche viel und bald Eier legen, damit Ihr in dieser Hinsicht die
ersten am Markt mit frischen Eiern wäret. Wer Neuigkeiten oder
Raritäten bringt, der kann sich dieselben besser bezahlen lassen,
profitiert mehr an Allem. Ebenso wäre es mit Frühblumen!

Unfähig, sich ein realistisches Bild unserer Lage zu machen, mahnte
Emil meine Eltern wiederholt, Elektrizität und Wasserleitungen zu
installieren.

Lasset Euch jedenfalls Elektrisches einleiten, es ist fuer Alles mögli-
che gut. Könntet Ihr nicht am obersten Eck des Daches einen Regen-
behälter aufstellen, damit ihr Wasser für das Haus und Spülen für
eine Toilette haben würdet?

Seine Ratschläge hätten uns zu keinem schlimmeren Zeitpunkt erreichen können. Während dieser ungewissen ersten Saison, in der
meine Eltern sehnlichst einen Ernteertrag erwarteten, wo sie hun-
dertmal sorgenvoll nach dem Wetter Ausschau hielten, konnten sie
keinen Gedanken an Komfort verschwenden. Obwohl wir später

Elektrizität bekamen, blieben Toiletten und Wasserleitungen im Haus ein Luxus, den wir auf der Farm nie erreicht haben.

***

Inzwischen kam von Martha und Emil Fränkel ein Brief mit einem ganz anderen Inhalt. Sie wollten unter allen Umständen zu uns auf die Farm kommen. Ihre Ungeduld ist ebenso spürbar wie ihr Bewusstsein von dem, was ihnen in Europa bevorsteht.

Martha schreibt zuerst, sie schwankt zwischen Hoffnung und Verzweiflung.

Wie viel und viel denken wir an Euch und wie gerne würden wir Euch helfen. Doch leider warten wir von Tag zu Tag auf eine Nachricht von der Canadian, doch vergebens. Wie gerne würden wir Euch schon bei allem mithelfen! An gutem Willen und Liebe zur Arbeit würde es nicht fehlen, aber ich vermute, davon sind wir noch weit entfernt.

Martha versucht so gut sie kann, Verständnis für die missliche Lage meines Vaters aufzubringen, aber ihre Verzweiflung sickert durch.

Durch die Übersiedlung der Farm und der vielen momentanen Arbeit, die Ihr jetzt habt bleibt Euch wahrscheinlich doch nicht so viel Zeit, die Sache zu beschleunigen. Wir wissen ganz gewiss, dass das nicht von heute auf morgen geht, aber versetzt Euch nur in unsere Lage. Wir warten doch schon genau so lange wie Ihr und haben noch nicht den kleinsten Lichtstrahl vor uns.

Deine Urgenzen, l. Edi, scheinen doch nicht an günstiger Stelle zu fallen und würden wir Dir, falls es Deine Zeit erlaubt, gerne die Spesen für eine Reise nach Ottawa bezahlen. Sollte auf Eurer Farm kein Platz für uns sein, so habt keine Sorge, wir werden schon unser Brot finden. Nur gebt uns vor allem die Möglichkeit zur Einreise, denn das stets unklare Bild und die Zukunft zermürbt wirklich.

Diese Sätze hat mein Vater sicher bis zu seinem Tod nicht vergessen können, so sehr waren sie in sein Gedächtnis eingebrannt. Er wusste, dass andere aus dem kleinen Immigrantenkreis schon nach Toronto und Ottawa gereist waren, oder wie Mimi nach Montreal, und dass es keinem gelungen war, seinen Lieben ein Einreisevisum zu verschaffen. Als er Marthas Brief las, wird mein Vater über seine Möglichkeiten verzweifelt nachgegrübelt haben.

»Wie kann ich nach Ottawa kommen? Soll ich es per Anhalter versuchen? Gibt es einen Bus? Wer könnte mit mir nach Hamilton kommen, um nachzufragen? Wie viel würde es kosten? Würde es einen Sinn haben? Wir brauchen so dringend einen Pflug. Oder sollten wir eine Kuh und ein paar Hühner kaufen, damit wir im ersten Winter zu essen haben, auch wenn die Ernte nicht gut wird? Ist es die Zeit wert? Das sumpfige rückwärtige Feld ist gerade am Austrocknen. Sollte ich es noch bepflanzen und dann erst wegfahren? Und wenn ich nach Ottawa komme, was dann? Ohne Englisch von einem Büro ins nächste wandern, während sie mich als ›Greenhorn‹ verspotten?«

Mein Vater ist nie den Gedanken losgeworden, versagt zu haben. Dank der Mahnung Emil Fränkels waren wir in Kanada und lebten in Sicherheit, aber meinem Vater war es nicht gelungen, sich für diesen Gefallen zu revanchieren.

Es vergehen die Tage und Wochen, so ist der l. Emil meist sehr traurig und in Gedanken versunken. Noch zu allem war diese Woche ein Herr aus Linz da. Wir müssen wahrscheinlich unser Haus verkaufen. Das war ein schwerer Schlag für uns. Doch versprach uns Genannter bei der Ausreise möglichst an die Hand zu gehen.

Mir schaudert, wenn ich an die infame Lockvogeltaktik dieses namenlosen Mannes aus Linz denke. Die österreichische Stadt, überall bekannt für ihre »Linzer Torte«. Dass Hitler sie gern als seine »Heimatstadt« bezeichnete, wurde jedoch in einem Akt globaler Amnesie vergessen. War dieser »Hauskäufer« mit der Nazipartei verbunden? Wie hätte er sonst mit Zuckerbrot und Peitsche die Fränkels dahin bringen können, wo er sie haben wollte?

Oder hatte dieser Mann einfach gelogen, um sich Emils Haus und Firma aneignen zu können?

Meine Lieben, ich zwinge mich diese Zeilen zu schreiben und ich möchte Euch lieber helfen, als dass ich zu Euch mit meinen Sorgen komme, aber ich ersuche Euch nochmals von ganzem Herzen, schenkt uns klaren Wein ein. Sollte es Euch trotz Eures Willens nicht möglich sein uns zu helfen, dann müssen wir irgend einen anderen Weg einschlagen, denn mit den Kindern kann ich mich nicht in den Winter hinein lassen. Wir sind zwar schon ganz gut abgehärtet, aber der Herbst soll doch nichts Schönes bringen.

Haben meine Eltern ihnen reinen Wein eingeschenkt? Haben sie den Fränkels geschrieben, dass die Verhältnisse in Kanada hoffnungslos waren? Konnten sie es über sich bringen zu schreiben, dass es bei der kanadischen Regierung offizielle Politik war, Juden die Einreise ins Land zu verweigern?

Der Herbst, vor dem Martha so graut, der Herbst, der so bedrohlich lauert, ist der Herbst 1939, in dem der Zweite Weltkrieg ausbricht.

Nun will ich mich aber dem süsseren Teil widmen und das ist unser liebes Helly Kinderl. Ich sehe sie immer im Geiste vor mir wie sie lauft und tripperlt und herzig plaudert und zur Tante Anny kommt: »ich hab' an Hunger«. Es ist wirklich sehr erfreulich, dass das Kind dort so gut gedeiht. Wir schicken ihr alle viele tausend Bussi.

Liebe Anny, Du wirst sicher sehr glücklich sein, Dein l. Schwesterl bei Dir zu haben, und der l. Edi ebenso, am l. Ludwig einen so braven Partner gefunden zu haben. Wenn Ihr alles in Ordnung haben werdet, wird Euch alles noch mehr freuen.

Unsere kleine Dorothy ist schon braun wie ein Negerl und hat schon drei Zahnderln. Alle freuen sich mit ihr und lieben sie, ganz besonders die l. Elsa. Ilserl spricht mit ihren Freundinnen nur tschechisch. Der l. Emil geht täglich zu Euren l. Eltern.

Ich freue mich, dass meine Eltern schon in ihren ersten Briefen aus Kanada Ludwigs Liebenswürdigkeit erwähnt hatten. Mir fällt auch auf, dass Dorli schon drei Zähne hat, was auf die schon verflossene Zeit hindeutet, sowie die Tatsache, dass Ilserl schon Tschechisch kann. Unwillkürlich frage ich mich, ob sie mich schon vergessen hatte. Als dieser Brief ankam, hatte ich immer noch keine neuen Spielgefährten und sprach noch kein Wort Englisch.

Nun werdet Ihr bald im Besitze des Lifts [Möbelkisten] sein. Die zwei fraglichen Keilpölster, sowie eine gute Kleiderbürste und einen Rosshaarbesen haben wir Euch besorgt und sind diese von erster Qualität, daher schaut Euch darauf.

Aus den Tiefen meiner Erinnerung tauchen kleine Küken vor mir auf, ihr Geruch und ihr Gepiepse. Meine Eltern hatten aus dem »Lift«, den Möbelkisten, einen Hühnerstall gebaut.

Ich erinnere mich auch an den glatt polierten Holzgriff der Kleiderbürste, die mein Vater immer benützte, bevor er seinen guten Anzug in den Kleiderschrank hängte. Wo ist diese Bürste hingekommen? Den Kleiderschrank habe ich noch. Er liegt zerlegt in einer Ecke meiner Garage. Die modernen Einbauschränke machten ihn überflüssig, und außerdem sind meine Decken zu niedrig für den alten Schrank. Doch habe ich mich bis jetzt nicht trennen können von diesem Stück Vergangenheit, das zur gleichen Zeit wie meine alte Mutter in mein Haus kam.

Unser liebes Mamerl soll in Kürze herkommen. Wir sind sehr zufrieden, wenn nur die l. Eltern gesund bleiben.

Lange verweilten meine Gedanken auf den Worten »*unser liebes Mamerl*«. Zum ersten Mal erwähnt hier Martha ihre Mutter. Zärtliche Worte für meine Großmutter, eine starke, tüchtige Frau, die drei Söhne und zwei Töchter großgezogen hatte.

Emil freut sich aufrichtig über unsere neue Farm und gratuliert uns herzlich.

Meine Lieben! Mit grösster Aufmerksamkeit habe ich Euren letzten Bericht gelesen, aus welchem ich zu meiner grössten Freude entnehme, dass Ihr eine Farm günstig erworben habet. Damit ist der wichtigste Grundstein für Eure fernere Zukunft gelegt worden. Aus diesem Anlass wünsche ich Euch recht viel Glück und Segen in allen Euren Handlungen. Der liebe Gott schenke Euch Gesundheit und Kraft, die begonnene Arbeit zu grossen Erfolgen zu bringen. Die vielen Schwierigkeiten, die sich bei einer derartigen Umstellung ergeben, werden nach kurzer Zeit überwunden sein und Ihr werdet in Ruhe und Zufriedenheit das Leben geniessen können.

Leider bringt ihm aber unser Fortschritt nur seine eigene Frustration vor Augen. Sich jeden Tag um die Eltern meiner Mutter zu kümmern, wird sicher nicht leicht gewesen sein. Meine Großmutter Resl blieb weiter depressiv und in einem Zustand der Apathie. Mein Großvater war ein Besserwisser, der ungern zuhörte. Was Emil auch anpackte, er stand nur vor verschlossenen Türen und blickte in Sackgassen.

Aus den Berichten, die mir von meinen Bekannten im Ausland zukommen, entnehme ich, dass ein jeder über kurz oder lang eine Arbeitsmöglichkeit findet, wo er in Ruhe und Frieden sein tägliches Brot verdient. Anders stehen die Verhältnisse bei denen, die so keine Aussicht haben von hier weg zu kommen, wo ein Tag dem Anderen gleich ist, wobei sich die Sorgen um die Zukunft gar nicht vermindern.

Zu Euren lieben Eltern komme ich täglich, doch kann ich wenig für sie tun. Sobald sie die Ausreise bekommen, können sie wegfahren und ihre Sachen werde [ich] ihnen in ein Lift nachschicken. Der Zustand der l. Mutter ist nicht besser. Vor zwei Monaten sagte ich ihnen, sie sollen einen Professor wegen der bisherigen Behandlung befragen, wollten aber davon nichts hören. Viele Tage will die l. Mutter nichts kochen, worüber sich der Papa sehr kränkt. In ein Gasthaus wollen sie auch nicht gehen. Wenn ich auch den ganzen Tag bei ihnen verbringen würde, so kann ich auch an den Tatsachen nichts ändern.

Meine Hoffnungen in Bezug auf Canada sind aus Euren sehr kurzen Berichten ziemlich aussichtslos. Seit März soll ich aufgefordert sein und bis heute keine Erledigung. Die Angehörigen der anderen Gruppen haben wenigstens die Genehmigung von der hiesigen Canadian und warten den Reisestempel ab. Wäre ich nur schon so weit, dass ich was in Händen hätte, so möchte ich meine Zukunft anders beurteilen. Mein lieber Edi, bei so einer Zeit genügen keine Worte, nur Taten sind massgebend.

»Tut mir leid, I am sorry« genügt nicht. Mit Worten ist nicht geholfen. Wie oft hat mein Vater mit exakt diesen Worten mich gelehrt, dass nur die Taten zählen. Wendeten sich diese Worte, die er mir eingeprägt hatte, nun gegen ihn selbst?

Es fällt mir nicht schwer, mir die Wirkung dieses Briefes auf meinen Vater vorzustellen. Mein Vater konnte nicht einfach die Achseln zucken und alles abschütteln. Er hätte wohl alle Immigranten in seinem kleinen Kreis fragen können, ob man irgendetwas tun könnte, um die Sache zu beschleunigen und die Fränkels nach Kanada zu bringen. Aber wenn jeder ihm dieselbe negative Antwort gegeben hätte, hätte mein Vater furchtbar gelitten, weil er so machtlos war. Und weil meine Mutter weiter in der Hoffnung lebte, dass jeden Tag ihre Eltern nach Kanada kommen würden, konnte mein Vater seiner Frau nichts von seiner Verzweiflung erzählen.

Der letzte Satz auf dem Brief wurde in einer kindlichen Handschrift mit Bleistift hinzugefügt. Er treibt mir die Tränen in die Augen:

Meine liebe Hely. Ich denke viel an Dich und schicke Dir Bussi. Ilse.

6. Kapitel

Auf Spurensuche in Europa

Seit dem Tag, an dem ich die Briefe zuerst las, nahmen sie meine ganze Freizeit in Anspruch. Ich fing damit an, Fotokopien zu machen. Eine Bekannte, durch Arbeit in Archiven geschult in konservatorischer Technik, zeigte mir, wie man hinter die zweiseitig beschriebenen Briefbögen ein weißes Blatt Papier legt, um die Transparenz zu vermindern. Sie bestand auch darauf, dass ich während der Arbeit mit den empfindlichen Originalen weiße baumwollene Handschuhe trage. Erst jetzt legte ich die Briefe weg, nicht mehr in die bunte Pappschachtel, sondern in säurefreie Umschläge, in die Dunkelheit eines Bankschließfaches.

Meine nächste Aufgabe war, die Handschrift zu entziffern. Was meine Großeltern betraf, konnte ich nicht einmal Daten und Unterschriften erkennen, denn meine Augen sind nicht im Lesen der Kurrentschrift geschult, mit der die Schüler in deutschsprachigen Ländern großgeworden sind. Meine Mutter konnte ganze Absätze mühelos lesen, und sie hat einen großen Teil dieser Arbeit geleistet. Mittlerweile war sie nach Vancouver gezogen, um bei mir zu wohnen. Körperlich schwach, aber geistig auf Draht, war sie gerne bereit, mir beim Abtippen der spilligen Handschriften zu helfen. Monatelang begleitete das Klappern ihrer alten Underwood-Schreibmaschine meine täglichen Pflichten im Haushalt.

Ich schaffte mir einen Scanner an, um die von ihr transkribierten Texte in meinen Computer zu übertragen, aber der Scanner hatte Probleme mit der altmodischen, unscharfen Type der alten Underwood. Weil der Scanner so vieles nicht hatte lesen können, musste Seite um Seite nochmals per Hand eingegeben werden.

Die letzte Herausforderung bestand für mich darin, die Briefe zu übersetzen. Weil meine Mutter sich vor langer Zeit entschlossen hatte, nur noch Englisch zu sprechen, hatte ich seit einer kurzen Phase als Lehrerin in den 70er Jahren kein Wort Deutsch mehr gesprochen. Das Wörterbuch wurde mein bester Freund. Akribisch ordnete ich jedem deutschen Wort seine englische Bedeutung zu. Das war der Anfang eines verwickelten Prozesses. Hier jedoch, für die deutsche Ausgabe, können die Briefe in ihrem unveränderten Originalwortlaut wiedergegeben werden.

Ursprünglich hatte ich beabsichtigt, die Briefe in ihrer Gesamtheit zu veröffentlichen. Ich hatte nicht vorgehabt, eine Biografie zu schreiben, und sah mich bloß als Mittlerin, deren Aufgabe es ist, diejenigen wieder lebendig zu machen, die die Briefe geschrieben hatten. Nachdem ich aber an einem Universitätskurs über kreatives Sachbuchschreiben teilgenommen hatte, folgte ich dem Rat erfahrener Autoren und arbeitete die Entdeckung der Briefe in das Buch ein.

Täglich machte ich mir Notizen. Jeder freie Fleck im Haus war bald mit Zetteln bedeckt, auf denen offene Fragen notiert waren. Meine Mutter konnte ein paar Lücken füllen, aber vieles blieb unbeantwortet.

Ich hockte über Büchern aus der Bibliothek und vor Internetseiten und erstellte Listen von Leuten, die mir vielleicht weiterhelfen könnten. Doch oft führte eine Antwort nur zu weiteren Fragen. Nicht alle Briefe sind datiert. Während ich versuchte, die Ereignisse in eine chronologische Reihenfolge zu bringen, las ich die Briefe immer wieder, bis sich ihr Inhalt in die Geschichten der einzelnen Menschen verwandelte. Gedanken an die Familie wurden meine täglichen Begleiter.

Je vertrauter mir ihre Briefe wurden, desto mehr sehnte ich mich nach diesen fehlenden Familienmitgliedern. Ich fing an von gemütlichen Familientreffen mit fröhlichen Erwachsenen zu fantasieren, die um einen reich gedeckten Tisch saßen. Kinder schlängelten sich da und dort durch, die kleineren wurden auf den Schoß gehoben, während die älteren außer Hörweite lärmend spielten.

Ich verbrachte eine Weile bei einer Freundin, die sich mit Genealogie beschäftigte. Ihr Flur war eine einzige Galerie von Gestalten der Jahrhundertwende. Steif und würdevoll blickten sie einen aus schlichten, schwarzen Rahmen an. Ich beneidete meine Freundin, wenn sie von ihren Entdeckungen auf einem ländlichen Kirchhof in Ontario erzählte. Ich musste weiter in die Ferne schweifen.

Kurz danach kam mir der Zufall zu Hilfe. An einem düsteren Tag im Januar, als ich gerade mit der Lupe in der Hand dasaß und versuchte, unlesbare Buchstaben in einem Brief zu entziffern, den ich schon mehrere Male beiseitegelegt hatte, klopfte es plötzlich an meiner Tür. Ehe ich mich regen konnte, hörte ich das Schnappen des Briefschlitzes. »Werbung«, dachte ich, als ich mich bückte, um den grünen Zettel aufzuheben. Ich war an einem toten Punkt angelangt, steckte in einer Sackgasse, wo sogar ein Stück Reklame eine willkommene Ablenkung darstellte. Doch zu meiner Überraschung war der grüne Zettel keine Annonce für Fensterputzen oder Gartenhilfe. Es war eine kurze, handgeschriebene Frage, ob mich ein zeitweiliger Wohnungstausch interessieren würde. Spontan wählte ich die angegebene Telefonnummer.

Die Dame, die abnahm, hatte einen starken britischen Akzent. »Meine Mutter wohnt ein paar Häuser von Ihnen entfernt«, sagte sie mir. »Wir sind hier auf Besuch, mein Mann, ich und unsere Kinder. Wir möchten gern einen ganzen Sommer hier verbringen, aber wir alle zusammen, vierundzwanzig Stunden pro Tag, das ist zu viel für meine Mutter. Wir sind daher auf der Suche nach einer Bleibe in Vancouver, für die wir im Gegenzug unser Landhaus in Dorset zur Verfügung stellen wollen. Wenn es Ihnen bei Ihrer Entscheidung helfen würde: Wir haben auch eine Ferienwohnung in der Schweiz, die Sie gerne nutzen dürften.«

Innerhalb eines Tages hatte ich meine Entscheidung getroffen. Ich buchte einen Flug und lud Familienmitglieder und Freunde ein, einen Teil des Sommers mit mir zu verbringen. An Zeit fehlte es mir nicht, so entschied ich mich, den Schweizer Teil meiner Reise mit dem Zug zurückzulegen. Dann sah ich, dass der Zug mich mit einem kleinen Umweg auch nach Österreich bringen würde, besonders nach Linz, wo meine Freunde Martin und Tracey sich vor kurzer Zeit niedergelassen hatten. Linz war die Stadt, in der die Fränkels gewohnt hatten. Ich sehnte mich danach, den Ort zu besuchen, der die Heimat meiner Lieblingscousine Ilserl gewesen war.

Ich hatte Martin vor etlichen Jahren in Vancouver kennengelernt, als ich knapp bei Kasse war, dafür aber über mehrere leer stehende Zimmer verfügte. Ich wollte die Zimmer vermieten und machte einen Aushang am schwarzen Brett der Universität, wo Martin darauf aufmerksam wurde.

Martin war Student, und noch dazu ein gut aussehender mit einem gewinnenden Lächeln und einer sanften Art und Weise, die mich sofort anzog. Wir wurden gute Freunde. Manchmal las ich seine Arbeiten, um ungeschickte Formulierungen zu glätten, und er belohnte mich mit einer dicken Scheibe von dem frischen Roggenbrot, das er jede Woche mit österreichischen Zutaten buk.

Mit Martin trat auch Tracey in mein Leben ein. Sie war ebenfalls Doktorandin, und ich fand sie äußerst sympathisch und geistreich. Sie widmete sich ihren Studien mit derselben Leidenschaft, mit der sie jede Form von sozialer Ungerechtigkeit geißelte. Nicht halb so alt wie ich, legte sie eine Klugheit an den Tag, die weit über ihr Alter hinauswies. Sie beeindruckte mich durch ihr sprudelndes Lachen, konnte aber zugleich sehr tiefsinnig sein. Es freute mich außerordentlich, dass sie auch dann noch bei mir blieb, als Martin schon längst nach Österreich zurückgekehrt war, um seine Doktorarbeit abzuschließen.

Es war völlig klar, dass Tracey Martin vermisste, und nach langer Überlegung willigte sie ein, den Versuch zu wagen, in Österreich zu leben. Weil sie kein Wort Deutsch sprach, bedeutete das, die Träume von einer eigenen beruflichen Karriere aufzuschieben. Trotzdem wusste sie in ihrem Innersten, dass sie ihrem Herzen folgen musste.

Ihre Eingebung gab ihr Recht. Wenig später heirateten Tracey und Martin. Auf dem Bild, das sie mir schickten, steht Martin stolz in Lederhose mit bestickten Hosenträgern und Tirolerhut da, während Tracey die traditionelle österreichische Bluse mit Dirndl trägt. Ich freute mich darauf, mit eigenen Augen sehen zu dürfen, wie glücklich sie waren.

Ich wurde nicht enttäuscht. Sie strahlten vor Freude, als wir in ihrer winzigen Küche ungezwungen miteinander plauderten, wie es sonst nur gute Freunde können. Sie unterstützten mich auch bei meinen Nachforschungen zur Geschichte meiner Familie. Am nächsten Morgen, noch ehe er zur Arbeit ging, begleitete mich Martin zum Rathaus, wo auf mich und den jungen Archivar, der für die Akten zuständig war, ein paar Überraschungen warteten.

»Aha, wenn sie in Linz geboren waren, dann werden ihre Namen hier sein«, sagte der Archivar, als er stolz auf das Regal zeigte. »Band VI, F für Fränkel.« Ich schüttelte den Kopf, als ich auf den Titel blickte: Taufregister für Linz und Umgebung. Mir schwirrte der Kopf und ich war nicht in der Lage, meine wirren Gedanken auszusprechen. Hier in diesem leisen Raum voll langer Holztische, wo Forscher sich über ihre deutschen Dokumente beugten, fühlte ich wieder einmal die fürchterliche Schande und die Last meines Judentums. Endlich brachte ich etwas heraus, das die Wahrheit durchscheinen ließ: »Sie waren nicht getauft.«

Der junge Mann starrte mich an, als wäre ich verrückt geworden. »Nicht getauft? Aber es sind doch alle getauft, sogar die Totgeborenen. Nur dann kann eine Person in geweihter Erde begraben werden.«

Schweigen. Er war jung, und zu seiner Lebenszeit gab es fast nur noch Christen in diesem Teil der Welt. Ich musste es ihm offen heraus sagen.

»Sie waren Juden.«

Jetzt ging ihm ein Licht auf, und indem er »Moment, bitte!« murmelte, verschwand er im Inneren des Archivs. Schließlich kam er wieder zum Vorschein mit einem Stapel Akten im Arm. Sie waren mit einem Davidstern gekennzeichnet und trugen die Worte »Israelitische Kultusgemeinde«.

Ich suchte mir ein ruhiges Eckchen aus und machte mich an die Arbeit. Die Papiere waren alle gut geordnet und ich fand ohne Schwierigkeiten ihre Namen. Fränkel, Ilse, geboren in Linz an der Donau, den 23. Januar 1931, wohnhaft in Linz an der Donau. Dasselbe für ihre Schwester Dorothea, geboren den 10. Juli 1938. Nur wenige Straßenzüge trennten ihren Geburtsort von diesem Tisch im Archiv.

Man hat alle Dokumente äußerst sorgfältig aufbewahrt. Sogar der Name der Hebamme, die bei den Geburten zugegen war, ist in den Akten verzeichnet. Die Papiere bestätigen, dass die Fränkels erst nach Dorlis Geburt nach Prag zogen. Wo und wie lebten sie während dieser Monate in Österreich?

Ich ging noch einmal die Daten durch. Der »Anschluss« Österreichs erfolgte am 12. März 1938. Wegen ihrer Schwangerschaft wird

Martha nicht fähig gewesen sein zu reisen, denn sonst wären die Fränkels nicht in Österreich geblieben. Sie steckten in einer Zwickmühle. Für eine Hochschwangere war das Reisen riskant, aber nicht minder gefährlich war das Zurückbleiben.

Hatten sie die Koffer gepackt, um sogar mitten in der Nacht fliehen zu können? Hatten sie sich irgendwo zusammengekauert, Emil, seine schwangere Frau und ihre siebenjährige Tochter? Von welchem Fenster haben sie die Ereignisse beobachtet? War es in Linz genauso wie in Wien, wo Juden gezwungen wurden, die Bürgersteige mit Zahnbürsten zu scheuern, während Passanten dabei zusahen und sie verspotteten?

Wo war das Zuhause der Fränkels? War es geplündert worden? Hat Emil sein Unternehmen verkauft? War es enteignet worden? Im Archiv eines anderen Staatsgebäudes fand ich die Adressen, sowohl von dem Haus wie auch von Emils Likör- und Safterzeugung.

Rudolfstraße 28. Das Haus der Fränkels war nicht weit, und noch am selben Nachmittag ging ich zu Fuß dorthin. Das Gebäude war ansehnlich und schien mehrere Wohnungen zu beherbergen. Ich drückte auf etliche Klingeln, jedoch ohne Erfolg. Was hätte ich nur getan, wenn sich jemand gemeldet hätte?

In meiner Aktentasche trug ich die Papiere vom Archiv, einschließlich der Urkunde, durch welche die Fränkels dieses Haus verloren. Das Dokument ist in reinstem Juristendeutsch abgefasst, aber die Bedeutung ist klar. Es bestätigt, dass Rechtsanwalt Dr. Fritz Fideo mit der »Entjudung« des Eigentums von Emil Fränkel beauftragt wurde. Für 60 384 Reichsmark, eine Summe, die genau mit dem Schatzwert übereinstimmt, den Josef Keplinger, Abgeordneter des Bezirks Oberdonau, ermittelt hat, übergibt Fideo den Besitz an die Ehegatten Karl und Katharina Bartl. Auf Seite vier, Unterabschnitt IX wird Folgendes kundgetan: »Festgestellt wird, dass beide Vertragsteile deutsche Reichsbürger und arischer Abstammung sind.« Die Unterschrift Emil Fränkels fehlt bezeichnenderweise. Das Dokument ist mit einem protzigen Reichsadler gesiegelt und mit den Worten »Heil Hitler« versehen.

Ich stand eine lange Zeit vor dem Fränkel'schen Haus. Einzelne Zeilen aus den Briefen, die ich gelesen hatte, vermischten sich mit meinen eigenen, sich überschlagenden Gedanken. Hier hat Martha jeden Abend die Tür geöffnet und Emil mit einem Kuss empfangen. Hier hatte meine Cousine Ilserl gewohnt und ihre ersten Lebensjahre verbracht, die Jahre, bevor wir miteinander spielten. Hier war im Kinderzimmer Baby Dorlis Weinen zu hören gewesen. Aber nur für eine kurze Zeit.

Ich machte einige Fotos von dem Gebäude und fühlte mich unzufrieden. Ich überlegte, ob ich mich in ein Café setzen sollte, aber ich hatte keine Lust auf Kaffee. Die innere Unruhe trieb mich fort.

Meine Schritte führten mich in die Richtung von Emils Geschäftsadresse. Weil Straßennamen geändert worden waren, um die Nazis zu ehren, und dann wieder umgeändert, um diesen Teil der Geschichte zu verschleiern, erwies es sich als schwierig, die Adresse zu finden. Ich kehrte zum Rathaus zurück, wo Angestellte sich bereitwillig durch Akten gruben und mich von einem Büro zum nächsten schickten.

Die verschiedenen Angestellten, Bibliothekare und Archivare, denen ich begegnete, waren alle eifrig bemüht, mir zu helfen. Meine mit »Fränkel« bezeichnete Mappe schwoll bald an vor lauter Visitenkarten, neuen Empfehlungen und ungezählten Fotokopien. Es war offenbar leichter, weiterhin Papiere zu sammeln, als die Wirklichkeit von 1938 vorstellbar zu machen.

Hatten die Fränkels auch nach dem Anschluss hier gewohnt, um Dorlis Geburt abzuwarten? Hatte sie jemand versteckt? Wie könnte ich diese Person finden und mich bedanken? Wagten Emil, Martha und Ilserl aus dem Haus zu gehen, oder mussten sie sich monatelang versteckt halten?

Unwillkürlich denke ich an das arme Hilderl, eine Verwandte von der Seite meiner Mutter. Hilderl war ein bildhübsches Kind, mir nur durch das Fotoalbum bekannt. Auf dem Foto ist sie vielleicht drei Jahre alt. Lockiges Haar umgibt ein Kindergesicht mit großen, tiefen Augen, in einem Arm hält sie einen Teddybär, im anderen eine Puppe. Meine Mutter nannte sie nur »das arme Hilderl«, und ihre Geschichte erzählte sie immer auf dieselbe Weise.

»Das arme Hilderl war ein entzückend reizendes Kind, süß, klug, bezaubernd. Eines Tages, als sie auf der Straße an der Hand ihrer

Mutter ging, kam ein Nazi-Panzer absichtlich auf den Gehweg. Der Panzer hat sie umgefahren. Ich weiß nicht, wie ihre Mutter es überlebt hat. Wir dachten alle, sie wird wahnsinnig.«

Hier machte meine Mutter eine Pause. Tränen stiegen ihr in die Augen und sie zog sich tief in ihr Inneres zurück. Ich habe etliche Male versucht, Weiteres über Hilderls Geschichte zu erfahren. Jedes Mal änderte sich die Stimme meiner Mutter. Sie wurde kühl und abweisend, als wäre ich ein Feind, der sie verhören will.

Kannten Fränkels diese Geschichte? Hatte das Ereignis sich in Deutschland abgespielt? In Österreich? Oder war das etwas später in Prag, als die Fränkels schon dort waren? Ein Leben war ausgelöscht worden, ein Foto in einem Album blieb der einzige Beweis, dass das arme Hilderl existiert hatte. Und es gibt auf der ganzen Welt keinen Menschen, den ich dazu befragen könnte.

Auf der Rückseite eines der Dokumente, die ich gesammelt hatte, steht handschriftlich, dass Emil Fränkel und seine Familie im August 1938 in die Tschechoslowakei geflüchtet sind. Ich hatte auch große Lust, die Flucht zu ergreifen. Ich wollte den Archiven und Linz und allen Erinnerungen an die Vergangenheit entfliehen.

***

Als ich von meinem spontanen Aufenthalt in Europa zurückkehrte, wollte meine Mutter alles über meine dortigen Abenteuer wissen. Ich hatte vorgeschlagen, sie mitzunehmen, aber ihre Gesundheit ließ es nicht zu. Obwohl sie wusste, dass ich einige Zeit in Österreich verbracht hatte, fragte sie nur nach der Schweiz und nach England.

Für sie waren die Schweizer Berge ein Traum aus dem Musical *The Sound of Music* (nach dem Buch über die Trapp-Familie), und sie interessierte sich für jede Einzelheit meiner täglichen Bergtouren. Ausführlich musste ich alles beschreiben, angefangen bei meinem allmorgendlichen Gang zur Bäckerei, wo ich unsere frischen, nach Hefe und Butter duftenden Semmeln holte, während meine Freunde Kaffee kochten und auf dem Balkon – mit Blick auf die Jungfrau und den Eiger – den Tisch deckten. Dort genossen wir täglich unser

Frühstück. Später stiegen wir auf Bergpfaden hoch hinauf, wo Alpenblumen wuchsen und sich uns ein atemberaubendes Panorama darbot. Wir sahen sanfte braune Kühe auf den Wiesen und Bauernhäuser mit Ziegen, wo wir Käse kauften oder eine Schale Kaffee und Kuchen genossen. Für alles zeigte meine Mutter größtes Interesse.

Öfter versuchte ich, von Linz zu erzählen. Davon wollte meine Mutter gar nichts wissen. Entweder ging sie aus dem Zimmer oder sie wechselte das Thema.

Doch sie war willens, von ihrer Kindheit in Cham zu erzählen. Nachdem sie zu mir nach Vancouver gezogen war, ergötzte sie oft meine Freunde mit Geschichten, die ich noch nie gehört hatte. Sie erfreute sich am Interesse meiner Freunde und erzählte ihnen gerne von Sonntagsspaziergängen am Fluss Regen entlang, wo Bürger im Sonntagsstaat in Begleitung ihrer wohlerzogenen Kinder ihre nicht minder vornehm gekleideten Mitbürger grüßten. Sie beschrieb, wie lang ihr Haar damals war und wie schwer es ihr als Kind fiel, stillzuhalten, während meine Großmutter sie täglich kämmte. Sie erzählte auch von dem Wutausbruch meines Großvaters an dem Tag, als meine Tante Anny mit ihrem Bubikopf aus der Stadt zurückkehrte ...

Von der Zeit unmittelbar vor der Auswanderung sprach meine Mutter nie. Weder mit mir, noch mit anderen. Je mehr ein Gespräch sich dem Jahre 1939 näherte, desto unruhiger wurde sie. Ich habe tiefer zu gehen versucht, aber zu sehr durfte ich sie nicht drängen. Sie bekam sofort Herzklopfen und geriet in beängstigende Aufregung.

Wenn ich sie wegen des Übertragens der Briefe fragte, seufzte sie tief und gab immer dieselbe Antwort: »Es ist alles so traurig.« Mehrmals schlug ich ihr vor, dass ich jemand anderen bitten könnte, die Arbeit zu Ende zu bringen, vielleicht einen Studenten von der Universität. Jedes Mal hat sie mein Angebot abgelehnt. Ich glaube, die Abschrift der Briefe war ein letzter Dienst, den sie mir erweisen wollte.

Während sie über den Briefen saß, erwähnte meine Mutter zum ersten Mal, dass sie einen Telefonanruf aus Deutschland erhalten hatte. Tini hatte angerufen. Ich kannte den Namen, wenn auch nicht die Person. Tini war unser Dienstmädel, ein Wort, das man heute fast erklären muss. Damals war vieles anders. Meine Eltern und Großeltern waren weder reich noch elitär. Sowie beide Großmütter musste auch meine Mutter im Laden mithelfen. Dagegen war es normal, für das tägliche Kochen auf dem Holzofen, beim Wäschewaschen mit der Hand und bei anderen arbeitsintensiven Tätigkeiten im Haushalt Hilfskräfte zu haben. Tini war die junge Tochter eines Bauern in der Gegend und fast genauso alt wie meine Mutter.

»Die Tini hat gestern Abend angerufen.« Lange Erfahrung hatte mich gelehrt, nicht zu stark zu reagieren und zu warten, bis sie zum Kern der Sache kam.

»Wirklich? Sie ist noch am Leben?«

»Hmmm. Ich habe das Telefon läuten hören. Es war ein fremder Mann und ich habe seine Stimme nicht gekannt. Er hat sich als Tinis Enkel vorgestellt. Dann hat er ›Moment, bitte‹ gesagt, und die Tini war am Telefon.«

»Und?«

»Sie hat gesagt, es war die Idee ihres Enkels. Er hat gesagt, dass es bestimmt nicht so viele Leute mit dem Namen Waldstein in Kanada geben kann und dass er mich durch die Telefongesellschaft finden wird, und so war es.« Meine Ungeduld wuchs und ich hatte das heftige Verlangen, mit vielen Fragen herauszuplatzen, aber das hätte mir nur ihr Schweigen und einen abwesenden Blick eingebracht. Ich biss mir auf die Zunge und ohne besonderes Interesse zu zeigen, fragte ich ganz beiläufig:

»Was hat sie gesagt?«

»Es geht ihr gut. Sie ist gesund und sie wohnt jetzt in der Nähe von ihren Kindern in Deutschland.«

»In Deutschland? Wo in Deutschland?«

Schon war es zu viel. Ihr gespitzter Mund zeigte mir, dass ich sie zu sehr bedrängt hatte.

»Ich weiß es nicht mehr. Irgendein kleiner Ort in Deutschland. Den Namen habe ich schon vergessen. Es ist nicht wichtig.«

Sofort wechselte meine Mutter das Thema. Ich war es gewöhnt. Weitere Fragen würden mir nichts nützen. Vielleicht konnte ich es in ein paar Wochen wieder versuchen.

Ich hatte den Vorfall schon fast vergessen, als meine Mutter mir eines Morgens eine Neuigkeit erzählte: »Die Tini hat wieder angerufen. Wir haben lange gesprochen. Bis ich gesagt hab, ›Tini, das kostet Sie ein Vermögen‹.«

Dieses Mal stellte ich keine Fragen und hörte nur zu. Meine Gedanken überschlugen sich bei all den verworrenen Einzelheiten, die meine Mutter mir erzählte. Sie war fast damit fertig, als ich hörte:

»Sie hat mir ihre Adresse gegeben, damit ich ihr schreiben kann. Und die Telefonnummer.«

In dieser Sekunde kam mir die Idee. Ich würde Tini besuchen. Ich würde ihr die Fragen stellen, die ich so lange unterdrückt hatte. Sie würde vieles wissen. Vielleicht würde sie mir von der Zeit vor der Auswanderung erzählen.

Die Zeit verging, aber im Frühjahr 1998 konnte ich an Tini schreiben und ihr das Datum meiner Ankunft in ihrem Ort angeben – allerdings ohne genaue Zeitangabe. Damals benutzte ich das Internet noch nicht, und ich hatte keine Ahnung, wo und wie weit von Frankfurt entfernt die Kleinstadt »Ehningen« ist. In meinem alten Schulatlas war der Ort nicht einmal zu finden.

Der Frankfurter Flughafen ist groß und hektisch. Mit meinem Rollkoffer ging ich zum nächstbesten Auskunftsschalter und innerhalb weniger Minuten stand ich in einem Fahrstuhl, der mich zum Zug Richtung Hauptbahnhof brachte. Kurz danach war ich schon in der Bahn nach Ehningen – ein Wunder für eine Person aus Vancouver, wo der Zug nur einmal am Tag in Richtung Osten fährt. Ich sah aus dem Fenster und genoss die Landschaft. Zierliche Gärten und ordentlich bestellte Felder wechselten sich ab mit der malerischen Schönheit kleiner Dörfer. Dichte Wälder folgten auf Industrieflächen. Stadt und Land, Vergangenheit und Gegenwart – untrennbar miteinander verflochten – flogen am Fenster vorbei.

Bald war es Zeit, mein Gepäck zusammenzusuchen. Vor mir bereitete sich auch eine Frau zum Aussteigen vor. Ich nickte ihr freundlich zu und fragte, ob sie Ehningen kenne und mir ein Hotel empfehlen könne.

Auf meine Frage lachte sie und erklärte mir schnell, dass es nur über der Metzgerei Fremdenzimmer zu mieten gebe. Sie blickte auf meine leichte Sommerjacke und auf den heftigen Regen, der jetzt jenseits des überdachten Bahnsteigs fiel, und schlug vor, mich im Auto hinzubringen. Dankbar folgte ich ihr auf den Parkplatz zu einem schweren Mercedes.

»Ich arbeite beim Daimler«, sagte sie schnell, als ich einen Platz für meinen alten, verschmutzten Koffer in diesem eleganten Wagen suchte. »Wir bekommen Autos zu einem günstigen Preis.«

Nach ein paar Minuten hielt die Dame vor einem Schild, das alles aufzählte: Metzger – Bierstube – Gästezimmer. Sie holte einen schweren Eisenschlüssel und führte mich steile Stiegen hinauf zum Ende eines langen Ganges, wo sie die Türe öffnete. Ich sah ein Zimmer mit einem riesigen Federbett. »Hier werden Sie es sehr bequem haben«, sagte sie, und öffnete dabei ein Fenster, durch das man auf einen schönen Garten sah.

Obwohl ich kaum wusste, wo ich anfangen sollte, wollte ich mich doch für die Hilfsbereitschaft dieser Dame bedanken. Zögernd fing ich an zu erklären, wieso ich so weit von den üblichen Touristenrouten reiste.

»Ich bin aus Kanada, und ich suche eine Frau, die ich nicht kenne, aber sie kennt mich. Oder besser gesagt, sie kannte mich. Es war vor langer Zeit. Vor sechzig Jahren. Vor dem Krieg.«

Ihre Neugier war geweckt, die Frau guckte auf den Zettel, auf dem Tinis Adresse stand. »Königsberger Straße. Das ist gar nicht weit von hier. Erlauben Sie mir bitte, Sie im Auto hinzufahren. Ich möchte sichergehen, dass Sie die Frau auch antreffen.«

Sie blieb im Wagen, als ich die paar Schritte zur der Tür des kleinen Wohnblocks ging. Der Name war an der Gegensprechanlage aufgeführt. Frau Christine Fuchs. Ich drückte den Summer, hörte ein elektrisches Knistern und dann ein vorsichtiges »Ja?«.

»Tini, es ist die Helen. Ich bin hier.«

»Moment, bitte.«

Und kaum einen Augenblick später öffnete sich die Tür und starke Arme umfingen mich. Ihre Worte sind in mein Gedächtnis eingebrannt.

»Helli! Was hab ich nur getan, um diesen Tag zu verdienen? Lieber Herrgott, ich danke dir, dass du mir erlaubt hast, so lange zu leben. Ich danke dir, dass ich noch einmal mein Hellimäderl sehen darf.«

Dann haben wir beide geweint, Tini und ich, und sie sprach weitere Worte, die Balsam für meine Seele waren.

»Vor sechzig Jahren haben sie dich mir aus den Armen gerissen. Nie habe ich gedacht, dich wieder zu sehen. Die Gnade Gottes hat dich zurückgebracht.«

Die Frau im Mercedes, deren Name ich leider nicht kenne, kam leise zu uns. Strahlend gab sie der Frau Fuchs die Hand, lehnte aber ab, länger zu bleiben. Sie sprach mit Takt und Verständnis:

»Diese Momente sind für Sie allein. Ich überlasse es Ihnen, dieses besondere Wiedersehen zu genießen.«

Ich folgte Tini die Treppe hinauf bis zum vierten Stock, erstaunt über die kräftigen Beine und den geraden Rücken dieser Frau von über achtzig. Obwohl sie mir kaum bis zur Schulter reichte, vermittelte sie doch den Eindruck von Stärke. Sie war gut gebaut. Nicht dick, aber mit üppigem Busen, ihre Brüste wiesen stolz den Weg. Volles, natürlich graues Haar umhüllte ein faltiges Gesicht, das für mich schön war.

Die Worte sprudelten nur so aus uns heraus. Sie sprach, ich sprach, wir sprachen beide, manchmal zur gleichen Zeit. Tausend Fragen, und jede Antwort führte wieder zu neuen Fragen.

»Erzähl mir von ... wieso ... warum ... wann ... wo ... was hast du getan ...?«

Meine Fragen nahmen kein Ende. Stundenlang, tagelang habe ich sie gelöchert.

Wir nahmen uns Zeit für andere Sachen, ohne die langen Gespräche über eine Vergangenheit zu unterbrechen, an die ich mich nicht erinnern konnte und die dennoch in mich eingegraben zu sein schien.

Tini vertraute mir an, dass sie damals, gleich nach unserer Abfahrt nach Prag, ihrem Freund erklärt hatte, heiraten zu wollen. Sie ertrug die Leere in ihren Armen nicht.

Trotz der unsicheren Zeiten und Verhältnisse willigte er ein. Sie heirateten rasch und bekamen bald einen Sohn und eine Tochter, Erni.

»Es war, als ob ich das Kind, das man mir aus den Armen gestohlen hatte, ersetzen musste«, sagte Tini. »Wie sie dich weggenommen haben, haben sie mir ein Stück aus meinem Herzen gerissen.«

Der Klang von Tinis Stimme weckte in mir Erinnerungen. Ihr Deutsch ist ein getreues Abbild meiner Sprache. Es wurde oft bemerkt, dass mein Deutsch ganz anders klang als die Sprache meiner Eltern. Während sie mehr oder weniger Hochdeutsch sprachen, war meine Art zu sprechen mehr ein böhmischer Dialekt.

Jetzt verstand ich, wieso. Als Kind verbrachte ich wahrscheinlich mehr Zeit mit Tini als mit meinen eigenen Eltern. Tini sagte, ich hätte immer an ihrem Rockzipfel gehangen, wenn sie in der Küche und im Haushalt ihrer Arbeit nachging.

Noch heute spricht Tini »böhmisch«. Ihr Dialekt ist die Sprache des ehemaligen Königreichs Böhmen. Sie kam nicht weit von Strobnitz auf die Welt, dem Dorf in der Nähe der österreichischen Grenze, wo die Eltern meines Vaters schon seit Jahren Besitzer des einzigen Ladens gewesen waren.

Tini war überzeugt, dass wir Ende September 1938 aus Strobnitz weggegangen und mit dem Zug nach Prag gefahren sind. Ich antwortete, das könne nicht stimmen, da wir erst im Frühjahr 1939 in Kanada angekommen seien. Außerdem hatte meine Mutter immer bedauert, dass sie Prag nie gesehen hätte. Tini jedoch beharrte auf ihrer Sicht der Dinge.

»Es war kurz nach Hitlers Rede über das Sudetenland. Meistens haben deine Eltern mich abends nicht gebraucht, aber an diesem Abend haben sie mich gebeten, bei dir zu bleiben, weil sie die Rede hören wollten. Die ganze Familie versammelte sich im Wohnzimmer vor dem Radio. Es waren damals schon Gerüchte über Dachau im Umlauf und ich hatte deine Eltern einmal von Juden sprechen hören, die einfach über Nacht verschwunden waren. Ihr seid am nächsten Tag nach Prag gefahren, und ich habe deiner Großmutter noch geholfen, das Haus in Strobnitz zu verschließen. Deine Großeltern sind zwei oder drei Tage später nach Budweis geflüchtet, und sie haben mir den Schlüssel für das Haus in Strobnitz gegeben. Ich werde ihr Vertrauen nie vergessen.«

Erst als Tini eine Postkarte vom November 1938 holte, die die Handschrift meiner Mutter trug und in Prag abgestempelt worden war, glaubte ich es. Meine Mutter hatte die Postkarte an Tinis Eltern geschickt. Während des ganzen Krieges und während der damit verbundenen Umwälzungen hatte Tini diese Postkarte aufgehoben.

Mein Besuch wühlte nicht nur mich, sondern auch Tini auf. Viele Menschen in Deutschland hatten das Thema Krieg jahrelang gemieden. Es wurde nicht darüber gesprochen, weder von den ehemaligen Parteigängern Hitlers, die ihn gewählt und ihm lange die Treue gehalten hatten, noch von den unschuldigen Opfern dieser Zeiten.

Tini erzählte mir von einem Tag, als sie den Zug nehmen sollte. Aus irgendeiner unerklärlichen Vorahnung blieb sie zu Hause. Im selben Augenblick, an dem sie auf dem Bahnsteig hätte sein sollen, fiel eine Bombe auf den Bahnhof und tötete mehrere Menschen.

Immer wieder kamen wir auf das Thema Krieg zurück, jedes Mal von einer anderen Seite. Vieles hatte Tini auch ihren eigenen Kindern nie erzählt, weil sie diese Jahre hinter sich lassen wollte.

Tinis Tochter Erni kam gleich am ersten Abend, um mich zu begrüßen. Wir fühlten uns gleich vertraut.

»Ich musste sofort kommen«, sagte Erni. »Seit meiner Kindheit habe ich von dir gehört. Meine Mutter hat nie aufgehört, von dir zu sprechen. Du warst ja auch ihr Kind und es war ja ein riesiger Verlust für sie, als du nicht mehr da warst.«

Erni und ich hatten viel gemeinsam, unter anderem diese Scheu, Fragen über die Vergangenheit zu stellen, um Aufregungen zu vermeiden.

Erni und ihr Mann Rudi hatten sich Urlaub genommen, um mir Deutschland zu zeigen. Ich lernte, in Gasthöfen große Gläser Hefeweizen zu trinken und Speisen zu wählen, die mehr Fleisch enthielten, als ich sonst in einem ganzen Monat esse. Arm in Arm spazierten wir durch malerische Kleinstädte, wo von jedem Fenster üppige rote Geranien herabhingen, wo Gassen mit Kopfsteinpflaster zu Wohnungen von berühmten Dichtern und Komponisten führten, wo Kaffeehäuser und der Geruch von Frischgebackenem uns einluden, zu verweilen und zu plaudern.

Der Abschied von Tini und ihrer Familie fiel mir schwer. Sie hatte mich richtig bemuttert. Das war ich nicht gewöhnt, denn in mancher Hinsicht musste ich meiner Mutter gegenüber wie ein Elternteil sein. Schon als Kind hatte ich das Gefühl, ich müsse meine Mutter beschützen, und dieses Gefühl wuchs in ihren letzten Lebensjahren. Tini hatte mir eine andere Form der Liebe geboten, eine bedingungslose Liebe, die ich so bereitwillig annahm wie ihre frisch gebackenen Vanillekipferln.

Tini bestätigte, was ich über die Fränkels in Linz erfahren hatte: »Sie kamen oft zu Besuch«, sagte sie mir. »Da hat es immer große Aufregung und viele Vorbereitungen gegeben. ›Die Linzer kommen‹, hat nicht nur geheißen, dass ich mehr zu kochen und zu backen hatte, sondern dass ich Tischtücher und Bettwäsche lüften und bügeln musste, da die Familie immer wenigstens über Nacht blieb. Die Arbeit hat mir nichts ausgemacht, besonders weil deine Großmutter immer mitgeholfen hat.«

Über die späteren Jahre konnte Tini nicht viel erzählen. Sie hatte nur gehört, dass »Frau Martha« ein Kind erwartete. Unmittelbar nachdem wir Strobnitz verlassen hatten, war Tini in ihr eigenes Elternhaus zurückgezogen. Weiteres wusste sie nicht.

Berichten konnte sie dagegen von der anderen Schwester meines Vaters und von deren Mann. Dieser hatte denselben Vornamen wie sein Schwager Emil Fränkel, aber der Mann von Else war Arzt. Herr Doktor Emil Urbach, der berühmte Spezialist, zu dem die Leute von weither pilgerten, um sich behandeln zu lassen. Die Urbachs wohnten in Krumlau, einer mittelalterlichen Stadt, die bei Besuchern aus dem Ausland sehr beliebt war. »Der Herr Doktor« flößte Tini offenbar großen Respekt ein.

»Frau Else« war zugänglicher und kam oft zu Tini in die Küche. Obwohl sie eine sehr elegante Dame war, immer gut gekleidet und schön frisiert, hat sie sich niemals wichtig gemacht. Tini sagte, es sei im Gegenteil immer sehr leicht gewesen, mit ihr zu sprechen, auch wenn sie sich wenig zu sagen hatten. Tini war ihr besonders dankbar für die Höflichkeit, mit der sie ihre kleinsten Bitten äußerte: »Nur wenn Sie Zeit haben, liebe Tini. Ich weiß, wie viel Sie zu tun haben. Meine Mutter sagt immer, dass weder sie noch meine liebe Schwägerin den Haushalt ohne Sie führen könnten.«

Am letzten Abend meines Besuches holte Tini wieder die Postkarte aus Prag von meiner Mutter hervor. Dieses Mal hat sie mir die

Karte in die Hand gelegt und gesagt, sie gehöre jetzt mir. Die Karte ist mit der Maschine geschrieben und ein Wort folgt ohne Zwischenraum auf das nächste. Sie ist an Fräulein Christine Trinko adressiert, in Erdweiß bei Gmünd, Sudetenland. Der Stempel ist verschmiert, aber die Worte sind leserlich geblieben.

Prag, 18. November 38

Liebe Tini, ich habe Ihnen schon öfters nach Strobnitz geschrieben, aber keine Antwort erhalten, jetzt versuche ich noch in ihre Heimat zu schreiben, vielleicht erreicht Sie dort meine Karte, wenn ja, so schreiben Sie mir doch bitte einige Zeilen. Sie wissen, es interessiert uns ja, wie es Ihnen geht, was Sie machen und ob Sie vielleicht doch noch in Str.[Strobnitz] sind, auch was es dort Neues gibt. Wir hören ja von dort gar nichts. Viel sprechen wir von der Vergangenheit, es ist alles sehr traurig und doch kann man nichts mehr ändern. Helli spricht so oft von der Tini, das Kind hat Sie genau so wie wir noch nicht vergessen. Wir wohnen vorübergehend hier, ganz bescheiden, wenn Sie mir schreiben, so adressieren Sie an Ing. Arnold Waldstein, Prag XII Fochova 20. Was werden Sie jetzt machen? Werden Sie wieder eine Stelle annehmen oder gleich heiraten? Sie wissen, dass mich alles von Ihnen immer interessiert hat und so möchte ich gerne, wenn auch in der Ferne, an Ihrem weiteren Leben ein bisschen Anteil nehmen. Auf jeden Fall wünsche ich Ihnen stets recht viel Glück. Es wird Sie interessieren, dass die Tante Anny mit ihrem Mann bereits vor drei Wochen nach Kanada/Amerika gefahren ist und wollen wir recht bald nach, aber da gibt es noch viele Formalitäten zu erledigen. Die l. Eltern sind in Pilsen und ist die l. Mutter mit den Nerven sehr krank, das war halt von dem Abschied. Ich glaube, wenn ich mit Ihnen zusammenkommen könnte, hätten wir uns vieles zu erzählen. Einmal war's ja doch schön und gemütlich in Strobnitz. Also bitte schreiben Sie mir bestimmt. Grüssen Sie auch Ihre l. Eltern! Ihnen selbst beste Grüsse von Ihrer Gretel Waldstein. Grüsse von meinem Mann.

***

Ehe ich mich von Deutschland verabschieden konnte, gab es noch einen Ort, den zu besuchen ich mich verpflichtet fühlte. Nicht weit von Tinis Wohnort Ehningen liegt Cham, die Heimatstadt meiner Mutter.

»Cham«, meldete der Schaffner. »Nächster Halt Cham. Ankunft in drei Minuten.«

Als meine Mitreisenden im Zug anfingen, ihre Zeitungen zusammenzufalten und Jacken und Aktentaschen an sich zu nehmen, ergriff ich meinen Rollkoffer und ging zum Ausgang des Waggons. Nachdem es in Ehningen so gut funktioniert hatte, versuchte ich wieder, eine Frau, die auf das Halten des Zugs wartete, anzusprechen.

»Entschuldigung, sind Sie aus Cham?«

»Ja, aber ich bin erst seit Kurzem hier. Wohnen Sie auch in Cham?«

»Nein, ich bin nur zu Besuch hier. Könnten Sie mir vielleicht ein Gasthaus für die Nacht empfehlen?«

»Leider nicht, aber schräg gegenüber vom Bahnhof ist ein kleines Reisebüro. Die Besitzerin ist sehr nett und sie wohnt schon seit langer Zeit hier. Sie wird Ihnen bestimmt helfen. Wenn Sie sich beeilen, sollte das Büro noch offen haben.«

Ich bedankte mich schnell und lief über die Straße zu einem kleinen Laden, wo Bilder ferner Länder und Städte in einem Schaufenster lockten. Es brannte Licht in der hereinbrechenden Dämmerung.

»Guten Abend. Wie kann ich Ihnen helfen?«

»Entschuldigung, aber ich brauche keine Reiseauskunft, nur ein Bett hier in Cham.«

»Ja, natürlich. Viele Einwohner vermieten jetzt Zimmer, weil es immer mehr Touristen gibt. In der Gegend gibt es so viele Seen und Wälder und Erholungsmöglichkeiten. Bleiben Sie länger?«

»Nein, nur eine Nacht.«

»Ach so. Sie sind nicht auf Urlaub. Kommen Sie vielleicht, um jemanden zu besuchen?«

»Nein.«

Ein peinliches Schweigen folgte. Offensichtlich erwartete die Frau weitere Erklärungen.

»Meine Mutter ist aus Cham. Meine Großeltern haben hier gewohnt.«

»Aber Ihre Mutter ist nicht mitgekommen? Wo ist sie jetzt?«

»In Kanada.«

»In Kanada! Aber Sie sprechen deutsch. Und Ihre Mutter ist nicht mitgekommen?«

»Nein.«

»Sie sind allein gekommen? Wollte sie nicht mitkommen? Eine Mutter will doch ihrer Tochter zeigen, wo sie aufgewachsen ist. Vielleicht leben noch ehemalige Freunde hier.«

»Nein.«

Wieder folgte eine peinliche Stille. Ich versuchte es anders zu erklären.

»Meine Mutter will Deutschland nie mehr betreten. Sie hat schlechte Erinnerungen. Sie ist 1939 weg nach Kanada.«

»1939? Dann hatte sie Glück. Das war ja vor dem Krieg. Sie hat das Grauen nicht mitgemacht. Cham hatte wenig Industrie, so haben wir die schrecklichen Bombardierungen nicht ertragen müssen, aber wir hatten wenig zu essen, und viele Zivilisten und auch Soldaten haben gelitten. Ihre Mutter ist alldem entkommen. Wie kann sie schlechte Erinnerungen haben?«

Außer der furchtbaren Wahrheit sah ich keinen Ausweg.

»Meine Mutter ist Jüdin. Meine Großeltern waren Juden.«

Ich merke, dass die Frau mich ansieht, als käme ich von einem anderen Stern. Mir wird klar, dass ich wahrscheinlich die erste Jüdin bin, die diese etwa vierzigjährige Frau zu Gesicht bekommt. Die wenigen deutschen Juden, die die Schoah überlebten, haben anderswo eine neue Heimat gesucht.

»Schade, dass meine Mutter heute nicht im Laden ist. Manchmal hilft sie mir. Sie hat vielleicht Ihre Mutter gekannt. Wie ist ihr Familienname?«

»Grünhut.«

»Ich kenne den Namen nicht. Jetzt gibt es nur einen Juden in Cham. Jeder kennt ihn. Er heißt Max Weißglas.«

Mir ist unbehaglich. Ein einziger Jude in einer Stadt, wo es einmal Dutzende jüdische Familien gab. Sein Name ist so bekannt, wie wenn er der letzte seiner Art wäre. Meine Gedanken wandern zurück zu einer Geschichte, die wir in der Schule lasen: »Die letzte Wandertaube«. In Amerika gab es früher so viele Wandertauben, dass Züge anhielten, damit sich die mitfahrenden Herren die Beine vertreten und in einen Taubenschwarm schießen konnten. Und dann, eines Tages, fiel die letzte Wandertaube und die Spezies war ausgestorben.

Ein einziger Jude in Cham. Es ging mir nicht aus dem Kopf. Bald nach meiner Ankunft im empfohlenen Gasthaus fand ich den Namen im Telefonbuch und wählte die Nummer von Max Weißglas. Eine Frau meldete sich und ich redete einfach los, ohne lange zu überlegen:

»Guten Abend. Ich bin zu Besuch hier aus Kanada. Meine Mutter ist aus Cham und meine Großeltern haben hier gelebt. Sie waren Juden. Ich habe eine Frau im Reisebüro beim Bahnhof nach einem Gasthaus gefragt und sie hat mir dabei auch den Namen Max Weißglas gegeben und hat gesagt, er sei der einzige Jude in ganz Cham. Ich möchte ihn gerne kennenlernen, aber ich bin nur bis morgen hier. Wäre es möglich?«

Wieder ein langes Schweigen. Nichts zu hören außer dem Klopfen meines Herzens. Endlich seufzte die Frau tief und sagte, ich solle am Morgen wieder anrufen. Um acht Uhr früh.

Am nächsten Morgen war wieder die Frau am Telefon.

»Was haben Sie für heute geplant?«

»Ich will ein bisschen zu Fuß durch Cham gehen, aber der Ort scheint ziemlich klein zu sein. Ich nehme an, ich werde nicht lange dafür brauchen. Weiter habe ich nichts vor. Mein Zug fährt erst spätnachmittags ab. Könnten wir uns vielleicht auf eine Tasse Kaffee treffen?«

»In welchem Gasthaus haben Sie übernachtet?«

»Im Gasthaus ›Zum Weißen Schwan‹. Es ist bei einer Brücke über den Fluss.«

»Ich kenne es. Wir treffen Sie dort um 12 Uhr mittags.«

Es erschien mir sonderbar, dass Max nicht ans Telefon kam und dass die Frau alles arrangierte, aber ich sagte zu.

Meine Erkundung von Cham dauerte wirklich nur kurze Zeit. Ein großer Stadtplatz bildet den Mittelpunkt und ein Wasserspiel die

Hauptattraktion des Platzes. Auf der Tafel las ich, dies sei der »Hexenbrunnen«. Ich empfand die Bronzefiguren als bedrohlich. Sie halten peitschenähnliche Objekte in den Händen und laufen Bauern nach, als ob sie diese schlagen wollten. Ich fand den Hexenbrunnen lästig und störend. Der moderne Stil des Brunnens (1995 aufgestellt) passt nicht zu dem schönen alten Platz. Außerdem sträuben sich einer Feministin wie mir die Haare, wenn man versucht, vermeintlichen Hexen die Schuld an allen Übeln dieser Welt in die Schuhe zu schieben.

Der Brunnen weckte in mir noch eine andere Empfindung: Versucht die Stadt Cham ihre Mitschuld an der Ermordung jüdischer Einwohner einerseits wegzuwaschen und andererseits den Hexen anzulasten?

Die tiefe Stimme des Gewissens wohnt nicht weit entfernt. Die Kirche mit ihrem Zwiebelturm beherrscht zugleich Zeit und Ort. Ihre schwere Bronzeglocke schweigt selten. Ihr Läuten erinnert an die vorbeigehende Zeit und zugleich an die Sterblichkeit des Menschen. Für mich war jeder Schlag der Glocke der Name eines Juden, den die Einwohner von Cham dem Tod übergeben hatten.

Gegenüber der Kirche steht ein bescheidenes Gebäude, ordentlich, wie es sich wohl für ein Rathaus gehört. Dazwischen gibt es kleine Läden, eine Bank und mehrere Cafés. Ihre bunten Tischtücher wirkten freundlich, aber nur wenige Gäste genossen in der Morgensonne eine Tasse Kaffee.

Mit Gedanken an meine Mutter wanderte ich missmutig den Fluss Regen entlang. Wie oft hatte sich meine Mutter über den üblichen erzwungenen Sonntagsspaziergang beschwert! Wie gerne hätten sie und Anny gespielt, anstatt gemächlich neben ihren Eltern herzuschlendern und bürgerliche Wohlanständigkeit zur Schau zu tragen. Ich starrte auf das mittelalterliche Biertor und fragte mich, warum meine Mutter diese Besonderheit nie erwähnt hatte. Ich ging am Kloster vorbei und an der Schule, in der Anny und Gretl einst auf harten Schulbänken saßen, während strenge katholische Nonnen ihnen mit dem ABC auch Disziplin beibrachten. In der Nähe des Klosters fand ich die kurze Geschäftsstraße mit der Adresse, die mir meine Mutter gegeben hatte: Fuhrmannstraße, Nummer 11.

Nummer 11 war nirgends zu finden. Auf dieser kurzen Straße, wo jedes Geschäft noch steht, wo die Straße ganz dem Bild ähnelt, das bei meiner Mutter an der Wand hing, schien nur ein Gebäude verschwunden zu sein. Nicht umgebaut, nicht modernisiert, sondern verschwunden. Wo ich Nummer 11 suchte, stand eine große Tafel: »Frey Passage.« »Frey« ist der Name eines kleinen Kaufhauses auf der nächsten Straße, aber weil es wie »frei« klingt, fand ich die Tafel doppelt ironisch. Der Platz ist frei: man kann ihn nehmen und er kostet nichts. Es gibt keine Hindernisse, weil weder der Jude noch sein Gebäude im Weg stehen.

Ich nahm meinen Fotoapparat und machte Aufnahmen von allen Seiten. Ich ging in der Straße auf und ab und dachte nach, was ich jetzt tun sollte. Eine Metzgerei vis-à-vis erinnerte mich an meine Tante Anny, die immer den Geruch von frischer Wurst liebte. Als Kind hatte sie so große Lust auf Wurst, aber sie durfte sie nicht essen, weil ihre Eltern einen koscheren Haushalt führten. Ich ging in den Laden, aber er war ganz neu und trug den Namen einer Kette. Die Angestellten waren alle jung, daher wäre das Fragen zwecklos gewesen.

Ich ging die Straße weiter hinauf und betrat ein rauchiges Restaurant, wo schon mehrere alte Männer bei Bier und Mittagessen saßen. Ich fragte den Wirt hinter der Theke, ob einer dieser Männer schon sehr lange hier wohnte und vielleicht meine Familie gekannt hatte. Er erkundigte sich bei den Gästen am Tisch und kam mit einer Antwort zurück: Schräg über die Straße, oberhalb einer Bäckerei wohnte ein Ehepaar, das schon lange vor der Kriegszeit in Cham gelebt habe. Er versicherte mir, dass sie ganz bestimmt meine Großeltern gekannt hatten.

Ich klingelte erwartungsvoll und meldete mich durch die Gegensprechanlage: die Enkelin von Max Grünhut. Schon durch die Sprechanlage spürte ich die Zurückhaltung. Eine ältere Frau mit einer Schürze über ihrem Hauskleid öffnete die Tür. Ohne mich zu begrüßen, drehte sie sich um und stieg die Treppe hinauf.

Wortlos folgte ich ihr und kam in eine Küche, wo ein alter Mann in einer Hand einen Kaffeebecher und in der anderen eine Zigarette hielt. Weder stand er auf, noch reichte er mir die Hand zum Gruß. Er bot mir keinen Stuhl an. Seine Frau fragte nicht, ob ich einen Kaffee wolle. Sie ging stillschweigend zu der Küchenspüle und wandte mir den Rücken zu. Ich verstand sofort: Ich war nicht willkommen.

Der Mann sagte gleich, dass er nichts wüsste. Ja, es habe einmal einen Grünhut gegeben, der einen Laden auf der Fuhrmannstraße gehabt habe, aber er habe ihn nie gekannt und er wisse nicht, was mit ihm passiert sei. Sie hätten zwar in der gleichen Straße gewohnt, aber seine Frau habe die Frau Grünhut nicht gekannt und ihre Kinder hätten weder meine Mutter noch ihre Schwester Anny gekannt. Mir blieb die Spucke weg. Woher kannte er diesen Namen? Ich hatte meine Tante nicht erwähnt. Ich machte einen Schritt zurück, murmelte meinen Dank und ging.

Ich hatte noch den schlechten Nachgeschmack im Mund von diesem vorsätzlichen Vergessen der Vergangenheit, als ich in mein Zimmer zurückkkam. Schnell packte ich meine paar Sachen ein. Ich wollte nur noch Max Weißglas treffen und hatte die Absicht, dann so rasch wie möglich Cham hinter mir zu lassen. Mit dem Rollkoffer rumpelte ich die Treppe hinunter in das kleine Empfangszimmer. Eine gut gekleidete Frau mittleren Alters kam mir entgegen, die Hände ausgestreckt.

»Frau Wilkes? Melanie Weißglas.«

Sie gefiel mir gleich. Ihre Art war herzlich und einladend und zeigte keine Spur der Zurückhaltung, die ich am Telefon zu spüren geglaubt hatte.

»Möchten Sie Ihren Koffer in unserem Wagen lassen? Wir hatten die Absicht, Sie herumzuführen, und Ihnen so viel wie möglich von Cham zu zeigen. Ich habe schon vor einiger Zeit einen Stadtplan gekauft und darauf alle Wohnungen und Geschäfte von den früheren Juden in Cham eingetragen. Ich habe den Stadtplan mitgebracht, mein Mann wartet im Auto auf uns.«

Weil Melanie ihn so beschirmte, erwartete ich entweder einen gebrechlichen alten Mann oder jemanden mit einer körperlichen Behinderung. Doch der Herr, der mich begrüßte, brauchte keine Hilfe. Er stand stolz und fesch vor einem dunklen Wagen. Sein Anzug passte perfekt, seine Krawatte war so gerade wie seine Haltung und sein gebügeltes Hemd makellos. Sein Lächeln war offen und aufrichtig, als er mir die Hand reichte und mich in meiner »Heimatstadt« willkommen hieß.

Fragen purzelten mir nur so aus dem Mund. Melanie setzte sich an das Lenkrad und schlug vor, dass wir während der Fahrt weitersprechen, sonst hätten wir nämlich keine Chance, den Parkplatz je zu verlassen.

»Sind Sie aus Cham? Haben Sie meine Großeltern gekannt?«

»Nein. Ich bin nicht von hier. Ich bin in Polen geboren und kam erst nach dem Krieg hierher. Nach den Konzentrationslagern. Ich habe mehrere Lager überlebt. Ich war nur ein Junge, als sie mich weggenommen haben. Meine ganze Familie habe ich verloren. Alle. Ich weiß nicht, wie ich es überlebt habe. Oder warum.«

»Ach! Das tut mir so leid. Und Melanie?«

»Nein. Melanie ist keine Jüdin. Melanie ist mein Retter. Sie ist mein Engel. Ich habe sie nach dem Krieg in Belgien kennengelernt. Sie war Krankenschwester, und sie half uns armseligen Flüchtlingen, als wir aus den Lagern herauskamen. Ich war gebrochen. Verhungert, erschrocken, hilflos wie ein Baby. Melanie gab mir meine Gesundheit und meine Würde. Dann erquickte sie meine Seele. Sie hat aus mir einen ›Menschen‹ gemacht. Verstehen Sie das Wort?«

»Sicherlich! Es enthält die besten Eigenschaften, auf die wir alle Wert legen möchten. Für mich ist ein Mensch mehr als eine anständige Person mit bewundernswerten Eigenschaften. Ein Mensch besitzt Weisheit und Rechtschaffenheit, die aus dem Herzen kommen. Eine mitfühlende Person. Es dauert ein Leben lang, diesen wesentlichen Teil des Seins zu lernen.«

Hatte ich das Recht verdient, mich Mensch zu nennen? Melanie hatte bestimmt Anspruch darauf und mein Instinkt sagte mir, dass auch Max dieser Bezeichnung würdig war.

»Aber Max, warum sind Sie nach Cham übersiedelt?«

»Melanies Familie wohnte in der Nähe. Nach Polen konnte ich nicht zurück. Dort hatte ich niemanden. Meine ganze Familie war ausgerottet. Ich hatte keine Heimat mehr, so kamen wir hierher.«

»Mit nichts frisch anfangen, das muss schwer gewesen sein.«

»Ich habe einen kleinen Laden aufgemacht und langsam, mit der Zeit, haben wir uns eine Existenz und ein Leben aufgebaut. Wir haben eine Tochter. Sie lebt in Griechenland, und jetzt haben wir sogar ein Enkelkind.«

»Wunderbar! Sie sollten sehr stolz darauf sein.«

»Das Lob gebührt Melanie. Sie hat an mich geglaubt und hat mir geholfen, an mich selbst zu glauben und an das Leben zu glauben.«

Melanie chauffierte uns, ein Auge auf der Straße und eins auf ihrem Stapel Papier.

»Hat Ihre Mutter je von einer Familie Schwarz gesprochen?«

»Ja, ganz bestimmt. Meine Mutter ist mit den Schwarz-Buben aufgewachsen, und ich entsinne mich, dass Anny später ein Auge auf einen der Söhne der Schwarzens geworfen hatte.«

»Dort ist ihr Haus. Das rote Ziegelhaus mit gelben Blumen. Hat ihre Mutter auch die Fischers gekannt?«

»Ja, natürlich. Die Martha Fischer war ihre beste Freundin. Sie hat geheiratet und ist nach New York gezogen. Sie kam einmal zu uns auf die Farm. Ich erinnere mich daran, weil Martha dicklich war, und sie hatte dunkles Haar, sogar einen Flaum über ihren Lippen, und doch vergötterte ihr Mann sie. Er war groß und fesch, und meine Mutter behauptete, er habe sie nur ihres Vermögens wegen geheiratet. Ich war entsetzt, dass meine Mutter so etwas über ihre beste Freundin sagte.«

Und so plauderten wir und erinnerten uns, sprachen ganz ungezwungen miteinander, während Melanie auf und ab durch die Straßen kurvte. Ich äußerte Empörung, als wir in die Judengasse kamen, aber für Max und Melanie schien dieser Name nicht anstößig zu sein. Wenn man so viel mitgemacht hat, erscheint vielleicht ein alter Straßenname weniger beleidigend.

Als ich sie noch auf einen Kaffee einlud, sahen Max und Melanie sich gegenseitig an. Melanie schlug vor, zu ihnen zu gehen. Sie wollten mir ihr Haus zeigen und einen kleinen Imbiss anbieten.

Das Haus stand hoch oben auf einem Berg, etwas außerhalb der Stadt. Ein modernes Einfamilienhaus, von Blumen und Grün umgeben. Was mich erstaunte, als sie die Tür aufschloss, war, dass der Tisch schon für drei Personen gedeckt war. Offensichtlich hatten sie schon geplant, mich einzuladen.

Ihre unglaubliche Gastfreundschaft einer fremden Person gegenüber hat mich tief berührt. Melanie sagte gleich, dies sei ein Anlass zum Feiern, und ging in die Küche, um eine Flasche Wein zu holen. Ich versuchte, meine Gedanken und Gefühle zu äußern. Ich war mir nur meiner Dreistigkeit bewusst gewesen. Angerufen hatte ich in erster Linie wegen meiner Einsamkeit in dieser Stadt, die einst von der Familie und den Freunden meiner Mutter bewohnt war. Stattdessen fühlten sich Max und Melanie geehrt, dass ich sie aufgesucht hatte. In all diesen Jahren seit dem Krieg hatte niemand sie angerufen oder besucht, gerade weil Max der einzige Jude in Cham war. Niemand interessierte sich für seine Erlebnisse. Was einmal gewesen war, wollte niemand in Cham wissen.

Während Melanie sich in der Küche beschäftigte, gewährte mir Max einen kleinen Einblick in seine Erfahrungen. Was er alles mitgemacht hatte, wie er gelitten hatte, und dabei sprach er ja nur über die Spitze des Eisbergs. Später nahm mich Melanie zur Seite und bedankte sich bei mir.

»Er spricht nie davon«, vertraute sie mir an. »Das Aussprechen tut ihm bestimmt gut. Unsere eigene Tochter weiß wenig von seiner Geschichte. Sie weiß nur, dass er im KZ war und dass seine ganze Familie ermordet wurde. Von den Einzelheiten seines Erlebens weiß auch ich wenig. Das Wissen darüber, was passiert ist, wird mit ihm sterben.«

Ich versuchte, Max davon zu überzeugen, dass das ein großer Verlust wäre, furchtbar auf seine eigene Weise, wenn auch anders in Art und Ausmaß. Für mich war der Verlust des Lebens entsetzlich, aber die Erinnerung an die Toten zu verlieren war, wie wenn sie ein zweites Mal ermordet würden. Dieses Bewusstsein ist der Grund für mein Bestreben, den Inhalt der Briefe zu veröffentlichen. Es ist der Kern meiner Versuche, die Vergangenheit zu verstehen.

Die Geschichtsschreibung löscht das Individuum aus. Zu oft zeichnet sie nur das Handeln der Regierungen und die Aktionen des Militärs nach. Einzelne Menschen spielen keine Rolle. Es ist, als wären sie nie gewesen. Aber sie haben gelebt. Sie haben geliebt und gelacht, sie haben geweint und gearbeitet, und dann waren sie weg. Tot. Aber sie waren von Bedeutung, diese ganz gewöhnlichen Leute.

In Friedenszeiten tun wir alles, um ein einziges Leben zu retten. Wir jubeln, wenn der Helikopter einen gestrandeten Wanderer aufnimmt, wenn die Ärzte einen halb toten Patienten beleben, wenn die Rettungskräfte unter den Trümmern graben und doch noch einen Überlebenden bergen können. Wir fragen nicht, ob diese Leute das Leben mehr verdient haben als andere, die durch tragische Ereignisse hinweggefegt wurden. Es ist unsere feste Überzeugung, dass jeder einzelne Mensch wichtig ist. Amerika wird nie die Zerstörung der World-Trade-Towers in New York vergessen. 2001 wurden fast dreitausend Menschenleben ausgelöscht. Wie können wir dann vergessen, dass sich hinter der abstrakten Zahl sechs Millionen ebenso viele Einzelschicksale verbergen? Wie können wir vergessen, dass jeder ermordete Jude ein Individuum war und dass jeder von ihnen wichtig ist?

Max hat mir anvertraut, dass er an keinen Gott glaubt.

»Jude bin ich nicht dem Glauben nach, sondern durch Erfahrung. Die Anderen haben mich zum Juden gemacht.«

Seine Geschichte war in ihn eingebrannt, so wie meine in mich. Zwischen seinem Leiden und meinem Leben gab es keinen Vergleich, aber doch empfanden wir eine starke Verbundenheit.

Ich sah traurig auf die Uhr, da es Zeit war, Auf Wiedersehen zu sagen. Max und Melanie bestanden darauf, mich zum Bahnhof zu begleiten. Wir haben uns wie Familienangehörige umarmt. Ein paar Stunden zuvor hatte ich sie noch nicht gekannt, und den Namen Weißglas hatte ich erst vor einem Tag zum ersten Mal vernommen. Jetzt nahm ich von Cham meinen Abschied mit einem wertvollen Geschenk. Was Max und Melanie mir geboten hatten, das war eine Lektion vom Leben und seinen manchmal verschlungenen Wegen. Max hat mich auch daran erinnert, dass die Vergangenheit immer in uns ist, auch wenn wir sie nicht anerkennen. Sein Leben war für mich ein Beispiel dafür, was es heißt, Mensch zu sein, und wie man Menschlichkeit bewahren soll, auch angesichts des Unvorstellbaren.

7. Kapitel

Meine Onkel und Tanten

Erst als ich zurück in Kanada war, wurde mir klar, wie tief mich die Reise nach Deutschland und die erneuerte Verbindung mit Tini berührt hatten. Zu meiner Überraschung war ein Brief von Erni der zündende Funke für diese Erkenntnis.

Drei Wochen lang lag der Brief ungeöffnet bei mir auf dem Küchentisch. Manchmal schob ich ihn in die Schublade zu den noch unbezahlten Rechnungen. Manchmal griff ich nach ihm und legte ihn neben das Telefon. Jedes Mal, wenn es klingelte, jedes Mal, wenn ich in die Küche kam, sah ich den Brief, der mich an alles erinnerte, woran ich nicht denken wollte. Manchmal nahm ich den Brief in die Hand und untersuchte die kleinsten Einzelheiten des Umschlags: die Ränder der Marken, die sich langsam vom blauen Luftpostpapier ablösten; die blassen Fettflecken, die der Umschlag bei seinen Wanderungen in der Küche angenommen hatte. Oft hielt ich den Brief einfach in der Hand und fragte mich, was er wohl enthalten könnte. Das brachte ich fertig. Aber ich brachte es nicht über mich, ihn zu öffnen.

Dann kam der Tag, der sich in nichts von anderen unterschied, ein grauer, verregneter Wintertag. Ehe ich mich anders besinnen konnte, nahm ich das Brotmesser und mit der langen Klinge schlitzte ich schnell den Brief auf. Meine Hände zitterten, als ich anfing, die Zeilen zu lesen.

Vielleicht werden wir einmal zusammen spazieren gehen in diesen alten Wäldern unserer gemeinsamen Heimat. Ich glaube, für das Wort Heimat gibt es keine Mehrzahl. Doch für mich gibt es zwei Heimaten. Ich liebe das alte, verschlafene Böhmen, aber heutzutage bin ich froh, Deutschland als meine Heimat zu erkennen. Die von Dir ausgewählte Großstadt gehört zu den schönsten der Welt, und Rudi hat schon viele illustrierte Bücher von der Bibliothek geholt, damit wir uns Vancouver besser vorstellen können.

Unsere Wurzeln sind verbunden, aber unsere Äste strecken sich über verschiedene Gärten, und wenn gelegentlich ein kleiner Apfel in der Form eines Gedankens, eines Grußes oder eines Besuches von Deinem Ast in meinen Garten fällt, werde ich mich immer freuen. Dass Du lebst, ist ein Glück!

Dass Du lebst, ist ein Glück! Beruhigende Worte für jeden Leser, Worte, die mir dort am Küchentisch eine besondere Ruhe und tiefe Dankbarkeit brachten. Wie nie zuvor wurde mir bewusst, dass ich am Leben bin und so viele, viele andere nicht.

Warum wurde ausgerechnet ich über das Meer gebracht und dadurch vor aller Gefahr gerettet? Welche Aufgabe hatte man mir auf dieser Welt zugewiesen? Ich kann es nicht ermessen. Die Fragen sind zu schwierig, das Wunder ist zu groß. Wie ein umherirrender, rastloser Schmetterling suchten meine sich überstürzenden Gedanken einen Ruhepunkt. Es gibt Dinge, an die man denken darf, und andere, die einen an den Rand des Abgrunds bringen. Ein Fehltritt – und man stürzt in die Tiefe.

Seit meiner Reise nach Deutschland stand mir meine Familie so lebhaft vor Augen, dass ich mich manchmal völlig von meinen Freunden zurückzog. Meine Familie nahm mich ganz und gar gefangen und mit frischer Energie vertiefte ich mich in die Entzifferung und Übersetzung der Briefe. Weil Tinis Beschreibung von Tante Else mich so beeindruckt hatte, nahm ich als Erstes die Briefe von Emil und Else Urbach in die Hand. Es war Juli 1939, aber meine Tante schien auf einem anderen Planeten zu wohnen, in einer Welt, in der die Politik keine Bedeutung hatte.

Es ist sonntags meistens Besuch bei uns. Die Kinder freuen sich schon auf die Ferien, Otto will auf vier Wochen in ein Studentenlager gehen, und Marianne möchte auch gerne wegfahren, da sie von hier sehr weit in eine Badeanstalt hat.

Ganz harmlos erschienen mir diese Zeilen, bis mir etwas wieder einfiel, was ich vor vielen Jahren gehört hatte: Zu den allerersten Nazi-

Verordnungen gehörte, dass man den Juden den Besuch aller Bade-anstalten und Freibäder verboten hatte.

Als Kind wusste ich schon von diesem Verbot. Weil ich oft lauschte, wenn die Erwachsenen sich unterhielten, erfuhr ich auch von etwas Vergleichbarem in Kanada. Weil Juden in der Gegend von Toronto häufig der Zutritt zu Schwimmbädern verwehrt wurde, hatte ein rei-cher Jude ein Bad gebaut, wo Juden sich in der drückenden Sommer-hitze erfrischen konnten. Ich sah mich wie mit fremden Augen und wurde mein Schamgefühl nicht los. Obwohl ich mich immer gründlich duschte und die Füße lange in Desinfektionsmittel tauchte, fühlte ich mich doch in jedem Freibad unwohl und wie unter Ansteckungsgefahr.

Dieses Schamgefühl wurde noch stärker, als wir zum ersten Mal in Kanada in Urlaub fuhren. Voll freudiger Erwartung luden wir Koffer und Tüten in das Auto, unser erstes Nachkriegs-Luxusstück, und stolz chauffierte uns mein Vater in nördlicher Richtung zu un-serem Urlaubsziel. Dort sah ich die Plakate mit der groß gedruckten Aufschrift: »Keine Hunde oder Juden erlaubt.« Erst 1954 – da war ich schon in meinem zweiten Jahr an der Universität – änderte der Staat Ontario das Gesetz, und die Schilder in den Hotels und Bade-anstalten verschwanden.

Es erleichtert mich beinahe, meine Erinnerungen an Vorurteile und Rassismus, die ich hier in Kanada selbst erlebte, beiseite schie-ben zu können und mich an Elses Gleichmut zu erfreuen. Sie beklagt sich über nichts. Was das Leben ihr bringt, das nimmt sie ruhig an.

Bei uns gibt es heuer keine Sommerfrische. Wir haben es hier ja nicht nötig, sitzen im Garten, wenn uns dazu Zeit bleibt. Zu tun gibt es immer genug, einmal Wäsche, dann räumen, stricken u.s.w. Eine Woche ist um, ehe man es für möglich hält.

Doch klingt irgendetwas in ihren Zeilen falsch. Wenn beide Kinder in den Sommerferien weg sind, warum hat sie kaum Zeit, im Garten zu sitzen? Selbst die fleißigste Hausfrau kann nicht die ganze Wo-che mit Waschen und Aufräumen verbringen. Was verschweigt uns Else? Was verbirgt sie uns?

Ich nehme ihren nächsten Brief aus der Schachtel. Das Datum ist August 1939, nur wenige Wochen oder sogar nur Tage vor dem Ausbruch des Krieges, aber der Brief zeigt dieselbe Gelassenheit und verrät keinerlei Ängstlichkeit.

Meine Lieben,

Eure letzten, ausführlichen Berichte haben uns wirklich alle riesig erfreut und entnehmen wir denselben, dass Ihr trotz aller schweren Arbeit gesund und guter Laune seid. Wir wünschen Euch herzlich, es möge auch weiterhin so bleiben und dass Ihr bei allen Unternehmungen Glück haben werdet.

Besonders freuen wir uns darüber, dass es Euch gesundheitlich gut geht, und Helly sich so gut in das neue Leben eingefunden hat. Ich kann mir vorstellen, dass sie der Liebling aller ist und verwöhnt und beschenkt wird. Wie gerne möchten wir persönlich Euer neues Heim besichtigen und Euch ein bisserl beim Einrichten helfen, aber leider können wir es nur im Geiste tun. Es ist sicher ein schönes Empfinden, zu beobachten wie auf der eigenen Scholle alles wächst und gedeiht, was man mit eigenen Händen gesät und gepflanzt hat. Gott gebe, dass Eure erste Ernte nach Wunsch ausfallen möge.

Wenn ich mir Dich, l. Edi, als Junker vorstellen soll, muss ich mich gewaltig anstrengen. Wer hätte gedacht, was aus Dir noch werden wird? Auch Du, l. Gretl, entwickelst Dich fabelhaft rasch zur Bäuerin. Alle Achtung! Es scheint wirklich wahr zu sein, dass mit den Pflichten auch die Kräfte wachsen.

Wir sind seit vierzehn Tagen »kinderlos«. Marianne ist bei einer Freundin in der Nähe von Melnik. Wir haben sie Sonntag dort besucht. Sie sieht sehr gut aus, geht zweimal in der Woche tanzen und hat schon einem Lehrling und einem jungen Fleischhauer das Herz gebrochen. Sie geniesst auf dem Dorf in den paar Wochen mehr als hier in Prag, und alle sind sehr lieb zu ihr. Otto ist in einem Lager in Vondorf bei Budweis. Er ist sehr zufrieden und wird die l. Eltern aufsuchen.

Emil freut sich sehr, dass die Bücher angekommen sind und sendet Euch wieder etwas über Rinderzucht. Ich habe jetzt für Dorli zwei Kleiderln gestrickt, aber es geht sehr langsam, da ich doch we-

niger Zeit habe als früher. Dorli ist im wahrsten Sinne des Wortes
»goldig«, besonders wenn sie kein Hoserl an hat und mit Händen
und Füssen im »Gelben« herum rutscht. Wir stecken sie ins Wasch-
becken und ist alles wieder geruchlos.

Also bleibet weiter alle recht gesund und seid vielmals geküsst
von Eurer Else.

Elses Neigung, alles positiv zu sehen und zu empfinden, brachte eine
Saite in mir zum Schwingen. Wie oft sage ich mir, dass ich dem Leben mit einem Lächeln begegnen muss, auch wenn mir das Herz
blutet. Wenn das Leben mir saure Zitronen gibt, sage ich mir: »Jetzt
musst du Limonade daraus machen.« Manchmal hilft auch das andere universale Heilmittel, Hühnersuppe. Obgleich ich weiß, dass
die Wunde tief ist, suche ich nach einem einfachen Wundpflaster.
Zuweilen haben wir nichts Besseres.

Else hatte Wundpflaster in allen Größen. Sie verteilte sie großzü-
gig an Familie und Freunde. Sie schickte welche an meine Eltern in
Form aufmunternder Briefe. Ihre Liebe war grenzenlos. Else sprang
förmlich in mein Leben und sie stand im Brennpunkt meiner Gedanken. Sie wurde für mich sowohl die Frau, die ich gern gewesen
wäre, als auch das Vorbild, das mir immer gefehlt hatte. Ich wollte so
warmherzig sein wie Else. Ich beneidete sie um ihre Empfindsam-
keit und um ihr Feingefühl. Mein Verlangen, ihr zu ähneln, wurde
immer stärker.

***

In scharfem Gegensatz zu Elses wohltuenden Briefen stehen die be-
unruhigenden Zeilen von Martha und Emil Fränkel. Im Sommer
1939 schreibt Emil offenherzig von seinen Erfahrungen. Schon im
Juni hatte er meinem Vater mahnende Worte geschickt: *Mein lieber*
Edi, bei so einer Zeit genügen keine Worte; nur Taten sind maßgebend.
In Emils Augen hatte mein Vater versäumt zu handeln.

Natürlich weiß Emil ganz genau, dass wir erst kürzlich in Kanada
angekommen sind, und zwar ohne Geld und ohne Englischkennt-

nisse, und deswegen entschuldigt er sich, ohne aber etwas an seiner Haltung zu ändern. Er ist in einer sehr schwierigen Lage. Er tut, was er kann, um die Eltern meiner Mutter und dann seine eigene kleine Familie nach Kanada zu bringen. Die kanadische Regierung hat der CPR uneingeschränkte Vollmacht gegeben, und deren Vertreter spielen jetzt mit Emil Katz und Maus.

Es hat mich direkt gerißen, als ich hörte wie dringend Ihr mich dort brauchen könntet, ich aber meine Auswanderung nicht beeilen kann und mit einer riesigen Geduld auf die Erledigung warten muss.

Hoffentlich seid Ihr mir wegen meines letzten Schreibens nicht ungehalten. Mein ganzes Wirken im Leben war der Zukunft gewidmet, welches mit einem Schlag ins Wasser gefallen ist und es wird in Kürze bereits ein Jahr, daß ich hier bin, ohne zu wissen, ob ich wenigstens in nächster Zeit das Ziel erreichen kann. Bis heute bin ich von der Canadian ohne Verständigung. Ich war vor einigen Tagen bei Herrn Steiner, der mir sagte, daß die Erledigung noch nicht eingetroffen ist und ich muss noch eine Zeit warten.

Ich mache mir schon heute grosse Sorgen für den Fall, dass mir die Canadian die Zustimmung gibt, da diese die Bedingung der 1000 Dollar beinhalten muss, die man hier aber heute kaum bekommen wird. Es wäre gut l. Edi, wenn Du Dich dort erkundigen möchtest, ob es möglich ist, daß die Verwandten für den Einwanderer den Betrag erlegen. Viele Bekannte haben hier von der Canadian die Bewilligung zur Einreise und können wegen der Valuta nicht fort.

Grosse Sorgen machen mir die l. Schwiegereltern, die noch immer auf den Ausreise-Stempel warten. Sie sind beide, was mich nicht wundert, sehr niedergeschlagen und ich bemühe mich sie ständig aufzurichten. Die Papiere für das Lift hatte ich fast alle beisammen, nun gestern erfuhr ich, daß sie alle hinfällig sind.

Warum waren die Papiere meiner Großeltern plötzlich alle hinfällig? Wollte da vielleicht irgendein gelangweilter Aktenkrämer seine Macht ausspielen? Anscheinend waren solche Vorgänge Teil des bürokratischen Irrsinns, dem die in Prag lebenden Juden im Alltag ausgesetzt waren. Außer den haushohen Papierstößen, die für das Einreisevisum nötig waren, musste man noch eine Menge weiterer Unterlagen ausfüllen, oft bis zu zwanzig verschiedene Formulare in einem Paket, und für jedes Formblatt wurde verlangt, dass es mit der Maschine geschrieben war und sechs gut leserliche Durchschläge beilagen. Der angehende Immigrant würde sich beeilen, alles zu besorgen: aktuelle Passbilder, Geburtsurkunden und amtliche Heiratsurkunden, polizeiliches Führungszeugnis, nicht älter als sechs Wochen, Nachweis der Staatsangehörigkeit und des Wohnsitzes, Bestätigungen für die Entrichtung der Steuern in Form amtlich beglaubigter Belege des Finanzministeriums. Der Immigrant musste auch Listen von allem Besitz und allen Habseligkeiten aufstellen. Manche – wie Juwelen und Grundstücke – musste man sofort übergeben, andere – wie Kleidungsstücke, Möbel, Haushaltsartikel und Bücher – mussten erst geschätzt und mit hundert Prozent ihres Wertes versteuert werden, falls man sie ins Ausland mitnehmen wollte. Die Stimmung von Angst und Schrecken und der Zeitdruck wurden noch weiter gesteigert durch Ankündigungen, dass Visa und Aufenthaltserlaubnis nach Ablauf einer bestimmten Frist nicht erneuerbar wären.

Wie meine Großeltern war Emil in Prag nur vorübergehend aufenthaltsberechtigt. Wie viel Kraft muss es ihn gekostet haben, sich zu beherrschen und Herrn Steiner nicht am Kragen zu packen, wenn dieser hinter seinem Schreibtisch hervor Geduld predigte! Steiner wird gewusst haben, dass Kanada kein Einreisevisum für Emil ausgestellt hatte und dass Kanada auch nie eins ausstellen würde, weil Juden in Kanada unerwünscht waren. Premierminister Mackenzie King war überzeugt davon, dass das Land zugrunde ginge, wenn eine große Zahl von Juden einwandern würde.[3]

Irgendwie gelingt es Emil tatsächlich, sich weiter in Geduld zu üben, wie Herr Steiner es ihm anempfohlen hat. Er nutzt die Zeit, um ein neues Handwerk zu lernen. Er wird Schuhmacher. Er besucht nicht nur einen entsprechenden Kurs, sondern geht wirklich zu einem Schuster in die Lehre und wird von diesem ob seiner Fortschritte gelobt.

---

3 Irving Abella/Harold Troper: *None Is Too Many. Canada and the Jews of Europe, 1933–1948.* Toronto 1983, S. 17.

Ich brüte lange über dem Rätsel »Emil«, der die ersten Vorboten des Unheils kommen sah und im Handwerk des Schuhmachers die Antwort darauf fand. War Emil – wie Shakespeares Hamlet – erstarrt in Tatenlosigkeit, weil er fürchtete, unüberlegt zu handeln? Manche Menschen waren schon bis nach Schanghai oder Südafrika geflüchtet. Manche hatten Palästina erreicht, obwohl die britische Mandatsmacht die Judenimmigration drastisch eingeschränkt hatte. Hatten ihn seine Entschlossenheit, die Familie zusammenzuhalten, und sein Wunsch, zu uns nach Kanada zu kommen, blind gegenüber anderen Möglichkeiten gemacht?

***

Marthas Brief, zwischen Hoffnung und Verzweiflung schwankend, wirkt chaotisch, zusammenhangslos und unsicher. Eben ist sie noch beim Kofferpacken, im nächsten Moment hat sie Zweifel an dem geplanten Wiedersehen in Kanada.

Meine Lieben,
Am Montag Abend brachte uns der l. Arnold Euren lieben, letzten Brief. Da gab es eine große, gewaltige Freude im Haus. Ich muß Euch die Wahrheit sagen, ich verbrachte eine schlaflose Nacht. Ich sah Euch wie stets alle vor mir und durchdachte alle Details Eures Berichtes. Emil und ich bekamen solchen Appetit um Euch mitzuhelfen, dass wir am liebsten zu Euch geflogen wären.
Was uns sehr leid tut, das ist, daß wir Euch mit unseren vorletzten Zeilen so gedrückt haben. Wir bitten Euch dieserhalb vielmals um Entschuldigung und uns ja nicht ungehalten zu sein, aber Ihr könnt Euch vielleicht denken, in welcher verzweifelten Lage wir sind. Es gibt eben Tage in welchen man ganz mutlos wird, wenn so gar kein Ausblick vorhanden ist. Ich entsinne mich, dass es Dir l. Gretelein und l. Edi oft so ging, wenn man noch so stark sein will. Nun, sind wir ja hoffentlich schon um einen Schritt weiter und wollen auf Gott vertrauen und warten.

Bis dato bekamen wir von der CANADIAN noch keine weitere Verständigung. Wenn nur der l. Gott gibt, daß wir alle gesund bleiben und das Glück haben zu Euch zu kommen, die Arbeit soll uns nie zu viel werden.

Unsere wichtigste Sorge schon seit langem und unser dringendster Wunsch ist, daß die l. Eltern bald zu Euch kommen. Zuerst hatten sie keine »Pässe«, dann bekam man überhaupt keine Stempel, jetzt bemühen sie sich sehr darum und hoffen wir doch auf Erfolg. Liebe Anny, sei versichert, daß der l. Emil sein bestmögliches für die l. Eltern tut, aber es ging leider nicht rascher.

Sobald sie den Stempel haben, sollen sie gleich wegfahren. Wir hoffen doch, dass es D. Franz auch gelingen wird, diese Woche unsere zwei Lifts abzusenden.

Ilserle ist recht ein braves Mäderl. Sie freut sich schon riesig auf die l. Helly und kann sich an ihrem Bild nicht genug satt sehen. Wir schicken Dir alle viel Tausend Bussi und schreibe uns bald, l. Helly, was wir Dir Schönes mitbringen sollen.

Die Tatsache, dass Ilserl sich so auf mich freute, beweist, wie sehr Martha und Emil in der Hoffnung auf ein Wiedersehen lebten. Nie hätten sie Ilserl in ihrer Zuversicht bestärkt, wenn sie sich nicht selbst daran geklammert hätten.

Die übrigen Zeilen von Marthas Brief erscheinen vollkommen wirr. Sie springt von einem Thema zum anderen: Dorli hat gerade Tomatensaft mit Zucker getrunken. Bekannte emigrieren nach Australien. Sollen wir ein Käserezept suchen und mitbringen?

Wie groß muss die Aufregung auf beiden Seiten des Atlantischen Ozeans gewesen sein! Nicht nur die Grünhut-Eltern standen für die sofortige Abreise bereit, sondern auch die Fränkels. Die Koffer waren gepackt und alle erwarteten, innerhalb weniger Tage nach Kanada aufzubrechen.

Martha macht den Eindruck, dass sie ihren Brief nur ungern beendet. Alle hat sie schon grüßen lassen, und doch fügt sie noch eine Nachschrift hinzu.

Der l. Emil schreibt Euch wahrscheinlich noch diese Woche. Ist von Hertha immer noch kein Bericht? Was ist mit dem Affidavit?

Hertha, der Name der New Yorker Cousine meines Vaters, rief alte Erinnerungen wach. Als wir noch auf der Farm waren, kam ab und zu ein Paket mit Geschenken nur für mich. Einmal schickte sie ein braunes Samtkleid, das ihrer Tochter zu klein geworden war. Ich erinnere mich nicht, es je getragen zu haben. In einem anderen Paket war eine Puppe, deren Porzellangesicht und schlappe Gliedmaßen jedoch nie meine Mutterliebe weckten.

Doch manche von Herthas Päckchen enthielten Geschenke, die mir eine neue Welt eröffneten: Bücher! Meine ersten Bücher! Ich habe sie alle nicht nur einmal gelesen, sondern mehrmals.

»Pollyanna«, »Die Bobbsey-Zwillinge«, »Nancy Drew«. Im Sommer kletterte ich vorsichtig mit einem meiner geliebten Bücher auf den Ast einer Weide am Bach. Im Winter las ich zur Schlafenszeit bei Taschenlampenlicht unter der Bettdecke.

***

Nicht einmal zwei Wochen später schreiben die Fränkels wieder. Martha behauptet, sie wolle sich für die Fotos, die wir an die Eltern geschickt hatten, bedanken, aber ihr Brief ist ein einziger verzweifelter Hilferuf. Die endlosen Verzögerungen sind unerträglich. Den Grünhut-Eltern hat man zwar zugesichert, dass sie innerhalb einiger Tage die Ausreisebewilligung bekommen würden, aber für die Fränkels gibt es nichts. Der Vertreter der CPR in Prag sagt, es liege an Ottawa, und Ottawa hüllt sich in Schweigen. Keiner übernimmt die Verantwortung.

Wie viel und viel denken wir an Euch und wie gerne würden wir Euch helfen. Doch leider warten wir von Tag zu Tag auf eine Nachricht der Canadian, und immer vergebens. Es sind am Samstag schon sechs Wochen seit Emil beim Herr Hornath war und seither ist keine Verständigung.

Der l. Arnold sagte mir dass nur bis Mitte Oktober die Schiffe verkehren, so wissen wir nicht, was da werden wird. So seid bitte uns nicht böse, wenn ich Euch vielmals ersuche, beim Herr Colley, sowie bei Herrn Dr. Lustig wieder vorzusprechen, wie unsere Sache wirklich steht. Wenn wir auch unsere ganze Geduld zusammenraffen, so dauert es doch alles sehr lange. Was Eure l. Eltern anbetrifft, hoffen wir ganz bestimmt, daß sie nächste Woche den Stempel bekommen. Der l. Emil war gestern den ganzen Tag bei ihnen und bereitet schon verschiedenes zur Reise vor.

Es ist jetzt hier seit drei Tagen eine Auswanderungszentrale gegründet worden, wo man einen gewaltigen Stoß Formalitäten erledigen muß, um dann endlich mit einem Koffer abfahren zu können.

Die l. Eltern und Emil bemühen sich jetzt sehr um die Ausreise für sie und hoffen wir zum l. Gott, daß sie bald gesund in Eurem Heim sind. Der l. Emil nimmt seinen ganzen Vorrat an Geduld zusammen, denn Ihr könnt Euch denken, wie den l. Eltern zu Mute ist, wenn sie wegfahren müßen. Doch heute sind Tausende Menschen froh, wenn sie nur weg können, deshalb darf man nicht klagen. Wenn sie nur gesund bei Euch sind, wird alles wieder recht werden.

Emil war wieder bei Herrn Steiner, derselbe sagte, daß unser Act in Ottawa rascher erledigt werden soll. Wir sind an vielen Tagen ganz gebrochen. Das lange unbestimmte Warten zermürbt sehr. Wir haben schon so viel hinter uns, daß man aus Eisen sein müßte, um allem Stand zu halten. Wenn nur irgend ein Ausweg wäre!

In seinem Teil des Briefes kommt Emil direkt zur Sache.

Diese Woche war ich wieder einmal mit den l. Eltern so richtig beschäftigt. Das sind für mich die schönsten Tage. Wir haben sämtliche Sachen zur Mitnahme vorbereitet, in einem Verzeichnis mit dem Wert der einzelnen Sachen aufgenommen und mit zwanzig diversen Formularen pro Auswanderer ausgefüllt. Die schriftlichen Arbeiten dauerten fast drei Tage, die sich ergebenden Akte wurden heute vom l. Papa der Zentralstelle eingereicht. Man rechnet vom Tage der Einreichung circa acht Tage, die Ausreise erhalten zu können.

Ich habe seinerzeit mit Eurem Lift genug Arbeit gehabt, doch steht es in gar keinem Verhältnis zu den heutigen Schwierigkeiten und Formalitäten.

Wenn alles gut geht und nichts dazwischen kommt, so werden die l. Eltern in zehn Tagen wegfahren können. Sie nehmen nur Hand- und Reisegepäck mit und keine Wäsche, Kleider, Betten usw. Ein Lift kommt vorläufig nicht in Frage.

Solange sich Emil um die Eltern meiner Mutter zu kümmern hatte, konnte er seinem Alltag einen Sinn abgewinnen. Jetzt waren Max und Resl Grünhut kurz davor, abzureisen, und Emil blieb nichts anderes übrig als zu warten.

Ansonsten ist ein Tag wie der andere mit lauter Hoffen auf eine Ausreise. Nur an vielen Tagen verliere ich die Hoffnung, ob für uns auch einmal die glückliche Kunde kommen wird.

8. Kapitel

Meine Großeltern

Während meine Mutter und Tante Anny mit Bangen auf Max und Resls Ankunft warteten, traf der erste Brief von Josef und Fanni, den Eltern meines Vaters, ein. Als ich diesen Brief in der Schachtel meines Vaters fand, war ich sehr aufgeregt. Von ihren eigenen Eltern, deren goldgerahmtes Bild über ihrem Bett hing, hatte meine Mutter oft erzählt, aber über die Eltern meines Vaters wusste ich nichts. Er erzählte nie von ihnen und meine Mutter nur selten.

Meine Mutter sprach von Fanni Waldstein hauptsächlich als von ihrer Schwiegermutter, die sehr gern unerbetene Ratschläge erteilte, und Papa Josef war für sie ein Ladenbesitzer, der nicht viel zu sagen hatte, außer wenn er mit seinen Kunden sprach.

Als Großeltern nahm ich sie kaum wahr. Die uneingestandene Abneigung meiner Mutter war so stark, dass sie deren Handschrift für »unleserlich« erklärte. Erst mit Hilfe einer ehemaligen Universitätskollegin im Fach Deutsch konnte ich alles entziffern und Fanni und Josef traten als Persönlichkeiten klarer hervor.

Mein Vater hatte viel von ihrer hochherzigen Hilfsbereitschaft übernommen. Sie sahen, wie er, das Gute im Menschen und wollten es nicht an Großzügigkeit fehlen lassen. Vor mir nahmen zwei warmherzige Menschen von wacher Intelligenz Gestalt an. Die Kosenamen, die sie für mich hatten, verliehen ihrer Liebe deutlichen Ausdruck. Zweifellos war ihr Interesse an anderen ganz selbstlos, und wenn sie Fehler machten, dann aus Freigiebigkeit. Von ihnen hatte mein Vater gelernt, anderen Menschen mitfühlend und fürsorglich zu begegnen.

Bemerkenswerterweise hatten sie nicht nur ein waches Bewusstsein für das, was gerade vor sich ging, sondern sie waren auch bereit, ihren Schmerz und Abscheu darüber zum Ausdruck zu bringen. Ihre Welt bestand nicht nur aus ihrem Familienkreis, sondern auch aus der Gemeinschaft von Freunden und Nachbarn – Leuten, unter denen sie ein Leben lang gelebt hatten. Ihr mitfühlender Blick auf eine vor ihren Augen zusammenbrechende Welt beeindruckte mich zutiefst.

Rätselhaft an ihrem ersten Brief ist das Datum. Die Handschrift ist vollkommen lesbar: d. 27. Juli, 1938. Doch die Tatsache, dass der Brief an uns in Kanada adressiert ist, bedeutet, dass sie den Brief erst 1939 geschrieben haben können. Vielleicht wollte mein Großvater unbewusst die Zeit zum Stillstand bringen.

Ein weiteres Rätsel ist die Tatsache, dass Papa Waldstein nicht nur seine und Fannis genaue Anschrift wegließ, sondern auch der Ort, in dem der Brief geschrieben wurde, unerwähnt blieb. Der Brief gibt als Absenderadresse »Nähe Budweis« an. Budweis ist ein Ortsname, den ich gut kenne, denn in dieser Stadt wurde ich geboren. Ich hatte oft die Geschichte gehört, wie meine Mutter sich geweigert hatte, im Familienbett zu gebären, auf herkömmliche Weise von einer örtlichen Hebamme und dem alten Dorfarzt versorgt. Nach vielem Hin und Her wurde beschlossen, dass meine Mutter während der letzten Tage ihrer Schwangerschaft bei Freunden der Familie in Budweis wohnen sollte, die sie dann zur rechten Zeit ins Krankenhaus bringen würden.

Ich frage mich oft, ob es dieselben Freunde der Familie waren, bei denen meine Großeltern wohnten, nachdem Hitler das Sudetenland übernommen hatte. In der Bibliothek fand ich eine Landkarte, die die Grenze des Sudetenlandes als äußerst bewegte Linie zeigt, die zickzackförmig das Land umgibt. Nach dem September 1938 lag Strobnitz im von den Nazis besetzten Sudetenland, aber die nur einen Steinwurf entfernte Stadt Budweis gehörte zur Tschechoslowakei, einem freien, unabhängigen Land.

Der Brief meines Großvaters kommt ohne Umschweife zur Sache:

Von Strobnitz nichts Neues. Die Grenzen sind jetzt nicht offen. Ich mache mir keine Hoffnungen mehr, dass man für Haus und Felder was bekommt.

Der Brief enthält zahlreiche Hinweise auf Personen, deren Namen mir unbekannt sind, aber ihre Worte und Taten lassen sie mir wirklich erscheinen. Keiner von ihnen hat freiwillig die Reise ins Unbekannte angetreten, und ich sehe sie, wie sie hilflos und unerbittlich umhergetrieben werden. Eine Familie wird auseinandergezerrt, als der Ehemann in Kalkutta eine Arbeit findet, die es ihm ermöglicht, seine Frau und Kinder nach London zu schicken. Fähige Geschäftsleute werden von ihren arischen Arbeitgebern in »Rente« geschickt. Tüchtige junge Männer, einschließlich der Freunde meines Vaters, erpicht auf Arbeit, werden zum Nichtstun gezwungen. Mein Großvater nennt die Namen dieser Personen, deren Schicksale sich zum ergreifenden Porträt einer Zeit ständig wachsender Ungewissheit verdichten.

Euer l. Schreiben haben wir dieser Tage von Prag erhalten und hat uns selbes grosse Freude gemacht. Die l. Mama hat selben gewiss schon zehnmal für sich gelesen, ferner hat sie selben Goldschmidt und Katz etc. etc. vorgelesen. Alle haben grosse Freude gehabt, dass es Euch gut geht und alles will nach Canada, alle wollen Protektion bei mir haben. Die Leute stellen sich dies leicht vor und wissen die Schwierigkeiten nicht. Sie glauben es mir nicht, wenn ich ihnen sage, dass wir nicht einmal unsere eigenen Verwandten protegieren können.

Wir sind gottlob gesund und geht es uns bis jetzt gut, man muss sich halt in die neuen Verhältnisse hineinfinden. Heute ist in den Zeitungen, dass Leute bis 35 Jahre alt nach England auswandern können, aber über 35 Jahre nur Berufsleute, Ingenieure, Baumeister etc.etc. Professionisten, Kaufleute nicht.

Wir warten sehnsuchtsvoll auf bessere Zeiten? Alles will auswandern, die Möglichkeiten sind aber leider Null.

Hier fängt schon der Schnitt an und sieht man schon Kornmandeln. Wann geht es bei Euch an? Hier sind heuer viel Kirschen zu sehen. Habt Ihr nicht auch Obst bei der Farm? Wie geht es Dir l. Gretl? Hast Du schon Schwielen auf den Händen vor lauter Arbeit und tut dies nicht weh? Und was macht mein l. Hellikind? Mir ist sehr bange nach ihr. Spricht sie nicht mehr vom Opa und Omi? Mit der Zeit wird sie vergessen.

Ihr werdet jetzt in der grossen Hitze viel schwitzen, mach Dir aber l. Edi nicht viel daraus, denn wenn Du hier wärst, müsstest Du auch arbeiten, nur für sich selber ist es leichter wie für Fremde.

Nun weiss ich Euch für heute nichts besonderes zu berichten.
Martha Fried aus Trebitsch wollen auch weg. Für heute, grüsse und
küsse Euch alle herzlichst. Euer Papa.

Als ob es ihm widerstrebte, seinen Brief zu beenden, fügt er eine
Nachschrift hinzu:

Vorige Woche sind wieder einige junge Leute von hier auf Sommer-
frische, auch der Geschäftsführer von F&P.
Nur lasst Euch die viele Arbeit nicht übel ankommen, mit der
Zeit wird alles besser und jeder Anfang ist schwer. Bitte Euch an
die l. Anny und Ludwig besonders an meine l. Helly – ich grüsse
sie bestens.

Ich merke, wie ich mich bei den kleinsten Einzelheiten von Papa
Josefs Brief aufhalte, einschließlich der Tatsache, dass er eine Nachschrift hinzufügt, die ganz besonders mich erwähnt. Ich bin völlig
davon überrascht, wie sehr ich mich plötzlich nach ihnen sehne.
Nicht weniger verblüfft mich seine Ehrlichkeit. Die anderen Familienmitglieder tun in ihren Briefen alle so, als ob es noch Hoffnung
gäbe, ob sie es nun glauben oder nicht. Nur mein Großvater beschreibt die Lage, so wie er sie sieht: nämlich als völlig hoffnungslos.
»Alles will auswandern, die Möglichkeiten sind aber leider Null.«
Zur Hervorhebung streicht er die Zahl durch. Auch macht er un-
missverständlich klar, dass er selbst und Emil Fränkel nicht auf Aufnahme in England zu hoffen brauchten, da Ausreisewillige über 35
nur ins Land gelassen würden, wenn sie keine Geschäftätigkeit
ausüben. Er relativiert sogar seinen einzigen hoffnungsvollen Satz,
»Wir warten sehnsuchtsvoll auf bessere Zeiten?«, indem er am Ende
ein Fragezeichen setzt, als ob er damit die Aussicht auf eine bessere
Zukunft in Frage stellen würde.

Fannis Brief enthält keine Anrede. Sie kommt sofort zur Sache,
und ihre Worte klingen wie Gesprächsfetzen, die man zufällig irgendwo aufschnappt, ohne die Zusammenhänge zu kennen. Die Sätze wimmeln von Namen, die ich noch nie gehört habe.

Ich will auch noch einige Zeilen hinzufügen, betreff des Briefes welchen Frau Goldberger dem Herrn Ornstein einsandte. Die Adresse bekam sie von einem Herrn Klein, glaube ich, es wären wohl tüchtige Leute, aber es ist wohl an eine Ausführung kaum zu denken.

Herr Ingenieur Fritz Teller aus Krummau fährt nach Kalkutta, Indien. Dort soll ein sehr leichtes Klima sein, die Frau und Kind bleiben vorläufig in London. Herr Rind aus Velenic hat mir für Dich l. Edi Grüsse aufgetragen.

Ich will Dich l. Gretl auch noch fragen, ob Ihr das Futter für die Schweine am Küchenherd kochen müsst. Da braucht Ihr doch einige Töpfe täglich und wie es mit deinen Händen aussieht, ob Du selbe noch aufgesprungen bekommst. Schmiere Dich zur Vorsorge jeden Abend mit Fettstoffen ein.

Ich kann mir auch nicht recht vorstellen, l. Edmund, wieso Du nasse Füsse bekommst. Bist Du nicht vorsichtig? Das gibt es bei uns nicht.

Lebt wohl, seid geküsst von eurer Mutter Fanni.

Fannis Worte führen meiner Mutter harsch vor Augen, wie unvorbereitet sie für das Leben auf einem Bauernhof war. Aus meiner Kindheit erinnere ich mich, wie rot und wund ihre Hände andauernd waren, aber in den letzten Jahren ihres Lebens gab es oft Bekannte, die die Schönheit eben dieser Hände priesen. Ihre Finger waren bis zuletzt schlank und gerade, und die Ringe, die sie so gern trug, schlüpften leicht über ihre nicht geschwollenen Gelenke. Sie feilte ihre Nägel und polierte sie gründlich. Ihre Hände fühlten sich weich und sanft an.

Fannis Worte zeigen mir auch, wie schlimm es wohl für meine in einem koscheren Haushalt aufgewachsene Mutter war, jetzt die eigenen Kochtöpfe verwenden zu müssen, um das Schweinefutter zuzubereiten.

Die Geschwister meines Vaters waren immer voll des Lobes für meine Mutter, weil sie sich so schnell in das Leben auf der Farm eingefunden hatte, aber Fanni braucht etwas länger, um meine Mutter anders wahrzunehmen. In einem Brief an Otto, den dieser meinem Vater nachgeschickt haben muss, macht sich Fanni nur Sorgen um meinen Vater.

Wie sehr erfreuten uns die Photographien von den Kindern, die heute angekommen sind. Ja, ich kann mich wirklich nicht satt sehen. Ihr seit gtl. alle gut getroffen, aber ich muss gestehen, beim ersten Anblick habe ich viel geweint. Ich kann nur sagen, ich danke dem l. Gott dass sie vor ihrem eigenen Dach stehen und essen ihr eigenes Brot, etwas wo sich tausende von Menschen hier nicht mehr leisten können.

Der arme Edmund tut mir so leid. Wie viele Sonnenstrahlen hat der Arme mitgemacht, dass sein Gesicht so schwarz gebrannt ist? Wie viel Schweiss hat die schwere Arbeit ihn gekostet? Dafür sieht die l. Gretl munter und gut aus. Die harte Arbeit hat ihr überhaupt nicht geschadet.

Obwohl sie in Bezug auf meine Mutter immer noch zurückhaltend ist, zeigt sie Mitgefühl für andere.

Hier gibt es viele Sorgen. Die Leute gehen kopflos herum. Niemand weiß, was das Morgen bringt. Viele Strobnitzer mussten ihre Wohnungen räumen, es heißt, dass die hiesigen Juden in Etappen nach Prag übersiedeln werden. Vorher aber kommen die jungen Leute bis zu 35 Jahre daran, welche auswandern werden. Meine Schwester Jetti hat auch eine Vorladung gehabt in Prag, aber ob es zur Ausreise kommt, ist eine Frage. Die Armen haben schon so viel mitgemacht und zu wenig für die Emigration gesorgt. Es vergeht das bißerl Geld, und so denkt jeder mit Grauen an die Zukunft, ohne Mittel in der Fremde dazustehen.

Wenn nur der l. Gott gebe, dass Arnold und Vera hier bleiben könnten, wäre doch für uns eine grosse Beruhigung. Die l. Kinder Fränkel müssen leider sich die Ausreise zusichern. Das kostet mich schwere Stunden durchzumachen, aber wir müssen uns hineinfügen.

Lange zerbrach ich mir den Kopf darüber, warum nur die Fränkels die Tschechei verlassen mussten. Die Antwort stand in den Dokumenten, die ich im Linzer Archiv gefunden hatte. Emil Fränkel war in Lemberg geboren, zu der Zeit die Hauptstadt von Galizien und somit Teil der K.-u.-k.-Monarchie. Als 1918 neue Grenzen gezogen wurden, wurde Lemberg Polen zugeteilt. Weil Emil sich in Linz niedergelassen hatte, musste er seine österreichische Staatsbürgerschaft, die vor 1918 sein Geburtsrecht gewesen war, neu beantragen. Als die Österreicher 1938 Hitler willkommen hießen, entzogen sie allen Juden die Staatsbürgerschaft. Die Fränkels waren nach Prag geflüchtet in der Hoffnung, einen sicheren Zufluchtsort zu finden, aber als Hitler das Land einnahm, wurde Emil staatenlos.

Es gab kein Land, das ihm und seiner Familie ein Einreisevisum erteilen wollte, und keine Grenze, die er und seine Familie ungehindert überschreiten konnten. Auf jedem Bahnhof, Hafen oder Flugplatz drohten Festnahme und Verhaftung. Wenn Emil kein Land finden konnte, das sie sofort aufnehmen würde, riskierte er, in ein Konzentrationslager wie Dachau deportiert zu werden. In einem Brief an Otto fasst mein Großvater die Situation kurz zusammen:

Wir sind Gottlob gesund und warten auf Sonnenschein. Und Ihr, l. Kinder, dort alle, seid frohen Mutes. Ihr seid die Glücklichen. Wenn nur die Fränkels schon so weit wären. Der l. Arnold und Vera werden schon trachten, dass sie irgendwo weg kommen. Und so seid Ihr leider in alle Windrichtungen zerstreut. Wer hätte sich das träumen lassen? Der Mensch denkt, Gott lenkt.

Josef sorgt sich um andere, aber außer, dass er seine Lieben vermisst, hat er kein bisschen Selbstmitleid.

***

Fanni und Josef hatten uns im Juli geschrieben. Im August schickt Arnold etliche dicht beschriebene Seiten. Er betont, wie wichtig ihm die Briefe meiner Eltern sind. Dasselbe gilt für die des Bruders meines Vaters, Otto, der in Paris auch in Sicherheit war.

Euer l. Brief vom 27. Mai wurde uns nachgeschickt gleichzeitig mit einem Brief Ottos u. da war für uns wieder einmal ein doppelter Feiertag, denn beide Eure Briefe sind ja so voll des Trostes, der Zuversicht und der Erfolge, dass man einfach mitgerissen wird von diesem Optimismus, von diesem guten Glauben an Gottes Mithilfe, u. an eine glückliche, freie Zukunft.

Ich brauche wohl nicht zu betonen, wie oft und gründlich wir Euren Bericht durchstudiert haben u. dass [wir] auch die entferntere Verwandtschaft mit Stolz u. Freude an ihnen Anteil nehmen lassen.

Derzeit ist Euer letzter Brief zum zweiten Male bei den l. Eltern, nachdem er bereits in Trebitsch war, wo unsere lieben Verwandten Martha und Viktor den Eltern dieser Tage ein Paket mit guten Sachen sandten u. auch sonst grossen Anteil an ihnen u. an Euch nehmen.

Wir rechnen es Euch hoch an, dass Ihr trotz der vielen Arbeit, die Ihr jetzt habt u. trotz der grossen Hitze so ausführlich schreibt u. sehen in diesem gewiss nicht geringen Opfer immer wieder den Beweis für die tiefe Anhänglichkeit und das tiefe innere Gefühl der Zusammengehörigkeit, das durch Blut und Seelenverwandtschaft bedingt ist.

So sehr es mich dazu drängt, ist es ganz unmöglich auf all die Gedanken, die so beim Lesen Eurer Briefe auftauchen, auf all die Fragen, Anregungen und interessanten Dinge schriftlich einzugehen, genau so wie es Euch unmöglich ist alle Eure Eindrücke, Erfahrungen, Meinungen u. Erlebnisse uns eingehend zu schildern. Aber wenn wir einander auch nur das Wichtigste u. Äußerliche mitteilen, verstehen wir uns trotzdem sehr gut u. all die nicht niedergeschriebenen Gedanken kommen einem von selbst ins Bewusstsein.

Ich will es mir daher auch ersparen auf die einzelnen Punkte Eures so überaus interessanten Berichtes einzugehen, sondern Euch nur meine Befriedigung zum Ausdruck bringen u. meine Bewunderung für Euch, die Ihr Euch diesen so grossen u. gewaltigen an Euch gestellten Anforderungen gewachsen zeigt.

In unserem Familienkreise ist soweit alles in Ordnung, alle sind gesund und das ist ja das Wichtigste. Papa will dieser Tage herkommen um sich vor allem von den l. Eltern Grünhut zu verabschieden.

Es überrascht mich, dass Arnold, der normalerweise bloßen Gerüchten keinen Glauben schenkte, ausdrücklich schreibt, dass die Eltern meiner Mutter nach Kanada kommen werden. Noch überraschender ist es, dass derselbe Arnold, der bis jetzt wegen der sich verschlimmernden Zustände in Europa nicht die geringste Spur von Angst gezeigt hat, sich entschlossen hat, wegzugehen.

Als er uns zuletzt am 25. Juni geschrieben hatte, meinte Arnold noch, die Ferien in Taus zu verbringen. In diesem Brief verrät er, dass er dort nicht nur Urlaub machen, sondern auch seinen Zahnarzt aufsuchen wollte.

Mit den Zähnen habe ich zwar viel mitgemacht, denn Alfred hat mein ganzes Gebiss erneuert u. mir 4 Brücken gemacht, aber so sind meine Zähne jetzt überseetauglich u. ich hoffe nun wenigstens 10 Jahre sie zu haben.

Wegen seiner Qualifikation als Ingenieur ist Arnold sicher, dass irgendein Land seine Fähigkeiten schätzen wird. Einer seiner Freunde rät ihm dringend, nach Australien auszuwandern und alle seine Diplome und Papiere auf Englisch übersetzt und notariell beglaubigt innerhalb einer Woche hinzuschicken. Obwohl Arnold dort Leute kennt, denen es gut geht, zieht Australien ihn einfach nicht an. Kanada ist das Land, wo er sich niederlassen möchte.

Es täte mir nur schrecklich leid, wenn mich auf diese Weise das Schicksal nach einem anderen fernen Kontinent verschlagen sollte, denn in meinen Wunschträumen sehe ich uns doch wieder alle irgendwo beisammen und da habt Ihr ja nun den Anfang mit Canada gemacht.

Ich wüsste übrigens auch ganz abgesehen davon kein Land, das mir aus wirtschaftlichen, geografischen u. allen sonstigen Erwägungen günstiger erscheinen würde als gerade Kanada u. bezeichne es als ein Werk der guten Vorsehung und des Glückes, dass Euch das Schicksal gerade dorthin verschlagen hat.

Anders als die Fränkels drängt Arnold meinen Vater nicht. Er erkennt die Grenzen dessen, was mein Vater tun kann, und hat schon angefangen, sich selbst zu erkundigen.

Nun sind wir, Vera und ich, uns darüber im Klaren, dass es nicht so einfach ist, ein Einreisevisum, noch dazu als Nichtfarmer zu erhalten u. dass Ihr kaum die Möglichkeit vor allem aber nicht die Zeit haben werdet, um in diesem Sinne etwas zu unternehmen. Unsere Bitte geht vielmehr dahin, dass Ihr Euch gelegentlich erkundigen möget oder besser gesagt keine Gelegenheit ausser acht lassen möget, Euch bei Bekannten, in Fachkreisen oder bei Behörden zu erkundigen, ob auf Grund unserer speziellen Fähigkeiten für Vera oder mich Interesse besteht u. unter welchen Voraussetzungen das Visum erteilt wird.

Ich war gestern, nachdem ich doch nun ernstlich daran denken muss, irgendwo unterzukommen, mit allen meinen schönen Bilderchen, Zeugnissen u. Elaboraten bei der Canadian Railway, zumal ich hörte, dass auch ein Saazer Holzhändler mit deren Hilfe in Canada eine Holzperlenindustrie einrichten wird. Ich kam natürlich keineswegs bis zu H. Hornath vor, doch habe ich mich längere Zeit mit einem Beamten unterhalten, der mir alle gewünschten Auskünfte gab.

Ein Einreiseansuchen als Nichtfarmer von hier aus komme also überhaupt nicht in Frage, jedoch meint der Beamte, dass ich ja grosses Glück habe, wenn ich dort einen Bruder habe, der werde das schon schaffen.

Interessieren wird Euch auch die Ansicht des Beamten der Canadian, der mir auf die Frage, wieso er mich nach Kanada als Farmer schicken könne, da er doch weiß, daß ich Ing. bin, [folgende Antwort gab]: »Ach das macht nichts, das Farmen lernen Sie schon drüben.« Als ich sagte, dass es aber doch schade um meine Fachkenntnisse sei, zuckte er die Achseln.

Es gäbe also 3 Möglichkeiten von Euch aus und zwar erstens, dass Ihr bei der Regierung in Toronto für mich Interesse als Fachmann erweckt, was mir recht problematisch erscheinen will, zweitens, dass Ihr einen privaten Unternehmer oder Interessenten findet, der gerne irgend eine Erzeugung anfangen möchte und drittens, dass Ihr mich einfach als Bruder zum Farmen anfordert.

Während ich es bei den beiden ersten Punkten mehr dem Zufall oder Euerer Initiative überlassen möchte, ob sich ein Erfolg einstellt, möchte ich mich zu dem dritten Punkte vorläufig nicht äußern, sondern erst Eure wohlüberlegte Meinung hören. Abgesehen davon, dass Ihr doch kaum ehe noch Emil u. die l. Eltern Gr[ünhut] bei Euch sind, schon wieder Herrn Kolley mit neuen Wünschen bombardieren könnt, möchte ich unseren l. Eltern und auch Urbachs (d.h. l. Elsa und Emil ohne Kinder, die ja Otto zu sich nehmen will) die ja sonst, wenn sie einst von hier weg müssten, keine so guten Aussichten irgendwo unterzukommen haben wie Vera u. ich, den Vortritt lassen.

Ihr werdet gewiss einsehen, dass da guter Rat teuer ist u. hier unter Umständen ein Entschluss von lebenslänglicher u. lebenswichtiger Tragweite gefasst werden muss.

Erst am Ende von Arnolds Brief fange ich an, die ganze Sache zu verstehen. Obwohl er und Vera gerne bei uns in Kanada sein möchten und bereit sind, als Farmer zu arbeiten, sehen sie trotzdem ein, dass meine Eltern zuerst die Eltern meiner Mutter, die Fränkels, die Urbachs und die Eltern meines Vaters unterstützen müssen. Arnold und Vera lassen den anderen Familienmitgliedern den Vortritt, denn wegen ihrer beruflichen Qualifikationen haben diese keine guten Aussichten, die Einreisegenehmigung für Kanada zu bekommen.

Ich lasse mich in Arnolds Gedankengang hineinziehen, während ich mir die Aufregung meiner Eltern vorstelle. Offenbar glaubt er, dass sich die ganze Familie bald bei uns in Kanada zusammenfinden wird. Der Plan sieht vor, dass zuerst die Eltern meiner Mutter kommen. Weil ihre Abfahrt kurz bevorsteht, kommt Arnolds Vater nach Prag, um vor der Abreise von Max und Resl Abschied zu nehmen. Emil und Martha Fränkel haben schon gepackt. Sie und die Kinder sind bereit, sofort abzureisen. Danach kommen die Eltern meines Vaters sowie die Urbachs. Arnold und Vera haben sich entschlossen, mit ihnen zu fahren, so dass wir alle bald wieder zusammen sein werden.

Durch unsere Briefe in gehobene Stimmung versetzt, genießen Arnold und Vera ihren letzten Urlaub in Europa.

Nun meine Lieben will ich Euch noch ein wenig von unserem Urlaub berichten, von dem wir gestern zurückgekehrt sind. Es war in jeder Beziehung sehr hübsch, sowohl das Wetter war uns günstig als auch die Gegend ungewöhnlich reizvoll, wir haben uns so recht ausgelebt in unserer Sehnsucht nach Natur u. guter Luft, haben ausgedehnte Ausflüge unternommen, uns rechtschaffen müde gelaufen, sind im Gras u. Heu gelegen u. haben alle Phasen der Ernte u. des Landlebens per Augenschein mitgemacht, uns über die Unverdorbenheit u. Biederkeit der Bevölkerung gefreut, die nichts weiss von Diskriminierung, waren sehr gut untergebracht u. verpflegt u. haben es uns gut gehen lassen.

Arnold legt Kopien seiner beruflichen Qualifikationen bei, um sicher zu sein, ein gutes Stellenangebot zu erhalten. Er legt es meinem Vater nahe, sie so vielen Leuten wie möglich zu zeigen, besonders solchen, die entweder selber Einfluss haben oder sich an einflussreiche Menschen wenden könnten.

Vera schreibt einige Zeilen dazu, um ihre Freude darüber auszudrücken, dass alle Hindernisse beseitigt worden sind, und die Eltern endlich bald auf dem Wege nach Kanada sind.

Gestern war wieder Familienabend bei der l. Elsa in Straschnitz zur Feier unserer Rückkehr vom Urlaub. Wie wir mit Freude hörten, werden die l. Eltern Grünhut also doch bald abreisen können.

Doch auch Veras Zuversicht scheint, wie aus einer Andeutung hervorgeht, nicht ungetrübt.

Ich kann mir Euere Ungeduld, die l. Eltern wieder zu sehen, nur zu gut vorstellen. Wenn es auch manchmal lange dauert, es wird ja alles, wenn Gott will und nichts dazwischen kommt.

***

Was immer auch Arnolds und Veras Hoffnungen geweckt haben mag, sie wurden enttäuscht. In einem Brief, offenbar wenige Tage später zu meines Vaters Geburtstag geschrieben und nachträglich zu meinem, ist Martha seltsam zurückhaltend.

Am 15ten September werden wir zu Deinem Geburtstag innig Deiner gedenken, mit der Bitte, der l. Gott möge Dich recht, recht gesund erhalten, und in Ruhe und Frieden sollst Du immer bei Deinen Lieben weilen können. Nochmals alles Gute von uns allen. Innigst küsst und umarmt Euch alle Eure Martha und Fam.

Gleich danach folgen Elses handgeschriebene Worte. Ihr Ton ist sogar noch reservierter.

Dem l. Bruder wünschen wir zu seinem Wiegenfeste alles erdenkliche Gute und Liebe, er möge nur gesund bleiben und den Tag recht froh im Kreise seiner Lieben verbringen. Sein Mäderl muß ja schon recht groß sein und bringt gewiss viel Leben und Freude ins Haus.

Ganz unten, am Rand des Papiers steht ein einziger Satz in Fannis Handschrift.

Auch ich kann an Alle meine herzlichsten Grüße schicken, dem l. Edi zu gratulieren, auch der l. Helynka.

Auffallend ist ihre Unterschrift. Zum ersten und einzigen Mal schreibt sie nicht »*Fanni*«, sondern »*Eure Mutter*«. Aus dem Datum des Briefes erschließt sich, warum sie von ihrer Gewohnheit abweicht: 31.8.1939. Am nächsten Tag greift Deutschland Polen an und der Krieg beginnt.

9. Kapitel

Kriegsausbruch

Merkwürdigerweise war es mir bisher nie eingefallen, über die kleinen Alltagsdinge der Kriegszeit nachzudenken. Wieso konnten wir zum Beispiel weiter Briefe aus Europa bekommen? Jetzt erst beschäftigte ich mich ernstlich damit, solche Besonderheiten zu begreifen.

Aus den paar Zeilen, die sie schnell an den Rand der Briefe kritzelte, schloss ich, dass die Cousine meines Vaters, Hertha Bloch in New York, die Übermittlerin aller weiteren Korrespondenz war. Weil die Vereinigten Staaten erst nach dem japanischen Angriff auf Pearl Harbor am 7. Dezember 1941 in den Krieg eintraten, gab es die Möglichkeit, die Post über die USA zu senden. Auch die Briefe an meinen Onkel Otto in Paris wurden an Hertha weitergeschickt und gelangten auf diesem Weg in die Schachtel meines Vaters.

Vom Krieg ist in den Briefen so gut wie nie ausdrücklich die Rede, auch wenn ihn Martha einmal als »Krankheit von langer Dauer« umschreibt. Die Zensur muss von Anfang an tätig gewesen sein. Wie ein schlechter Geruch haftet ihre Spur den Briefen an und zeigt sich in Bleistiftmarkierungen und rätselhaften Ziffern, die in unbekannter Handschrift auf dem dünnen Luftpostpapier stehen. Jeder Brief hat zwei Ziffernreihen, dreist oben hingeschmiert, für mich der Beweis, dass die Zensur nicht nur Stoff eines Spionageromans war.

Doch trotz aller Überwachung schrieb jeder fleißig weiter. Arnold schrieb sofort als Erster, um uns zu versichern, dass keiner in unserer Familie unmittelbar in Gefahr wäre. Obwohl er schon zweimal innerhalb der letzten Woche geschrieben hatte, schickte Arnold noch einen Brief an Otto. Das Datum ist der 3.9.1939 – der Tag, an dem England und Frankreich Deutschland den Krieg erklärten.

Arnold scheint klar zu sein, dass es zwecklos ist, sich über Dinge, die man nicht ändern kann, den Kopf zu zerbrechen. Mit Kriegsausbruch ändert sich seine Rolle, und von nun an ist Arnold bestrebt, allen zu versichern, dass es keinen Grund gebe, gleich in Panik zu geraten. An Otto schreibt er: »Bei uns hat sich G.s.D. [Gott sei Dank] nichts geändert.«

Lieber Otto

Unsere l. Mama überraschte uns mit ihrem Besuch zu dem Zwecke um hier Wohnung zu suchen, da sie die in Budweis verlassen müssen, und so sind wir wieder einmal als die Familie fast komplett.

Ich brauche nicht zu betonen, dass wir besonders oft an Dich denken, und Du bist jetzt eigentlich meine Hauptsorge. Wir sehen schon wieder mit Ungeduld Deinen nächsten Schreiben entgegen, obzwar wir erst unlängst Deine beiden Briefe vom 23. und 26.8. erhielten. Ich schrieb Dir am 23. und 30.8. noch an die alte Adresse. Bei uns hat sich G.s.D. nichts geändert. Alle sind gesund, die kleine Dorli macht besondere Fortschritte, d.h. sie macht schon ein paar Schritte und stellt sich im Anlehnen an einem festen Gegenstand allein auf. Sie ist ungemein herzig.

Vera hat in diesen Zeiten natürlich fast nichts zu tun, aber ich habe unberufen Arbeit genug und wir sind gerade dabei, die Fabrik zu vergrößern.

Der Zukunft sehen wir gefasst entgegen, da wir ja davon keine genaue Vorstellung haben, was sie wohl bringen mag. Selbstverständlich müssen wir auf allerhand Opfer und Entbehrungen gefasst sein, aber Gott wird schon weiter helfen.

Schreibe nur fleißig, wenn es Dir möglich ist, wenn auch nur kurz. Auch dem l. Edi wirst Du ja jetzt auch öfters schreiben müssen, damit er unsere Briefe nicht so sehr vermisst. Unsere Wünsche und Gebete begleiten Dich auf Deinen Wegen. Herzlich grüßt und küsst Dich Dein Arnold.

Ich rechne es meiner Großmutter Fanni hoch an, dass sie in ihren paar Zeilen an Otto sich um ihre Kinder mehr Sorgen macht als um ihre eigene unsichere Zukunft.

Deine Worte gleichen einem Sonnenschein in einer düsteren Hütte. Du hast mit demselben unser Herz sehr beruhigt. Möge der l. Gott Dich nur gesund erhalten und unsere jetzigen großen Sorgen sollen unbegründet sein. Die Zeit gibt uns viel zu denken.

Ich möchte bald wieder mit einem Schreiben rechnen, aber wie jetzt die Post funktionieren wird, ist ja eine Frage. Hast Du, l. Otto, nicht einige ausländische Marken? Sollte es uns nicht möglich sein, dem l. Edi zu schreiben, so bitte ich Dich, wenn Du es öfters tun möchtest und dann erst auch uns berichten.

Fannis Bemerkung über ausländische Marken war für mich ein Rätsel, das mich antrieb, mehr über die damaligen Zustände herauszufinden. Dabei erfuhr ich, dass es sogar schwer war, einen Brief an Hertha in New York zu schicken. Eine Zeit lang durften Juden nur nachmittags während zwei Stunden auf ein einziges bestimmtes Postamt gehen. Alle anderen Postämter in Prag waren für Juden zu allen Tageszeiten verboten.

Am selben Sonntag, als er an Otto schrieb, machte Arnold den ersten Versuch seit Kriegsausbruch, meinen Eltern zu schreiben. Beide Briefe ähneln sich sehr, nur betont der Brief an uns noch stärker, dass es keinen Anlass zur Sorge gebe.

3.9.1939

Meine Lieben

Wir hoffen Euch im Besitze unseres ausführlichen Schreibens vom 24.8. mit meinem Elaborat und des Geburtstagsbriefes vom 31.8.

Wir sind schon längere Zeit ohne Nachricht von Euch. Der letzte Brief war vom 27.7., aber wir haben inzwischen Euer Schreiben an die l. Eltern Grünhut gelesen. Wir bewundern immer wieder, wie rasch und gut Ihr Euch an die neue Situation und an die viele Arbeit hineingefunden habet.

Mama ist hier wegen einer Wohnung, da sie angeblich Budweis verlassen müssen. Uns geht es derzeit allen gut. Seid nur unbesorgt, es kommt alles ohnedies so wie es will, und man muss sich mit dem Schicksal abfinden. Alles was Ihr tun könnt, ist uns durch Eure Zeilen erfreuen.

Lebt alle recht wohl und seid herzlich gegrüßt und geküsst von Eurem Arnold.

Einen Monat später schreibt Arnold wieder. Sein Brief ist ganz besonders beruhigend. Er bekommt regelmäßig unsere Briefe von Hertha in New York, und er hat weiterhin Nachricht von Herthas Schwester Emmi und von ihrer Mutter Jetti (Fannis Schwester), die noch in Prag sind. Arnold und Vera versuchen jetzt ein Affidavit zu bekommen, um sich in Amerika niederlassen zu können.

Dir l. Herta danke ich vielmals für Deine Bemühungen bei der l.
Bella und bitte Dich dieselben fortzusetzen, da ja auf der Beschaf-
fung des Affidavits ein guter Teil unserer Hoffnungen für die ferne-
re Zukunft beruht.

Der Name Bella war mir ganz unbekannt. Vergebens suchte ich ihn im Stammbaum der Waldsteins; der Name ist dort nicht zu finden. Ich vermutete nun, dass ich den Namen vielleicht auf der Seite von Fannis Familie suchen müsste, und verschaffte mir einen Stammbaum der Vogel-Blochs, aber wieder hatte ich kein Glück. Die Frau, die für Arnold und Vera bürgen wollte, bleibt unbekannt.

Ein weiteres Rätsel ist, dass Arnold schreibt, es gebe keine großen Änderungen und absolut keinen Mangel an Lebensmitteln. Dabei wusste ich durch meine Nachforschungen, dass vieles so schnell in die Kriegsmaschine gesaugt wurde, dass in den Großstädten Nahrungsmittel sehr bald knapp wurden. Nach einigem Überlegen kam ich zu dem Schluss, dass Arnold uns nicht beunruhigen wollte. Außerdem wollte er bestimmt vermeiden, Sachen zu schreiben, die nach der Ankunft des Affidavits aus Amerika von der Zensurbehörde gegen sie verwendet werden könnten.

Über uns kann ich Dir berichten, dass es uns allen gut geht. Die
ganze große Familie ist gesund und das Leben geht in seinen alten,
gewohnten Bahnen. Fränkels und Urbachs wohnen gemeinsam
und privatisieren, Vera und ich gehen unserem Berufe nach. Zu
essen haben wir genug, und es herrscht hier keinerlei Lebensmittel-
knappheit. Wir haben vorläufig sogar unsere Kipfel zum Frühstück.

Ein langer, ausführlicher Brief von Fanni liegt bei. Ihre Worte sind gleichfalls beruhigend und haben meine Eltern bestimmt getröstet und erfreut.

Erstaunt haben mich Fannis zweckdienliche Hinweise zur Landwirtschaft. Sie wusste offenbar so viel, was meine Eltern erst mühselig lernen mussten: dass sich die Sahne nur bei exakt richtiger Temperatur zu Butter schlagen lässt, dass man Heu zum Füttern des Viehs benötigt und dass Stroh einer längeren, zweistufigen Aufbereitung bedarf und das Abfallprodukt vom Dreschen des Weizens ist.

Meine lieben Kinder

Ich bin zufällig einige Tage in Prag und war gestern bei den l. Eltern zu Besuch und habe gtl. [gottlob] beide wohlauf angetroffen. Ich muss sagen, dass sich der l. Papa sehr gut erholt hat. Auch der l. Mama geht es ganz gut, und Onkel Grünhut war eben auch bei ihnen.

Seid unbesorgt, l. Kinder, den Eltern fehlt es an nichts. Sie haben etwas Vorrat in Esswaren und haben auch das andere dazu gekauft, wie ich es ihnen angeraten habe, im Falle dass eine knappe Zeit kommen sollte. Ich habe auch angeboten, was ihnen auch fehlen sollte, können sie von uns haben, doch gtl. haben sie noch was sie brauchen. Wir lassen ihnen an nichts fehlen, seid darüber ganz unbesorgt. Der l. Emil geht doch täglich zu ihnen. Er ist immer sehr fleißig, und ich muss ihn bewundern. Alles andere müssen wir dem l. Gott überlassen, was da Neues kommen wird, und gesund sollen wir alle bleiben.

Und nun zur Sache. Ich habe Euren letzten Brief, l. Gretl und Anny gelesen, und bin sehr beruhigt zu wissen, dass Ihr die größte und wichtigste Arbeit vorüber habt. Das also ist der große Beweis eines tüchtigen Landwirts, sogar das Wetter zu erraten, damit alles trocken auf den Boden gekommen ist. Wie viel Hafer habt Ihr denn angebaut? Musstet Ihr beide l. Männer diese Hilfe auch wieder bei den Nachbarn abzahlen? Über das Einstellen eines Stiers bin ich mit Euch nicht zufrieden. Wozu macht Ihr Euch solche Experimente? Das ist doch sehr gefährlich! Dafür hättet Ihr können zwei Kühe einstellen, und wäre ich sehr froh, wenn das wilde Tier aus dem Hause wäre. Schaut lieber auf Euere kostbare Gesundheit, ich bitte Euch darum.

Ich habe vergessen, l. Kinder, Euch zu Helynka ihrem Geburtstag zu gratulieren, und komme nachträglich, Euch meine herzlichsten Glückwünsche zu entbieten. Ihr möget alle viel Freude an ihr erleben.

Ich hoffe, dass die nun folgenden Arbeiten Euch nicht so viel Schweiß kosten werden, da auch die großen Hitzen vorüber sind. Werdet Ihr im Herbst schon Weizen anbauen? Wie bewährt sich der Milchseparator? Nun schließe ich mit den herzlichsten Grüßen an Euch alle. Bleibt gesund und seid herzlichst gegrüßt und geküsst von Eurer treuen Mutter Fanni.

Der l. Helynka gebt viele, gute Bussi von mir.

Nie hat mich jemand Helynka gerufen und ich werte die Verkleinerungsform als Beweis der Liebe meiner Großmutter. In einer egozentrischen Anwandlung sah ich auf der Suche nach meinem Namen alle Briefe durch.

Meine lieben Kinder
Wie sehr erfreute uns, Eure Fotografien zu empfangen, und nehmt meinen herzlichsten Dank entgegen. Ich nehme selbe täglich mehrmals zum anschauen. Ja, ich kann mich wirklich nicht satt sehen. Ihr seid gtl. alle gut getroffen, aber ich muss Euch l. Kinder gestehen, beim ersten Anblick habe ich viel geweint. Ich kann nur sagen, ich danke dem l. Gott dass Ihr vor Eurem eigenen Dach steht, wenngleich Ihr vor eine große Aufgabe gestellt seid. Und meine liebe Helynka, die Omi schickt Dir viele, gute Bussi. Die Mutti und die Tante sollen diese ausgeben.

In einem anderen Brief nennt sie mich »Helimäderl«, und sagt, dass ich zum Küssen herzig bin. Leider aber können weder die Bemerkungen über mein entzückendes Foto noch Fragen über die Farm von der Wahrheit ablenken. Es hat sich doch vieles geändert. Zum

Geburtstag meines Vaters schickt Fanni Glückwünsche, welche unwillkürlich die Tragweite des Umschwungs aufzeigen.

Ich komme nun zu Dir l. Edmund, um Dir anlässlich Deines Geburtstags meine allerherzlichsten Glückwünsche zu entbieten. Mögest Du stets gesund und stark sein, um Deinem großen Vorsatz als Farmer im besten Sinne des Wortes gerecht zu werden und wir Eltern an Euch viel Freude erleben.

Am 15. September 1938 hatte mein Vater seinen Geburtstag daheim im Kreis der Familie gefeiert, umgeben von seinen Eltern, den Geschwistern, Schwägern und Schwägerinnen, Neffen, Nichten, Cousins und Freunden, mit denen er in Strobnitz aufgewachsen war. Nicht einmal zwei Wochen später war Neville Chamberlain nach München geflogen und hatte Hitler als Gegenleistung für den »Frieden in unserer Zeit« das Sudetenland geschenkt. Wir hatten alles stehen und liegen lassen und waren nach Prag geflüchtet. Nicht einmal sechs Monate später, als die gesamte Tschechoslowakei in Hitlers Machtbereich kam, setzten meine Eltern mit mir die Flucht weiter fort. Dieses Mal über den Atlantischen Ozean nach Kanada.

Fannis Worte heben hervor, wie viel sich geändert hatte.

Was hat sich im Laufe des Jahres geändert! Doch Ihr l. Kinder, dort alle, seid frohen Mutes. Ihr seid die Glücklichen. Was gibt es hier für Sorgen! Was die Leute mitmachen kann ich Euch nicht schildern. Die l. Martha ist von den großen Sorgen und Aufregungen, die sich alle dort machen, buchstäblich grau geworden. Sie ist fassungslos. Wenn nur die l. Fränkels auch zu Euch könnten! Das ist jetzt unsere größte Sorge. Woher kommen die Eltern von beiden Familien? Es ist ein Rätsel, wie lange dauert die Anforderung.

Der l. Resl soll es gtl. ganz gut gehen, versicherte uns der l. Emil. Diese Woche kam ich auch mit Herrn Rudolf Ziegler zusammen. Er ist ganz schlank geworden wie wir alle, und habe ich Euch die herzlichsten Grüße zu bestellen. Wie gerne möchte er Euch helfen, wenn nur eine Möglichkeit wäre.

Erika wollen sie auch nach London schicken. Mir tut mein Herz
so weh um diese guten Leute. Wohin sollen sie nur gehen?

Erika war kein Einzelfall. Es gab etliche Eltern, die versuchten, ihren Kindern einen Platz auf einem Schiff nach England zu sichern. »Wie kann man ein Kind in die Fremde zu unbekannten Menschen wegschicken?«, frage ich mich immer wieder. Wie kann man wissen, ob die politischen Verhältnisse in Zukunft noch schlimmer sein werden?

Wenn ich heute sehe, wie sich meine kleinen Enkelkinder bei drohendem Ungemach in die schützenden Arme ihrer Mutter flüchten, bewundere ich den Mut jener Eltern, die es schafften, sich in so frühen Jahren von ihren Kindern zu trennen.

Fanni sorgt sich sowohl um die eigene Tochter als auch um »diese guten Leute«, die weggehen, und weist darauf hin, dass sie das Land ja nicht verlassen, weil sie anderswo ihr Glück suchen wollen, sondern weil ihre friedliche, gesicherte Existenz mit einem Schlag zerstört wurde – genauso wie die in tausend Stücke zerspringenden Scheiben der hochmodernen Bata-Fabrik, von der im nächsten Brief die Rede ist.

Meine lieben Kinder
Ich danke Euch vielmals für Euren l. und so ausgiebigen Brief und
beantworte Euch selben auch rechtzeitig, damit wir wieder bald
das Glück haben, von Euch Nachrichten zu empfangen. Wie schön
lesen sich, l. Kinder, Eure Briefe! Ich verfolge Eure Zeilen mir Alles
im Geiste vorstellend.

Nun ist der wichtigste Akt, das Heu eingeführt. Vielleicht gab es
mehr Mühe, als unsere kleinen Wiesen in Strobnitz, besonders da
Ihr so wenig Wagen habt.

Bei uns gibt es meist schlechtes Wetter. Sonntag abend war ein
schwaches Gewitter bei uns. Hingegen in der Gegend von Iglau bis
Zlin gab es so einen schrecklichen Sturm und Eisstücke fielen im
Gewicht von ein viertel kg welche die ganze Ernte vernichteten.
Die Dächer von den Häusern wurden zumeist abgetragen oder

zerschmettert. In Zlin wurde die Bata Fabrik ganz demoliert. Das
Glasdach stürzte ein und die ganzen Maschinen sind unbrauchbar,
tausende Fensterscheiben sind ein Trümmerhaufen.

Nun werdet Ihr mit dem Auspacken des Liftes fertig sein. Wie
sind die Sachen angekommen und fühlst Du dich, l. Gretl, viel ge-
mütlicher in deinem neuen Heim? Und freut sich Helynka auch,
wenn sie wieder ihre Sachen vor Augen hat? Aus wie viel Zimmern
besteht Eure Wohnung? Auch fällt mir ein, woher beziehst Ihr Heiz-
material? Gibt Euer Wald etwas ab? Ich habe auch noch eine Idee, ob
Ihr in Eurem Bach eine Badegelegenheit herrichten könntet, wenn es
nur ein Sitzbad wäre. Könnte vielleicht das Wasser gestaut werden?

Nun schließe ich mit den herzlichsten Grüßen und Küssen an
Euch und an mein liebes Helenchen. Erfreut uns wieder bald mit
einer Nachricht.

Eure treue Mutter Fanni.

Lächelnd lese ich das Wort »Helenchen«, und dass sich Fanni ein
Sitzbad in unserem Bach vorstellte. Vom Haus zum Bach musste
man gut zwanzig Minuten durch die Felder gehen, das war schon im
Sommer schwierig und ganz unmöglich bei Schnee und Eis im Win-
ter. Doch spüre ich, aus welcher lebhaften Wissbegierde und echter
Fürsorge die Fragen meiner Großmutter stammen.

Trotz allem schätzt sich mein Großvater Josef glücklich.

»Ich bilde mir ein, dass ich beim l. Herrgott Protektion habe«,
schreibt er im September 1939. Er lässt jetzt gelten, dass seine ganze
Familie nach Kanada will, und sieht ein, dass seine Lieben nur im
Ausland eine Zukunft haben. Gedämpft wird seine Freude allerdings
dadurch, dass er weiß, wie es den Juden in Europa geht.

Budweis, 26.9.39
Mit unserem heutigen Brief kommen wir wieder uns nach Euerem
Wohl zu erkundigen. Wir sind gtl. gesund und hoffen dasselbe von
Euch allen. Euer letzter Brief hat uns sehr gefreut, auch die Bilder
haben wir diese Woche erhalten und machten den besten Eindruck
auf uns, schaut alles prächtig aus, speziell das l. Hellikind.

Doch wenn ich Dich l. Edi anschaue, so tut mir von Herzen leid, wie viel Sonnenstrahlen müssen brennen, bevor so ein Gesicht schwarz wird. Aber trotzdem seht zu in den ganzen Monaten, was herrliches Du leistest und sind wir auf Deinen Besitz und Deine Leistungen stolz. Heute habe [ich] die Bilder bei F&P gezeigt, alle sind begeistert. Frau P. möchte gleich ihr ganzes Haus dafür geben. Trotz Deiner vielen Arbeit wirst Du hier beneidet. Hier gehen junge, starke Juden arbeitslos herum, möchten gerne nur um die Kost arbeiten. Der junge Sohn von Rosenberg geht täglich in die Ziegelei, verdient für die ganze Woche fast nichts.

Nun noch zu Dir, l. Edi. Zu Deinem Wiegenfest alles Gute und Schöne, vor allem immer eiserne Gesundheit und alle Deine Wünsche sollen Dir in Erfüllung gehen. Ich hoffe, dass Du bei deinem Fleiß und Energie es weiter bringen wirst wie in Strobnitz. Ich bilde mir ein, dass ich beim l. Herrgott Protektion habe und hoffe zu Ihm, dass Ihr binnen Kurzen sicher eine Position haben werdet. Sobald die l. Fränkels weg sind, so sind wir halbwegs über dem Wasser.

Den l. Arnold und Vera wird es leichter gehen. Sei froh, l. Edi, dass Du so weit bist, denn wenn ich Deine Bekannten hier ansehe, tut mir das Herz weh. Alles will auswandern, keiner kann. Lauter Schwierigkeiten.

Nun schließe ich mit nochmals alles Gute zu Deinem Geburtstag, mein l. Edi. Beste Grüße an Gretl, Anny, Ludwig, und vor allem an mein liebes Hellikind. Ich sehe sie noch im Garten in Strobnitz spielen.

Dein treuer Pupa.

***

Der Winter naht, und Fanni ist um ihre erwachsenen Kinder besorgt. Hat Otto genügend warme Unterwäsche mitgenommen? Sie versichert ihm, dass sie und Josef den Winter gut überstehen werden, weil sie sich ruhig verhalten und dadurch keine Aufmerksamkeit auf sich lenken werden.

Deine Frage, ob wir etwas für die Hauswirtschaft brauchen, muss ich dankend ablehnen. Wir bekommen hier, was wir brauchen, auf Karten und sonst kannst Du beruhigt sein, dass uns nichts abgeht. Wenn wir nur von Euch l. Kinder in der Fremde gute Nachrichten bekommen, dann sind wir vollkommen zufrieden.

Mein Großvater schreibt nur kurz und seine Zeilen sind voller Melancholie. Seine Lieben sind in alle Himmelsrichtungen verstreut, und die Tage ohne Arbeit und ohne Ziel sind von endloser Eintönigkeit.

Große Freude hatten wir, als wir Deinen l. Brief erhielten. Du bist immer der alte Otto, immer bei guter Laune und dies ist auch das Richtige bei diesen schweren Zeiten.

Wir sind Gott sei Dank gesund, haben genug zum Essen und sind bis jetzt zufrieden, aber wenn nur der l. Gott uns Glück geben würde, wieder Euch alle Kinder beisammen zu haben, aber so seid Ihr leider zerstreut in allen Welten. Dies haben wir uns nicht gedacht.

Nun weiß ich für heute nichts Besonderes. Vom l. Edi hatten wir diese Woche über Prag 2 Briefe. Es ist ein Genuss selbe zu lesen. Gott sei Dank, Ihr habt einen Haupttreffer gemacht.

***

Im November schreiben Fanni und Josef wieder. Besuch aus Strobnitz hat ihnen Neuigkeiten gebracht. Hauptsächlich erzählen sie von jungen Paaren, die geheiratet haben, oder von jungen Männern, die Soldat wurden. Die Besucher berichteten auch von dem Dorfbewohner, der das Waldstein'sche Geschäft »übernommen« hatte. Als wäre er der rechtmäßige Besitzer, steckt er das Geld wie selbstverständlich in die eigene Tasche.

Fannis Brief ist wie üblich: halb einschlägige Fragen und halb mütterlicher Rat. Weil wir mit dem Werfen der Ferkel nicht zufrieden waren, rät sie, das Zuchtschwein nicht so gut zu füttern. »Gebt

Ihr mehr schlämiges Futter, aber nicht so gut, wird es mehr Junge werfen.« Sie schlägt vor, dass wir auch Obstbäume pflanzen sollen, besonders die Winteräpfel, die auch nach Europa geliefert werden. »Ich rate Euch, meine l. Kinder, pflanzt Euch edle Bäume an, der Lohn bleibt nicht aus. Das ist doch die größte Freude bei einem Besitz, ein Garten mit edlen Obstsorten.«

Obwohl sie weiß, wie viel Arbeitsaufwand das Rupfen und Ausnehmen der Hühner bedeutet, rentiert es sich, weil es profitabler ist, als lebende Hühner auf den Markt zu bringen. Großenteils ist jetzt unser Leben ihr Leben geworden.

Glaubet mir, l. Kinder, ich wirtschafte im Gedanken immer mit Euch und möchte gerne mithelfen.

Vom Holzhacken ist sie geradezu besessen. Zweimal im selben Brief wiederholt sie ihre Gedanken dazu in leicht abgewandelter Form.

Wie steht es mit dem Brennmaterial? Habt Ihr Kohle und liefert Euer Wald auch schon Brennholz? Da bitte ich Euch auch sehr vorsichtig zu sein, besonders beim Hacken damit Gott behüte kein Unfall passiert. Du erinnerst Dich, l. Edi wohl noch an unseren Schrecken.

Mein Großvater ist weniger mitteilsam, aber er sehnt sich auch nach seinen Lieben. »Wenn wir nur einmal das Glück hätten, Euch alle persönlich zu sprechen!« Das vormalige Familienleben erscheint ihm wie ein Märchen – es war einmal. Doch lebt er in der Hoffnung. »Wir werden Euch einmal Alles berichten«, verspricht er meinen Eltern.

Wenn es Euch halbwegs möglich ist, schreibt uns wieder. Ein Brief von Euch ist ein Feiertag für uns. Für heute, beste Grüße und Küsse an Euch Alle, auch an l. Hellikind 1000 Busserl. Euer treuer Papa.

Der Brief wurde von Arnold an uns weitergeleitet. An den Rand des Briefes schreiben Arnold und Vera mit knappen Worten ein paar

Zeilen, um uns zu versichern, dass wir uns nicht um unsere Lieben sorgen sollen.

Meine Lieben
Euer l. Brief vom 9.X. an Eltern Grünhut erhalten. Wir selbst sind seit Monaten ohne Nachricht von Euch. Es geht uns allen gut, bisher Alles beim Alten. Seid unbesorgt. Wir arbeiten und haben genug zu essen. Herzl. Grüße und Küsse Arnold und Vera.

***

Martha Fränkels erster Brief nach dem Kriegsausbruch steht in scharfem Gegensatz zu den beschwichtigenden Zeilen von Arnold und meinen Großeltern. Die Schwester meines Vaters schreibt, sie kämen mit der Situation zurecht, aber der Herbst sei, wie zu erwarten, alles andere als schön. Und damit meint sie nicht nur die Färbung des Herbstlaubes.

Prag 17.10.39
Meine Lieben.
Wie wertvoll uns Euere letzten Zeilen an die l. Eltern waren, könnt Ihr wohl ermessen, und waren wir glücklich, Euch alle Gottlob gesund zu wissen. Von Euch ohne Nachricht zu sein, stimmt uns zu allem sehr traurig, zumal unsere Gedanken doch stets bei Euch weilen.

In einem meiner Briefe schrieb ich Euch, dass heuer kein schöner Herbst kommen soll und so war es auch. Wie schön wäre es gewesen, wenn wir bei der Ernte schon in Eurer Mitte geweilt hätten. Doch wie auch bei Euren Eltern ist alles Bestimmung, und unser Schicksal liegt in Gottes Hand.

Euere Fortschritte in der Wirtschaft erfreuen uns riesig. Wir bilden uns von allem im Geiste ein schönes Bild. Deine Geschäftstüchtigkeit, l. Anny bewundere ich. Du bist eine Frau, wie sie heute eben am Platz sein soll, und der l. Ludwig und alle sollen sich freuen mit deinen Ideen.

Du liebes Gretelein bist sicher auch in deinem Ressort schon Meisterin und so wird mit vereinten Kräften bald eine schöne Großfarm entstehen. Ich sehe Euch fort alle im Geiste vor mir. Mein geliebtes Brüderlein, wie gerne würde ich Dir ein paar gute Busserln geben und dem süßen Helikinderl, die sicher schon ein sehr kluges Mäderl ist.

Sonntag waren Euere l. Eltern bei uns. Ich habe sie sehr gerne. Sie sehen gottlob ganz gut aus, doch selbstverständlich wären sie am liebsten bei Euch.

Wie Euch die l. Elsa schrieb, läuft schon unsere l. Dorli. Sie wackelt zwar noch ein bissl, aber sie ist wirklich goldig in ihrer Art. Ilserl kann schon tschechisch mit ihren Freundinnen sprechen, und Trudes Cousine gibt ihr umsonst englische Stunden. Die Schule in Straschnitz ist leider sehr ungesund und primitiv.

Der l. Emil war jetzt immer fleißig beim Schuster und brachte es schon als Vorarbeit bis 9 Doppler im Tag. Nun seit heute bekam er einen kleinen Posten als Kassierer beim Auswanderungsamt der N.Z.O. [Nationale Zionistische Organisation] und ist froh, eine Beschäftigung zu haben.

Wenn keine andere Möglichkeit ist, müssen auch wir, falls es möglich sein wird, illegal nach Erez fahren. Schließlich ist man ja nur ein Mensch, und die Krankheit soll von langer Dauer sein.

Trude schrieb uns einen rührenden Abschiedsbrief. Sie ist schon am Wege nach New York, wo ihre Schwägerin einen Hutsalon hat. Sehr glücklich waren wir, vom l. Otto Nachricht zu erhalten. Ich dachte fort an ihn, da er so allein in der Fremde sicher die Ereignisse noch viel schwerer trägt. Gestern kam sogar von Budapest von ihm ein 5 gr. Paket. Es war rührend, aber vorderhand haben wir noch genug zum acheln[4]. Ebenso erhielt dies auch der l. Arnold.

Den l. Eltern in Budweis geht es GSD [Gott sei Dank] ganz gut. Sie müssen sich leider wie alle Andern mit allem Neuen abfinden.

Nun will ich schließen mit den besten Wünschen. Bleibet alle recht, recht gesund!

Innig umarmt und küsst Euch Eure Martha

---

4   *zu essen*

Am Ende des Briefes steht eine Zeile von meiner Cousine Ilserl. Obwohl für jüdische Kinder die Schulen verschlossen waren, hat sich ihre Handschrift sehr gebessert.

Viele Grüsse und Küsse von Eurer Ilse

Genauestens prüfe ich jedes Wort von Marthas Brief. Vorausschauend wie immer hat Emil zwei Arbeitsmöglichkeiten gefunden. Das Schustern, immer ein praktisches Fach, war 1939 doppelt praktisch, denn wie das Sprichwort sagt: Jede Armee marschiert auf den Füßen.

Emils zweite Stelle, seine Arbeit im Amt der NZO (Nationale Zionistische Organisation) hatte einen anderen Vorteil. Sollte es die Möglichkeit geben, nach Palästina zu flüchten, so wäre Emil in der Lage, unter den Ersten zu sein.

Obwohl es zu spät ist, nach Kanada zu kommen, lernt Ilserl doch Englisch. Ich sehe es als Beweis, dass Emil und Martha noch nicht alle Hoffnung in dieser Richtung aufgegeben haben.

Weil Marthas Brief eine Fülle an Familiennachrichten enthält und Emil so umtriebig ist, bin ich selbst beruhigt. Meine Nachforschungen über die damaligen Zustände ergeben aber ein anderes Bild. Zwei historische Tatsachen finde ich besonders beängstigend. Beide fand ich im »Holocaust Research Project« wie folgt:

»Mitte September 1939: Festsetzung aller Juden polnischer Herkunft. Bei der Durchsuchung von Häusern und Wohnungen in Prag wurden alle Juden polnischer Abstammung aufgespürt.

27. September 1939: Wegschaffung aller Juden polnischer Herkunft. Deportation.«

Die Worte vom Bildschirm springen mir ins Gesicht. Wegschaffung. Deportation. Juden polnischer Herkunft. Emil Fränkel war Jude, in Polen geboren.

Ängstlich lese ich auf meiner Suche nach weiteren Nachrichten alle Briefe durch. Wie brachten die Fränkels es fertig, in Prag zu sein, zu einer Zeit, wo man andere Juden polnischer Abstammung bereits verschleppt hatte? Deportation war gleichbedeutend mit Konzentrationslager.

Zwei Briefe von Else und Emil Urbach liefern Anhaltspunkte, aber keine richtige Antwort. In einem Brief vom 13. Oktober 1939 lenkt Else die Aufmerksamkeit auf Nachrichten von der Familie. Über die veränderten Zustände schreibt sie nur beiläufig, als ob diese Zustände die Familie Urbach nicht träfen. Andere stürzen sich vielleicht in die Auswanderung, aber sie wartet in Ruhe ab, bis der Sturm sich gelegt hat. Ihr Brief zeichnet ein friedvolles Bild der Wirklichkeit.

13.10.39

Meine Lieben

Es war eine liebe Überraschung für uns alle, als nach so langer Pause wieder von Euch Nachricht kam. Wir freuen uns sehr, dass Ihr g. l. [gottlob] gesund seid und kann ich auch von uns nur Gutes berichten.

Unsere Marianne besucht jetzt eine französische Schule und macht einen Nachkurs, damit sie gut vorbereitet ist, Otto ist in Paris in einer Strickwarenfabrik zu helfen. Wir hatten jetzt zu unserer großen Freude einige Male angenehme Nachrichten von ihm und wird er Euch gewiss auch öfters schreiben.

Vorige Woche besuchten wir Eure l. Eltern und war gerade auch Onkel dort. Die l. Eltern sind G.L. gut beisammen. Sie waren zu allen Feiertagen im Tempel und haben sich den Verhältnissen sehr angepasst. Ich kann mir vorstellen, wie gerne Ihr sie schon bei Euch hättet, aber man darf nicht den Mut verlieren, dass es doch bald dazu kommen wird, und dann wird die Freude um so größer sein.

Helli wird sicher schon ein großes Fräulein sein und viel Leben ins Haus bringen. Jetzt könnte sie mit Dorli auch schon schön spielen. Sie ist sehr herzig, läuft schon überall herum und plappert allerlei in ihrer Sprache.

Nur einmal ist ein Missklang zu hören, als sie von »unseren Leuten« schreibt, und wie schwer sie es haben, eine Wohnung zu finden.

Trotz aller Sorgen verstreicht die Zeit wie im Fluge, und ehe man es merkte, war der Sommer vorbei. Wir sind jetzt auf der Suche nach einer passenden Wohnung, da wir zum nächsten Quartal übersiedeln müssen. Heute erfuhren wir, dass vis à vis von uns in einer neuen Villa eine Wohnung zu haben sei. Wir schauten sie uns sofort an. Sie ist ganz modern, hat Zentralheizung, Balkons usw., aber sie ist sehr teuer und sollen wir in drei Tagen erfahren, ob sie uns vermietet wird. So viele Personen nimmt man jetzt nicht gerne und unsere Leute auch nicht überall, also ist nicht so große Auswahl.

Sonderbar ist, dass Elses Handschrift mitten im Satz abbricht und durch eine mit der Maschine geschriebene Passage abgelöst wird, die nur von Emil Urbach stammen kann.

Hoffentlich geht der Winter gut vorüber. Der wird bei Euch gewiss sehr streng sein. Hoffentlich habt Ihr genug Heizmaterial aus Eurem Busch und trockene Pflanzen. Habt Ihr seinerzeit das Buch über die Schweinezucht und die Rinderzucht erhalten? Ich habe Euch noch ein Buch über Gartenanlagen schicken wollen, habe aber zuvor auf eine Bestätigung der Bücher gewartet. Jetzt sind Hunde im Preise sehr gestiegen. Man braucht sie zu verschiedenen Zwecken, Fett, Felle, Spähdienste usw. Für Bienenzucht hättet Ihr wohl kaum Zeit? Honig wäre auch ein guter Verkaufsartikel, nämlich wenn Ihr auf den Feldern honigtragende Pflanzen hättet.

Emil beendet seinen Brief mit einem erschreckenden Absatz. Im Gegensatz zu meinen Eltern und zu der ganzen Familie kann er sich kein Wiedersehen in der alten Heimat vorstellen. Für ihn gibt es kein Zurück in die Vergangenheit.

Wir haben der Redewendung, dass Ihr Euch alle mit dem Gedanken des Wiedersehens daheim herum tragt, nicht die wirkliche Deutung zu geben verstanden. Wir wissen bis heute nicht, wie sie zu verstehen ist. Unserer Ansicht nach ist jeder, der außerhalb Europas ist, glücklich zu schätzen. Es grüßt Euch alle vielmals recht herzlich die ganze Familie Urbach.

Soweit ich mich erinnere, haben meine Eltern nie von einer Rückkehr nach Europa gesprochen. Ich entsinne mich wohl, dass in den Jahren nach 1945 manche »zurückgegangen« sind, aber meine Eltern haben immer den Kopf geschüttelt und sich darüber gewundert. »Nie wieder nach Europa« waren für mich bekannte Worte. Nicht einmal fünfzig Jahre später wollte meine Mutter mit mir hinfliegen. Vielleicht hatten sie in diesem ersten Jahr in der Fremde solche Sehnsucht nach der Familie, vielleicht war die Einsamkeit so bedrückend, dass sie ihren Gefühlen in einem Brief freien Lauf ließen. In diesem unvorstellbaren ersten Jahr – wie konnten sie sich nicht nach ihren Lieben sehnen?

Emil lässt solche Träume wie Seifenblasen platzen: Jeder, der es geschafft hat, Europa zu verlassen, ist glücklich zu schätzen. Sonderbar ist, dass er im letzten – wie immer nicht unterschriebenen – Brief von 1939 die Fränkels nicht erwähnt.

den 6.XII.1939

Meine Lieben!

Wir waren sehr erfreut, unlängst Euere l. Zeilen an die l. Eltern in Budweis und die anderen Verwandten zu Gesicht bekommen zu haben, aus denen wir ersehen konnten, dass es Euch Gottlob gut geht und Euer Viehstand und die Absatzmöglichkeit für Butter sich verbessert hat.

Bei den noch üblichen Sonntagsbesuchen bildet Ihr immer einen wichtigen Programmpunkt. Wir haben Euch seinerzeit geschrieben, der Brief scheint verloren gegangen zu sein, deswegen hat uns Eure Bemerkung, Ihr hättet von uns seit 2 Monaten keine Nachricht, etwas überrascht.

Zu den l. Eltern kommt regelmässig jemand von uns. Sie leben ruhig, bescheiden, haben keinen Mangel, nur den Wunsch, weg zu kommen, was leider noch etwas schwer geht. Die l. Mutter ist gesund, wird vom l. Vater durch Unterhaltung, Gesellschaftsspiele usw. vom Alltag abgelenkt. Sie machen auch öfters Spaziergänge zu Verwandten, Bekannten, und in die Synagoge gehen sie fleißig. So vergeht halt die Zeit, die sie gerne bei Euch zubringen möchten.

Ähnlich machen es die l. Eltern in Budweis. Der Papa ist sogar noch zeitweise in seinem Berufe tätig. Ab Januar werden wir in der Nähe des l. Arnold wohnen, und Else wird mehr die Stadt genießen können, da sie jetzt mit der Besorgung der Lebensmittel viel Zeit wegen der großen Entfernungen der Kaufläden verbraucht hat. Unsere Kinder besuchen noch die Schulen, Manci eine französische Schule, Otto den letzten Jahrgang des Gymnasiums. Die Zeit wird uns lehren, was sie in einem Jahre unternehmen sollen.

Vom l. Otto in Paris bekommen wir zeitweise bisher beruhigende Berichte. Hoffentlich entsprechen sie den Tatsachen und wird es weiter so bleiben.

Jetzt wandern von hier viele nach Palästina aus. Der Mani mit Frau sind schon dort gelandet. Wir haben keinen Mangel an Lebensmitteln, alles ist sehr zweckmäßig geregelt, gut organisiert.

Hast Du l. Edi seinerzeit die Bücher bekommen? Auch das über die Rinderzucht? Ich habe hier noch ein Buch über Gartenanlage, dann ein Flugblatt und Tabelle über die Bekämpfung des Koloradokäfers, weiß aber nicht, ob sie Euch erreichen könnten, so lasse ich es auf spätere Zeiten. Mit vielen Grüssen

10. Kapitel

Die Familie schlägt sich durch

Das Jahr 1940 beginnt mit einem Brief von meiner Großmutter Fanni. Sie sehnt sich nach uns und ist begierig nach Neuigkeiten über die Farm.

Ich will das alte Jahr mit dem Schreiben an Euch, meine l. Kinder, beschließen, da Ihr wohl schon mit Sehnsucht auf Nachricht von uns warten werdet. Mit Eurem letzten an uns direkt gerichteten Briefe, haben wir uns sehr gefreut, da selber wieder sehr ausführlich gehalten war, und wir eben immer diesen stillen Wunsch haben, von Euch vieles zu wissen.

Meine Gedanken verweilen stets bei Euch allen, meinen Lieben. Ich kann Euch nicht verschweigen, wie bange uns um Euch ist. Doch man kann nichts ändern, und Euch dabei nur Glück wünschen, und unsere Sehnsucht mit den Briefen befriedigen.

Ihr seid glücklich, nur für die Arbeit sorgen zu müssen, und dass Ihr Euch so hineinfindet, das ist eine große Gnade Gottes. Besonders Ihr, l. Greti und l. Anny, wer hätte denn bei Euch solche Kräfte für schwere Arbeiten vermutet? Ich bitte Euch, esst nur kräftig, denn das macht viel aus.

Wir haben seit einigen Tagen starke Fröste, da denke ich wieder viel an Euch, besonders wegen dem früh aufstehen. Doch nicht wahr, mein l. Edmund, es muss geschehen. Es bleibt Euch nichts übrig, sonst holen Euch die Thiere ab.

Bei jeder Gelegenheit zeigt Fanni unsere Fotos. Besuch aus Strobnitz gibt ihr dazu die Gelegenheit.

Auch von Herrn & Frau Oberpostmeister aus Strobnitz und der Frau Oberwachtmeister, die bei uns waren, habe ich Euch bestens zu grüßen. Sie haben sich mit Euren Bildern sehr gefreut, und waren dabei gerührt. »O Boze Helenka!«, haben sie gerufen.

Die tschechischen Worte bringen mich zum Lächeln. Ludwig und seine Cousins sprachen oft tschechisch, aber bei uns zu Hause hörte ich es nur ab und zu. Meine Mutter ist mit Goethe und Schiller aufgewachsen und für sie war die deutsche Kultur die bedeutendere. Tschechisch sah sie als minderwertige Sprache an.

Im ersten Jahr nach ihrer Hochzeit war meine Mutter beim Feuerwehrball in Strobnitz die Ballkönigin. Fanni hatte sie gewarnt, sie solle Tschechisch lernen, wenn sie ihre Rolle beim nächsten Ball behalten möchte, aber meine Mutter war so stolz auf ihre Schönheit, dass sie das Sprachenlernen unnötig fand. Bedauerlicherweise sollte es keine Gelegenheit geben zu überprüfen, wer von den beiden recht hatte. Im nächsten Jahr war meine Mutter schwanger, und ein Jahr später waren meine Eltern als Juden nicht mehr auf dem Ball willkommen.

Ich muss auch lächeln, weil meine Großmutter niemandem etwas nachträgt. Jeder aus Strobnitz ist bei ihr willkommen. Für Arier war die Überschreitung der Grenze zwischen Strobnitz im früheren Sudetenland und dem ehemals tschechischen Budweis kein Problem, für Juden war sie unpassierbar. Fannis Brief mit den Berufsbezeichnungen vor den Namen – Frau Oberwachtmeister und Frau Oberpostmeister – erinnert mich daran, wie erstaunt ich war, als ich mit Tini den Friedhof besuchte. Sie hatte schon ihrem verstorbenen Mann am Grab davon erzählt, dass ich nach so vielen Jahren sie, unser liebes Dienstmädchen, aufgesucht hatte. Auf dem Friedhof war auf vielen Grabsteinen der Beruf eingemeißelt, auch wenn dieser Beruf nicht besonders hochgestellt war: Herr Obersanitätsinspektor, Frau Städtische Ordnungskontrolleurin und Herr Klempnermeister war da zum Beispiel zu lesen.

Später habe ich Tini danach gefragt. Macht der Tod nicht alle gleich und lässt alle irdischen Titel und Ehren unwichtig erscheinen? Tinis Antwort war kurz und schlicht: Der Mensch ist, was er aus sich macht.

***

Für meinen Großvater Josef ist fast die größte Qual, nicht tätig sein zu können. Obwohl die Zeichen der Zensur offen auf dem Papier stehen, wagt Josef die Bemerkung: »Geschäftlich hat sich hier viel geändert.« Außer dieser Bemerkung ist Josefs Brief überraschend eintönig und ziemlich zusammenhangslos. Mehr als ein Jahr ist schon vorbei, seit wir alles stehen und liegen lassen mussten und Strobnitz verließen, und es schmerzt ihn weiter.

Meine l. Kinder,
Nach langem Stillschweigen können wir wieder ein Lebenszeichen von uns geben. Wir sind Gottlob gesund und geht uns so ziemlich gut. Durch die l. Eltern Grünhut, welche uns vorige Woche ge-schrieben haben, erfahren [wir], dass bei Euch alles in Ordnung ist. Wir sind glücklich, Euch so gut geborgen zu wissen.

Was macht mein l. Helikind? Ich habe große Sehnsucht nach ihr. Wenn wir Euch nur 5 Minuten sehen könnten!

Geschäftlich hat sich hier viel geändert. Jetzt werdet Ihr Euch im Winter etwas erholen, obzwar bei aller Landwirthschaft auch im Winter genug zu thun ist. Ich habe aber die frohe Hoffnung, dass Ihr in einigen Jahren wieder in die Höhe kommt bei Eurem Fleiß. Sonst hören wir nichts: Alles beim Alten. Schreibt uns wieder einmal ausführlich, denn es ist immer ein Freudentag wenn wir von Euch Bericht bekommen. Viele herzliche Grüße an Euch alle. Euer treuer Papa

***

Am Rand des Briefes stehen ein paar Zeilen von Arnold und Vera, die den Brief vom 2.1. offenbar von Prag aus weitergeleitet hatten. Hatten meine Großeltern in Budweis keine Marken für das Ausland bekommen? Oder hatte Arnold ihnen geraten, keine Briefe in Länder zu schicken, die den Nazi-Interessen ablehnend gegenüberstanden?

8.1.1940
Meine Lieben, berichte Euch, dass bei uns alles beim Alten ist & es uns allen g.s.d. [Gott sei Dank] ohne Ausnahme gut geht, so dass Ihr in keiner Weise um uns besorgt zu sein braucht. Leider bekommen

wir viel zu selten Post von Euch & bes. von Dir l. Edi habe ich schon
monatelang keine Zeile gesehen. Herzl. Grüsse, Küsse [an] Euch alle
von Vera u. Arnold.

***

An Otto schreiben Fanni und Josef einen Brief, der an meinen Vater
weitergeleitet wird und in dem sie offen über ihre Einsamkeit und
Sehnsucht sprechen. Nicht nur müssen sie ihre liebe Familie ent-
behren, sondern sie leiden auch unter dem rauen Wetter.

Hast Du l. Kind nicht öfters Sehnsucht nach uns? Ich denke so viel
an Dich, und sogar träume ich oft von Dir. Doch alles muss ruhig
und mit Geduld getragen werden. Nur die Gesundheit soll uns der
l. Gott schenken, das ist der wichtigste Punkt.
  Nach langer Zeit kam diesmal Deine Karte an. Ist dies Deine
Schuld gewesen? Nun Gtl., wenn Du nur wohlauf bist, das ist das
Wichtigste. Auch wir sind Gtl. gesund und haben bei uns einen
strengen Winter, der uns meist an das Zimmer fesselt.

Fannis Ausdrucksweise klingt seltsam drastisch. Schreibt sie »fesselt«
wegen der Zensur? War es wirklich der strenge Winter oder waren sie
wegen des Ausgehverbots und der vielen Sperrstunden für Juden an
ihr Zimmer gefesselt?
  Fanni stellt viele Fragen über Ottos Leben in Paris und macht
auch Bemerkungen über »die Kanadier«.

Ich komme aus dem Staunen nicht heraus über den Fleiß der lieben
Kinder. Wer hätte denn in der l. Gretl diese Kräfte gesucht? Und mit
welchem Eifer sie an die Arbeit geht, ist kaum zum glauben. Ja sie
möchten die Wirtschaft noch vergrößern, schrieb Gretl, wenn sie
das Kapital dazu hätten.
  Helenchen soll zu einem kräftigen Mäderl heran wachsen, soll
ihre Mahlzeiten mit gutem Appetit verzehren. Bei uns in Strobnitz
hätte man dazu gesagt »Sie rüstet sich als Farmerin.«

Mein Großvater beschwert sich, dass seine Familie in alle Welt zerstreut ist, aber er selbst zeigt keine Angst vor der Zukunft.

Wir sind gtl. gesund, und warten auf Sonnenschein. Wenn nur der l. Gott uns Glück geben würde, wieder Euch alle Kinder beisammen zu haben! So seid Ihr alle zerstreut im Alter. Wir müssen uns alle gedulden und auf bessere Zeiten hoffen.

***

Am 29.1.1940 schreibt Martha auch an ihren Bruder in Paris. Ihre Situation ist düster. Da Kanada nicht mehr in Frage kommt, so entschlossen sie sich, illegal nach Palästina zu flüchten – eine gefährliche und unsichere Lösung.

Mein lieber Mann ist täglich bis 10 Uhr abends im Büro und Chef und Collegen sind sehr lieb zu ihm. Unser Ziel ist sobald wir können illegal nach Erez zu fahren, obwohl es auf diese Weise zwei bis drei Monate dauert und für die Kinder sehr strapazierend ist. Es wird uns leider kein anderer Ausweg übrig bleiben.

Ilselein war gestern neun Jahre alt. Sie ist ein stilles, liebes Mäderl und lernt brav. Dorothy ist ein lieber Kerl, läuft und schreit sehr gut und erhellt unser Dasein.

Ich stelle mir meine Cousinen vor, die kleine watschelnde Dorli und Ilserl, das »stille, liebe Mäderl«, dessen Geburtstag Martha und Emil doch irgendwie gefeiert haben müssen. Ich denke an Berichte über die Schiffe, die damals nach Palästina gefahren sind. Da sie nicht einlaufen durften, ankerte der Kapitän nur kurz und sagte zu den Passagieren: »Jetzt müssen Sie schwimmen.«

Marthas Briefe waren alle voller Gefühl, aber dieser Brief ist auffallend übertrieben. Ihre Worte grenzen an Gefühlsduselei. Sie bittet Otto, er solle an Hertha in New York schreiben, ob nicht doch vielleicht diese Cousine ein Affidavit beschaffen könnte. Irgendwo in Amerika muss es doch eine Person geben, die bereit ist, dafür zu

bürgen, dass die Fränkels arbeiten werden, wenn man sie hereinlässt, und dass sie nicht dem Staat zur Last fallen werden.

*Will noch eines versuchen und komme daher l. Ottole zu Dir mit
einer Bitte. Du hast uns noch, als Du in Deinem früheren Wohnort
in Wien warst, im Juni 38 registrieren lassen. Dass die Landsleute
meines l. Mannes, die im Monat Mai 38 registriert wurden, schon
jetzt die Visums erhalten, veranlasste meinen l. Mann, Erkundi-
gungen einzuziehen. Bei einer maßgebenden Stelle wurde ihm gesagt, dass wenn wir im Besitze eines Affidavits wären, besteht die
Möglichkeit in 2–3 Monaten das Visum zu erlangen. Edis Affidavit
bekam der l. Arnold, für den es auch gut ist, etwas in Händen zu
haben. Nun schreibe ich auch heute an die l. Hertha. Vielleicht ist
es doch in ihrer Macht, und es findet sich eine edle Seele zwecks
eines Affidavits. So wollte ich Dich, Ottole, fragen, ob es im Bereich
Deiner Möglichkeit ist, dieserhalb an die l. Hertha zu schreiben.
Unsere Daten weißt Du ja.*

*Es vergeht kein Tag, ohne dass ich nicht innigst bei Dir wei-
le. Wie bitte ich den l. Gott täglich um Deine Gesundheit. Ottole, mein liebes, braves, goldiges Busserl, wie lange sahen wir uns
schon nicht? Und noch dazu, jetzt kommt Dein liebes Wiegenfest.
Ich denke s o o o o an Dich. Je älter Du wirst, desto inniger werden
meine Wünsche zu Dir. Ich empfinde eine derart große anhängliche
Liebe zu Dir, dass mir wahrhaft die auserwählten Worte fehlen,
um Dir das im Wunsche zu bekunden. Doch dass du uns, geliebtes Ottolein, gesund bleibst, dazu liegt unsere Seeligkeit und Kraft.
Schenke Dir der l. Gott, alles Kommende zu ertragen.*

*Durch eine Bekannte erfuhren wir, dass Du zu Deinem Ge-
burtstag schon einen neuen Anzug bekommst, und so sage ich Dir,
geliebtes Ottole, Gott gebe, Du sollst ihn in Gesundheit tragen.
Wenn von Dir ein paar Zeilen kommen, sind wir glücklich, immer
vielen Dank dafür.*

Emil Fränkel sendet nur ein paar Zeilen, aber seine wenigen Worte
sind dafür doppelt eindrucksvoll.

Liebster Schwager.
Vor allem alles Gute und Schöne zu Deinem Wiegenfest. Der l. Gott
erhalte Dich gesund, die schwere Zeit durchzuhalten. Mache uns
nur den Gefallen und schreibe der l. Hertha. Wäre sehr froh, wenn
für uns eine Aussicht bestehen würde. Im Büro geht es mir gut aber
die Beschäftigung hilft nur über 10 Minuten hinweg.

Viele Küsse Emil

***

Fannis nächster Brief trägt das Datum 3. März. Fanni weist darauf
hin, dass die Post nicht mehr so leicht versandt werden kann. Unsere Briefe bekommen sie erst drei Monate später, und der zuletzt
eingetroffene Brief von uns war von Dezember 1939. Weil keiner die
Originalbriefe aus der Hand geben will, hat Emil Fränkel eine Ver-
pflichtung mehr auf sich genommen: als Schreiber. Er wird von nun
an mit der Hand unsere Briefe kopieren, um sie in dieser Form von
Prag an Fanni und Josef in Budweis zu senden. Fannis Brief handelt
wieder von der Strenge des Winters.

Diesmal ist eine lange Pause in unserer Korrespondenz eingetre-
ten, da ich von einer Woche zur anderen auf eine Nachricht hoffte
und so wird es Euch ebenfalls genau so scheinen. Ich möchte Euch
sehr bitten, meine lieben Kinder, trachtet doch wieder an uns zu
schreiben, an welche Adresse weiß ich eben nicht, und überlasse ich
es dem Arnold. Über den Winter dachte ich täglich an Euch. Wir
blieben bis 9 Uhr früh in den Federn, denn es gab eine schreckliche
Kälte, und das Brennmaterial mussten wir sparen.

In seinem Teil des Briefes stellt Josef hauptsächlich Fragen, die unsere Farm betreffen.

Wie steht es mit Eurem Viehstand? Hat er sich vergrößert? Schrei-
bet uns alles, wie viele Kühe, Pferde, Schweine, Hühner Du hast.
Das möchte ich gerne einmal sehen und füttern. Ich habe seit jeher

Vorliebe für Landwirtschaft gehabt. Die Bewegung den ganzen Tag in der Natur ist sehr gesund, und man vergisst dabei die Deiges [Sorgen].

Jetzt wird bei Euch bald wieder Hochbetrieb sein. Im Frühjahr hat der Bauer viel zu thun, aber wir alle sind überglücklich, dass Du dort bist und Ruhe hast. Du kannst Dich mit Ruhe niederlegen und mit Ruhe aufstehen, das ist die Hauptsache.

Wir sind gtl. gesund und warten auf bessere Zeiten. Was macht nun meine l. Heli? Die würde ich gerne sehen. Nun hoffen wir zum l. Gott, dass es einmal wieder für uns Sonnenschein geben wird.

Seine Handschrift und das Datum 10. März 1940 auf demselben Brief zeigen, dass Arnold es wieder einmal auf sich nahm, den Brief an uns weiterzuleiten. Seine paar Zeilen werden meine Eltern bestimmt beruhigt haben.

Bei uns ist alles G.s.D. unverändert und die Arbeit ist unsere größte Freude. Wir denken sehr viel an Euch und wir sind glücklich, Euch geborgen zu wissen. Ihr könnt unbesorgt um uns sein. Wir haben keine Not und sind zufrieden.

Anfänglich konnten Arnolds Worte mich auch beruhigen. Doch die latente Anwesenheit der Zensur gibt mir zu denken. »Die Arbeit ist unsere größte Freude«, klingt falsch, wie ein misstönendes Echo des Nazi-Schlagworts »Arbeit macht frei«.

Arnold war Ingenieur, und seine Fachkenntnisse waren bestimmt nützlich zu einer Zeit, in der die deutsche Kriegsmaschinerie auf Hochbetrieb geschaltet wurde. Aber wie stand es um Vera? Wenn sie als jüdische Ärztin keine Patienten sehen durfte, wie konnte die Arbeit weiter ihre größte Freude sein? Schon 1939 trat in Prag das Berufsverbot für jüdische Ärzte in Kraft.

Für meinen Großvater Josef ist das erzwungene Nichtstun unerträglich geworden. Der Kontrast zwischen Arnolds Zeilen vom 10. März und Josefs Brief vom 29. April 1940 ist merkwürdig. Josef sehnt sich danach, nützlich zu sein, und seine Zeilen sind voller

Ironie. Für Josef ist nützliche Arbeit der Beweis für Menschlichkeit im besten Sinne des Wortes. Die Tage ziehen sich und er muss zusehen, wie vor seinen Augen Kräfte vergeudet werden. Er beobachtet, wie junge, starke Juden Sandhaufen von einer Ecke in die andere und wieder zurück schaufeln. Bildung und Gaben werden verschwendet.

Wenn ich nur eine Beschäftigung hätte! Das Müßigsein ist zu langweilig. Schickt mir Eure Schweinerl und Hühner, dass ich sie füttern kann. Deine Collegen, l. Edi, gehen täglich in die Arbeit. Flussregulierung. Ich möchte Dir noch vieles von Interesse schreiben, aber bis ein andersmal. J. Meyer arbeitet auch; es ist eine gute Beschäftigung, mit Spitzhacke und Schaufel. Die Muskeln werden stark. Wie viele möchten jetzt mit Euch tauschen!

Ich war jetzt 8 Tage in Prag, bin mit Papa Grünhut in den Tempel gegangen und so waren wir öfters beisammen. Bei Elsa große Jause wie immer, 30 Personen, die ganze Mischpoche. Sonst ist alles gesund dort und vertrauen alle auf unseren l. Gott.

Fanni schreibt nichts über die Veränderungen, die ihrem Mann seine ganze Freude und seinen Lebenszweck genommen haben. Sie zieht es vor, die Aufmerksamkeit auf unsere Farm zu lenken. Hat meine Mutter schon ein paar Kilo zugenommen? (Leider nicht. Trotz ihrer Vorliebe für Süßigkeiten blieb sie bis zum Ende ihres Lebens beneidenswert schlank.) Ist es meinem Vater gelungen, Hilfe beim Melken zu bekommen? (Jawohl. Als sich unser Viehbestand vergrößerte, übernahm meine Mutter das Melken. 40 Kühe mussten zweimal am Tag gemolken werden.)

Auffallend ist, wie oft Fanni und die ganze nicht-religiöse Familie das Wort »Gott« in den Mund nehmen. »Nun Gtl. wenn Du nur wohlauf bist, das ist das Wichtigste.« »Auch wir sind Gtl. gesund ...« »Ihr schaut Gottlob gut aus ...« »Wir danken dem l. Gott, dass es Euch so gut geht.« Solche Ausdrücke sind bei allen üblich geworden.

***

Else teilt mit, dass etliche Briefe nach Kanada verloren gingen. Am 6.12.39 beschwerte sich Emil Urbach, weil sich mein Vater für ein Buch nicht bedankt hatte.

21ter April, 1940

Meine Lieben

Mit Recht beklagt sich der l. Edi im Briefe vom 30/3. an Max und Frau, dass ihr schon lange nichts von uns gehört habet. Zum letzten Mal wurde von uns ein Buch über Rinder- oder Schweinezucht eingeschickt. Die Sendung wurde nicht bestätigt, sodass ein anderes Buch über Gartenbau deswegen nicht abgeschickt wurde. Vielleicht wird es gelegentlich mitgegeben werden können. Euere interessanten Briefe an Euere Lieben werden den Geschwistern u. Eltern Josef und l. Frau geschickt. Alle zehren lange von ihrem Inhalte, freuen sich über die gemachten Erfolge. Nach den Briefnummern zu schließen, sind noch mehrere unterwegs. Wir erwarten alle mit Sehnsucht Euere Nachrichten.

Erfreut uns, dass Eure Arbeit u. Unternehmungen zwar mit großen Anstrengungen, aber mit langsamem, aber sichtbarem Fortschritte verbunden sind. Wir wünschen Euch weiter recht viel Glück.

Für Euere Lieben wäre es das größte Glück, wenn sie schon bei Euch sein könnten. Jetzt haben sie eine schöne Wohnung in unserer Nähe und wir werden uns gegenseitig öfters besuchen können. Sie leben einfach, leiden keinen Mangel, gehen spazieren, die Verwandten besuchen, in die Kirche. So vergeht ihnen die Zeit bis es möglich werden wird, abzureisen. Ihr müsset Euch Ihretwegen keine Sorgen machen, nur wenn es Euch glücken würde, ihre Abreise endlich einmal durchzusetzen.

Die Linzer warten ungeduldig auf die Abreisemöglichkeit: schwanken zwischen Erez und USA, sind schon seit 38 registriert. Wenn ihr Affidavit rechtzeitig käme, könnten sie vielleicht bald das Visum erhalten. Vielleicht kann Hertha oder Trude etwas für sie machen.

Ilse lernt Englisch, Dorli ist ein sehr kluges, braves Kind, gedeiht gut. Josef lebt mit Frau behaglich bescheiden in Budweis, sind glücklich zeitweise von ihren Lieben etwas zu hören. Auch wegen ihrer machet Euch keinerlei Sorgen, auch wenn sie nicht schreiben. Sie denken fleißig an alle ihre Kinder, wünschen allen günstige Erfolge. Arnold samt Frau sind beruflich beschäftigt, berichten Euch zeitweise alles.

Unser Otto maturiert heuer. Wir machen uns wegen seiner Zukunft ebenso wie wegen der Tochter keine Kopfschmerzen. Sie näht Kleider, übt Sprachen.

Wir freuen uns über die Berichte betreffend das Kind. Ist es schon Amerikanerin? Weitere günstige Erfolge wünschen wir Euch alle, grüssen Euch vielmals.

Bei den Briefen, die Emil mit der Maschine geschrieben hat, fehlt überall die Unterschrift; sie wirken förmlicher, aber auch realistischer als die anderen.

Besonders interessiert mich, was er über Martha und Emil Fränkel schreibt, denen die Zeit zwischen den Fingern verrinnt. Sie dürfen nicht in Prag bleiben, aber es gibt kein einziges Land, das bereit wäre, sie aufzunehmen. Bleiben dürfen sie nicht, doch fort können sie auch nicht.

Gab es in ganz Amerika denn niemanden, der für diesen fleißigen, tüchtigen, intelligenten Menschen, seine Frau und seine kleinen Kinder hätte bürgen können? Hatten mein Vater oder Hertha außer der mir nicht bekannten »Bella« nirgendwo einen Bekannten? Auch wenn Hertha sich zuerst um ihre Mutter kümmern musste, hatte sie denn keine Möglichkeit, etwa über den »Freund eines Freundes« zu helfen?

***

Nur wenige Tage später schreibt Arnold einen Brief, der offenbart, dass Vera nicht mehr als Ärztin arbeitet. Auffallend ist, dass Arnold kein Wort über die Lage der Familie Fränkel verliert.

Meine Lieben

Nach ungewöhnlich langer Zeit kam wieder einmal ein langer Brief von Euch, und Ihr könnt Euch vorstellen, welche Freude und Zufriedenheit dieses Schreiben vom 8.2. das hier vorige Woche ankam, auslöste. Wir sind ja in unseren Gedanken viel bei Euch, und es bedarf nur ganz flüchtiger Andeutungen Eurerseits, um unsere Vorstellung über Euer Leben und Wirtschaften aufs Beste anzuregen. Wir freuen uns ungemein über die Fortschritte, die Ihr macht, und sind glücklich bei dem Gedanken, dass Ihr in Ruhe Eurer Arbeit nachgehen könnt, und der Erfolg Euerer Mühe und Eures Fleißes nicht ausbleibt. Ich bin überzeugt davon, dass Ihr langsam aber sicher zu einem gewissen Wohlstand gelangen werdet.

Über unser Schicksal seid weiter unbesorgt. Es liegt wie jedes in Gottes Hand. Es ist uns bis jetzt in jeder Beziehung gut gegangen, und so hoffen wir, dass es auch weiter so sein wird. Irgend welche Not haben wir nicht. Wir verdienen ganz schön und mit der Ernährung gibt es bisher keine Schwierigkeiten. Eine Veränderung steht uns insofern bevor, dass die l. Vera sich im Sommer ins Privatleben zurückziehen wird. Den dadurch entstehenden Ausfall des Einkommens wollen wir dadurch wettmachen, dass wir einerseits zwei Zimmer vermieten werden, andererseits das Dienstmädchen entlassen und den Haushalt auflösen wollen. Vera wird vormittags ihrer Mama kochen helfen, und wir werden dort auch mittagmahlen.

Außerdem ist in letzter Zeit mein Gehalt derart gestiegen (fast 3000 Kronen), dass wir wenn sonst nichts dazwischen kommt, unser gutes Auslangen finden werden. Wir sind also in dieser Beziehung und auch ansonsten bester Zuversicht und könnt Ihr also unbesorgt um uns sein.

Ich grüsse und küsse jeden einzelnen von Euch aufs herzlichste, Euer Arnold.

Wenige Tage später schreibt Emil Fränkel mit der Maschine einen Brief an Hertha. Er hat jede Hoffnung verloren. Sie müssen Prag nun verlassen, aber sie wissen nicht, wohin sie gehen sollen.

Arnold und Vera sind eingesprungen. Um die Fränkels zu retten, treten Arnold und Vera ihr eigenes Affidavit, welches zuerst im Namen meines Vaters ausgestellt wurde, an Fränkels ab. Wieso mein Vater ein Affidavit hatte, ist mir ein Rätsel. Meines Wissens hatte er in Amerika außer Hertha weder Bekannte noch Verwandte. Da wir jedoch schon in Kanada lebten, Emil Fränkel nicht nur der Schwager, sondern auch der beste Freund meines Vaters war und sich Arnold von Anfang an wenig für die Emigration interessiert hatte, verstehe ich nicht, wieso das »Bella-Affidavit« nicht sofort auf Fränkels Namen ausgestellt worden war. Stattdessen ist das Affidavit verfallen und Emil ersucht Hertha, Bella um ein neues zu bitten.

Bezüglich deiner Ausführungen über uns, liebe Hertha, waren wir sehr traurig. Nachdem wir jedoch am 6. April 1938 registriert wurden, und im hiesigen Wochenblatt bekannt gegeben wurde, dass die mit obigem Datum Registrierten bereits vom Konsulat zwecks Ausreise vorgeladen werden, veranlasste uns [das], Euch wieder um das Affidavit zu bitten.

Auf Grund Deiner letzten Mitteilung, liebe Hertha, ersuchte ich gestern die l. Emmy, mit mir zwecks Auskunft zum Konsulat zu gehen. Zu unserem größten Erstaunen teilte man uns mit, dass unsere Wartezeit auf der polnischen Quote bereits überschritten ist, und wir sofort die Ausreise bewilligt bekämen, wenn wir im Besitze eines Affidavits wären. Nun kannst Du Dir l. Hertha meine Lage vorstellen, das Ziel so nahe vor sich zu sehen und das heiß ersehnte Affidavit nicht zu besitzen.

Noch am selben Abend sprach ich mit dem l. Arnold, der sich sofort bereit erklärte, zu unseren Gunsten sein Affidavit abzugeben. Nun liegt es nur in Deiner Hand, uns zu helfen, und bitten wir Dich recht inniglich vom Herzen, Dich mit der l. Bella unverzüglich ins Einvernehmen zu setzen. Das bereits dem l. Edi im Jahre 1938 ausgestellte Affidavit ist bereits erloschen. Die l. Bella müsste für uns ein vollständig neues Affidavit ausstellen, und geben wir Dir nachstehend unsere Daten bekannt:

Emil, geb. am 6. Februar 1884 in Lemberg, zuständig Linz an der Donau. Martha (Waldstein) geb. am 26. September 1908 in

Strobnitz, zuständig Linz a.d. D. – Ilse, geb. am 23. Januar 1931
in Linz a.d.D., zuständig Linz a.d.D. – Dorothea, geb. am 10. Juli
1938 in Linz a.d.D., zuständig Linz a.d.D.

Sei so lieb, l. Hertha, nachdem Du schon ohnehin in Affidavits-
Ausstellung genug Praxis hast, gehe der l. Bella möglichst an die
Hand, damit nicht unnötige Aufhaltung entsteht. Gerade in der jet-
zigen Zeit würde die geringste Verzögerung die Angelegenheit um
Monate verschieben.

Wir würden Dich daher sehr bitten für den Fall, dass es Dir
gelingen würde, dass die l. Bella selbes per Flugpost recommandiert
absendet. Der Dringlichkeit halber sandten wir heute an das dor-
tige Komitee folgendes Telegramm: Veranlasset Bloch Einsendung
Affidavit für Familie Fränkel Quote erreicht.

Nachdem wir es von Dir wissen, dass die l. Bella immer sehr
bald auf Sommerfrische fährt, so sei uns bitte nicht ungehalten, l.
Hertha, wenn wir Dich nochmals auf die Dringlichkeit dieses Fal-
les aufmerksam machen, da trotz noch so rascher Erledigung alles
genug lange dauert. Gebe der l. Bella in unserem Namen die Versi-
cherung, dass wir so weit es nach unseren Kräften geht, ihr nicht zu
Last fallen werden. Sollte Dir dieses gute und edle Werk gelingen,
so sei unserer steten Dankbarkeit versichert. Der liebe Gott möge es
an Deinem lieben Kinde lohnen.

Vielleicht wäre es Dir möglich, l. Hertha, den Inhalt dieses Brie-
fes dem l. Edi mitzuteilen. Wir hoffen nun endlich diesmal auf alles
Gute und vielen innigen Dank in voraus.

Die besten Grüße und Küsse an Dich und Deine Lieben Dein
Emil.

Während ich diesen Brief über die mir unbekannte Bella las, wurde ich immer wütender. Wie konnte sie unbekümmert in Urlaub
fahren? Nein, nicht einmal Urlaub oder verdiente Erholung nach
langer Arbeit, sondern ausgedehnte Sommerfrische. Wie konnte sie
Emils Verzweiflung nicht wahrnehmen? Bis zum Herbst 1941 war
Deutschland bereit, die Juden ins Ausland abzuschieben. Martha
und Emil Fränkel hätten wegkommen können; es fehlte ihnen nur

ein Wohin. Die Fränkels und zahllose andere Juden hätte man retten können, aber die Welt zeigte ihnen die kalte Schulter.

Für meinen Vater war es schlechterdings unmöglich, in Kanada oder in Amerika etwas auszurichten, dennoch frage ich mich, ob es ihm jemals gelungen ist, sich von seinen Schuldgefühlen zu befreien. Hätte es vielleicht doch irgendeine Möglichkeit gegeben, den Fränkels zu helfen? In puncto Immigration war die kanadische Parlamentsakte klar: Christliche Siedler waren willkommen, jüdische nicht. Es ist eine Tatsache, dass lange vor Hitlers »Nürnberger Gesetzen« von 1935 Kanada mögliche Einwanderer nach ihrer Religion sortierte.

Am Ende von Emils aufwühlendem Hilferuf stehen nur ein paar Zeilen von Martha. Sie versucht nicht so zu tun, als sei sie frohgemut.

Also, liebe Hertha, es muss doch das große Werk vollbracht werden, obwohl wir Dich gerne davon verschont hätten, aber das eiserne »muss« und das Sprichwort »nur dem Mutigen gehört die Welt« ist jetzt unsere Parole.

Bleibet recht, recht gesund alle, und vielen heißen Dank für Alles. Innige Küsse Eure Martha.

11. Kapitel

Die Briefe bleiben aus

Erst am 21. Juli 1940 schreibt Arnold wieder. Merkwürdigerweise spricht er weder über die Lage der Fränkels noch über das Affidavit. Der Gleichmut seiner Zeilen ist bestimmt gewollt und soll die lebensbedrohlichen Veränderungen in Prag kaschieren: Die Straßen bekommen neue Namen, weil deutsche Helden geehrt werden sollen. Vera muss ihre Praxis als Ärztin aufgeben. Bald müssen Arnold und Vera auch aus ihrer Wohnung ausziehen. Arnold erwähnt diese Tatsachen, ohne sich lange damit aufzuhalten. Er zieht es vor, Fragen über unsere Fortschritte auf der Farm zu stellen und den Zusammenhalt unserer Familie zu betonen. Der beste Beweis dafür ist, dass jeder Brief von Hand zu Hand weitergegeben wird.

21.7.40. 1824-2498[5]

Meine Lieben,
Sooft ein Schreiben von Euch einlangt, herrscht große Freude in der Familie, und jeder Brief wandert von Hand zu Hand. Dann danken wir alle Gott, der Euer Schicksal in so geruhsame Bahnen geleitet hat, und freuen uns über jeden kleinen Fortschritt, den Ihr zu verzeichnen habt.
Besonders groß war unsere Freude als wir aus Deinem l. Brief v. 28.6. l. Hertha entnahmen, dass es auch dem l. Otto gut geht und er sich wohl befindet. Wenn wir gar nicht so fleißig schreiben, als Ihr es vielleicht wünschen würdet, nehmt es uns bitte nicht krumm. Das ist durch die Verhältnisse bedingt. Unsere Gedanken sind nichtsdestoweniger ständig bei Euch, und verfolgen Euch in jeder Phase Eures Lebens, Eures Berufes und Eures heimischen Kreises, der uns dank Eurer lebhaften Beschreibungen schon recht gut vorstellbar vor Augen steht, und befassen sich mit jedem einzelnen von

---

5   *Diese Ziffern wurden von der Zensurbehörde eingetragen.*

Euch, von Dir l. Tante als Großmama angefangen bis zum jüngsten
Spross und Liebling, der kleinen Helly.

Gegenüber all den Fortschritten, die Ihr zu berichten habt,
kann ich Euch was uns anbelangt nur berichten, dass alles unver-
ändert oder nahezu unverändert ist. Auch der alte Familien- und
Verwandtschaftskreis ist noch der gleiche. Bei Else, die es irgendwie
besonders versteht, es den Gästen gemütlich zu machen, und wo
auch die ungemein süße Dorli den Hauptanziehungspunkt bildet,
kommen wir oft durch Zufall zusammen. Mama ist auch da, wohnt
bei Elsa und wird jetzt längere Zeit hier bleiben. Sie hat eine leichte
Herzschwäche, und da wollen wir sie lieber unter verwandtschaft-
licher Kontrolle haben. Die l. Vera macht in einigen Tagen den
Laden zu. Wir behalten unsere Wohnung noch ein Quartal, und
siedeln dann wahrscheinlich in eine kleinere im selben Haus über.
Unsere Straße heißt jetzt übrigens Schwerinova (Schwerinstraße).

Nun noch eine kleine Bitte an Dich, l. Edi. Schreibe bitte in den
Briefen ein paar direkte Worte an die Eltern und auch an unse-
re Eltern. Sie freuen sich viel mit jedem Wort. Nun lebt alle recht
wohl, meine Lieben, und Gott mit Euch! Euer Arnold.

Ich staune, wie unaufgeregt und fast beiläufig Arnold die besorg-
niserregende Nachricht über Fannis Gesundheit einflicht. Zweifellos wollte er die Wahrheit sagen, aber ohne damit meinen Vater zu
ängstigen. Doch ist die Anregung, öfter zu schreiben und nicht das
Briefeschreiben meiner Mutter zu überlassen, ein Hinweis darauf,
wie sorgfältig und genau die Familie jedes Wort las und dabei – genau wie ich – die kleinen Besonderheiten im Blick hatte, durch die
sich die Menschen voneinander unterscheiden.

Am 25. August schreibt Arnold wieder. Diesmal gibt er sich
kaum Mühe, den Ernst von Fannis Herzleiden zu verharmlosen.
Auch wenn er sich zusammennimmt, um positiv zu klingen, und
sogar vorgibt, dass sich Vera plötzlich für die Hausarbeit und das
Kochen interessiert, so klingen seine launigen Bemerkungen doch
sehr bemüht und aufgesetzt.

Meine Lieben

Unsere Gedanken sind oft bei Euch, viel öfters als wir die Möglichkeit haben, Euch zu schreiben. Diesmal ist es besonders Dein Geburtstag, l. Edi, der unsere besten Wünsche für Dein und Euer aller Wohl in noch stärkeren Maße erstehen lässt.

Bei uns wäre soweit alles in Ordnung, nur der Gesundheitszustand der l. Mama lässt leider zu wünschen übrig. Sie hat eine Herzschwäche und ist sehr abgemagert. Die l. Elsa und auch Martha und Vera pflegen sie so gut sie können, und auch ein tüchtiger Herzspezialist behandelt sie, sodass wir hoffen, dass sie sich nun, wo es ihr schon wieder besser geht, gut erholen wird.

Die l. Vera führt jetzt die Hauswirtschaft allein, was unter den gegebenen Verhältnissen hoch anzurechnen ist. Sie will sich vor allem in diesen Dingen üben, und mein Magen heißt es bisher gut.

In der Fabrik habe ich jetzt sehr viel zu tun, speziell seit der alte Chef gestorben ist und sein Sohn die Firma übernahm. Der Beschäftigungsbetrieb hat sich verdoppelt. Meinen Urlaub habe ich heuer noch nicht angetreten wegen des dauernd schlechten Wetters. Dagegen machen wir Sonntags meist schöne Radausflüge, oft 70–80 km.

Nun, meine Lieben, lebet wohl. Schreibt bald wieder und öfters als wir! Seid jeder einzelne herzlich gegrüßt u. geküsst von Eurem Arnold.

Am 26. September schreiben Arnold und Vera wieder. Aus ihrem Brief erfahre ich ein Datum, das ich mir sofort notiere. Martha, das jüngste unter den Geschwistern meines Vaters, ist am 26. September geboren; am selben Tag hat auch Fanni Geburtstag. Bestimmt haben Mutter und Tochter in den vergangenen 34 Jahren ihre Geburtstage groß zusammen gefeiert. Dieses Jahr schreibt Arnold nicht einmal über eine einfache Familienzusammenkunft. Dass er gar nicht davon spricht, erschreckt mich.

26.9.40 2951–15T4

Meine Lieben.

Heute an Mamas und Marthas Geburtstag sind unsere Gedanken besonders intensiv bei Euch in der Ferne. Euren l. Brief von Ende des

Mts. haben wir erhalten und mit viel Freude und Zufriedenheit gele-sen. Gebe Gott, dass es Euch allen weiter so gut gehen möge, und Euch weiterhin guter Erfolg Eurer Arbeit und Zufriedenheit beschieden sei.

Über den Gesundheitszustand der l. Mama kann ich Euch erfreuliche Fortschritte melden; eine weitgehende Besserung hat stattgefunden. Sie verbringt täglich schon mehrere Stunden außer Bett, ist zwar noch recht schwach und mager, nimmt etwas zu und geht im Zimmer spazieren. Sie steht natürlich noch in ärztlicher Be-handlung und bekommt ihre Injektionen und Medikamente, doch dies nun schon seltener, und auch die Herzbeschwerden stellen sich nur noch ab und zu ein. Die l. Vera betreut sie nach wie vor, und Else tut ihr Möglichstes, um sie wieder aufzupäppeln. So hoffen wir, dass sie bald wieder in den Vollbesitz ihrer Kräfte kommt, und ich glaube, dass wir darüber unbesorgt sein können.

Von uns kann ich Euch berichten, dass es uns den Umständen angemessen gut geht, zumal wir ja, wie Ihr wisst, bescheidene Men-schen sind. Auch in dieser Beziehung braucht Ihr Euch keine Sorgen zu machen. Die l. Vera führt tapfer den Haushalt, obzwar es oft über ihre Kräfte geht, da sie oft genug anderweitig aufgehalten wird. In einigen Wochen werden die Fränkels zu uns ziehen, wir haben oben die zwei Zimmer reserviert, die wir jetzt frei haben. Papa wird zu Else übersiedeln und seine Möbel werden eben Fränkels benützen.

In der Fabrik bin ich nach wie vor fleißig tätig, zumal wir Auf-träge und Material genug haben. Doch ist in der Fabriksleitung eine Veränderung eingetreten, sodass mit meinem Ausscheiden aus der Firma in den nächsten Wochen gerechnet werden muss. Na, nur keine Bange, es wird schon irgendwie weiter gehen.

Indem ich Euch alle aufs herzlichste grüße und küsse bin ich Euer alter Arnold.

Fanni geht es zwar gesundheitlich besser, aber alles andere zerbricht anscheinend in Arnolds Welt. Obwohl es einen großen Bedarf an Ma-schinenbauern wie ihm gibt, wird er seine Arbeit verlieren. Immer sorgfältig darauf bedacht, der Zensur nichts Auffälliges zu bieten (die Ziffern 2951–15T4 belegen die Kontrolle), schreibt Arnold ganz einleuchtend über den neuen Chef und Verwaltungsschwierigkeiten, bestimmt eine Metapher für die Nazi-Regierung und die neuen Gesetze, die den Ausschluss aller Juden von der Erwerbstätigkeit bedeuteten.

Dass Vera »oft genug anderweitig aufgehalten wird«, wenn sie den Haushalt zu führen hat, ist bestimmt ein verkappter Hinweis auf das Schlangestehen für Nahrungsmittel. In Prag durften Juden nur zwischen 11 und 15 Uhr einkaufen, und Lebensmittelkarten für vieles, einschließlich Obst, Gemüse (entweder frisch oder in Dosen), Zucker, Nüsse, Käse, Fisch, Geflügel waren für Juden verboten. Die Absicht der Fränkels, sich bei Arnold und Vera einzuquartieren, und der Plan meines Großvaters, bei Elses Familie zu wohnen, beweist, dass Juden sich immer beengteren Wohnbedingungen anbequemen mussten.

Arnolds nächster Brief datiert vom 26. Oktober 1940. Zum ersten und einzigen Mal schreibt Arnold das Wort »Krieg«. Der Brief ist seltsam verklausuliert. Nicht einmal den Namen seines Bruders Otto erwähnt Arnold. Stattdessen spricht er von »Ingwa«, als handelte es sich um eine Frau und nicht um die abgekürzte Form von »Ingenieur Waldstein«, die Otto als Markenname für seine Strickwaren benutzte. Für andere findet Arnold ähnliche Decknamen. So berichtet er über einen Onkel, dessen ungewöhnlichen ungarischen Namen Fekete ich noch nie gehört habe. Dieser »Onkel« soll die Nachricht erhalten haben, dass es »Ingwa« und zwei weiteren nur mit Vornamen genannten Damen gut geht.

Arnold hat eine gute Nachricht: die »weitgehende Besserung« der lieben Mama. Ernüchternd ist aber, dass Fränkels aus der Wohnung, die sie mit Urbachs geteilt hatten, ausziehen müssen. Weiterhin dürfen sie nicht zu Arnold und Vera übersiedeln. Offenbar haben die Nazis jedes Schlupfloch gestopft, so dass es den Juden nicht mehr vergönnt ist, frei zu entscheiden, wo sie wohnen wollen.

Prag 26.10.40

Meine Lieben,
Wir haben uns wie stets, so auch diesmal mit Euren l. Zeilen sehr gefreut, und diese machen nun in Original und Abschrift die Runde in der ganzen beiderseitigen Familie.

Auch von der l. Ingwa hatten wir seit langer Zeit wieder eine Nachricht. Sie telegrafierte an Onkel Fekete gemeinsam mit Dita und Liselotte, dass es ihnen allen gut geht. Auch von uns allen kann ich Euch G.s.D. berichten, dass es uns allen verhältnismäßig recht gut geht. Vor allem erfreuen wir uns alle guter Gesundheit, und das ist ja wohl das Wichtigste. Auch die l. Mama ist ja wieder so weit hergestellt, dass man sie als fast gesund bezeichnen kann. Sie ist nun fast die meiste Zeit außer Bett, hat guten Appetit und nimmt schon etwas an Gewicht und Kräften zu. Papa lebt derzeit allein in Budweis, doch wird er vermutlich zu Neujahr zu Urbachs übersiedeln, während Fränkels von dort wegziehen. Da sie zu uns nicht einziehen dürfen, müssen sie versuchen, irgendwo möbliert unterzukommen. Dorli ist jetzt sehr herzig, fängt an sehr hübsch zu plappern, deutsch und tschechisch gleich gut.

In der Fabrik haben sich die Verhältnisse soweit gebessert, dass ich vorderhand bleibe, voraussichtlich bis Ende des Jahres. Vera führt tapfer den Haushalt, doch gehen wir mittags zu einem Mittagstisch essen, da es ihr mit der Zeit nicht ausgeht. Wir essen dort sehr gut. Man vergisst dabei, dass Krieg ist.

Nun, meine Lieben alle, nehmt meine besten Wünsche für Euer weiteres Wohlergehen entgegen, und die Versicherung, dass unsere Gedanken unentwegt bei Euch weilen. Seid alle herzlichst gegrüßt und geküsst von Eurem Arnold.

Meine Lieben, wenn ich in meinen letzten Briefen an Euch etwas einsilbig bin, so sind doch meine Gedanken in alter Liebe und Anhänglichkeit bei Euch, und ich freue mich mit den Berichten von Eurem Wohlergehen und den gedeihlichen Fortschritten Euerer Arbeit. In meinem neuen Pflichtenkreis habe ich mich mit ganz guter Laune eingelebt, umso mehr als mein alter Pflichtenkreis noch zum Teil weiter besteht. Viele Grüße und Küsse, Eure Vera.

Jede Zeile dieses Briefes habe ich mir genau angesehen, um nicht nur die Worte, sondern auch die Hintergründe zu begreifen. Trotz aller Bemühungen bleiben mehr Fragen als Antworten.

Es ist kaum ein Monat vergangen, seit Fränkels zu Arnold und Vera ziehen wollten. Warum mussten Fränkels jetzt eine möblierte

Wohnung suchen? Das ist umso unverständlicher, als Papa Waldstein andererseits seine Möbel unterbringen musste, die sie hätten
nutzen können. Warum mussten Fränkels überhaupt umziehen? Ist
es ein weiterer Beweis dafür, dass die Nazis zuerst ihre Aufmerksamkeit auf osteuropäische Juden aus Polen, Russland und Rumä-
nien gelenkt hatten und erst später auf die Juden in Deutschland,
Österreich und in der Tschechoslowakei, wo sie verhältnismäßig gut
integriert waren?

Von Anfang an haben mich die Briefe von Emil Fränkel besonders
interessiert und ich habe mein Möglichstes getan, um mehr über diesen Schwager meines Vaters zu erfahren. Einem plötzlichen Impuls
folgend suchte ich Informationen über seinen Geburtsort – Lemberg
in Galizien. Zu meinem Erstaunen fand ich Folgendes: »Nach [...]
1772 gelangte das Gebiet von Auschwitz an Österreich und wurde
administratorisch an Galizien angeschlossen. Um ihre Ansprüche auf
das ehemals böhmische Herzogtum anzumelden, titulierte Erzherzo-
gin Maria Theresia in ihrer Eigenschaft als Königin von Böhmen u. a.
auch als *Herzogin von Auschwitz-Zator.*«[6] Bis 1918 führte der Kaiser
von Österreich auch den Titel »Herzog von Auschwitz«.

Mit Schaudern las ich den Namen »Auschwitz«, der mir bisher
nur in seiner unheimlichsten Bedeutung bekannt gewesen war.

Vera führt noch »tapfer« den Haushalt, aber weil ihr die Zeit
fehlt, essen sie bei einem »Mittagstisch«. Ich stellte mir diesen wie
eine moderne Volksküche vor, eine Rückzugsmöglichkeit für Juden,
denen Geschäfte und Lebensmittel nach und nach verboten waren.
Meine Nachforschung bestätigte weiter, dass jüdische Fürsorgeäm-
ter nicht nur Nahrung, sondern auch Kleidung, Kohle, Kartoffeln,
Medikamente und was sie noch hatten, an die wachsende Zahl der
verarmten Juden austeilten.

Ich musste meine Gedanken beherrschen, um sie zu Arnolds
Brief zurückzubringen. »Wir essen dort sehr gut. Man vergisst dabei,
dass Krieg ist.« In keinem anderen Brief, weder von Arnold noch
von anderen in der Familie, kommt sonst je das Wort »Krieg« vor.

---

6   *http://de.wikipedia.org/wiki/Herzogtum_Auschwitz*

Oft, wenn ich mich in ein Buch vertiefe oder wenn ich mit allen Mitteln Ablenkung suche, um nicht über den täglichen Schreckensnachrichten in den Zeitungen zu verzweifeln, denke ich an die Juden Europas, die sich nirgends verstecken konnten. Wie war es möglich, auch nur für einen Moment den Krieg zu vergessen?

Arnold hatte durch seine Arbeit bestimmt eine gewisse Ablenkung und Trost. Aus seinen Zeilen kann man herauslesen, dass seine Firma Rüstungsgüter erzeugte. Das Ende des Briefes erregt meine Aufmerksamkeit. »Nun, meine Lieben alle, nehmt meine besten Wünsche für Euer weiteres Wohlergehen entgegen, und die Versicherung, dass unsere Gedanken unentwegt bei Euch weilen.« Mehr und mehr nehmen seine Zeilen einen biblischen Klang an, wie wenn jeder Brief sein letzter sein könnte.

Veras Grüße zeigen, dass auch sie ein Ende des Briefeschreibens befürchtete. Sie deutet an, dass sie noch etliche Patienten hat. Ich nehme an, diese waren Juden, denn kein Nichtjude hätte sich mehr getraut, den beliebtesten jüdischen Arzt aufzusuchen. Die Zeitungen druckten damals reichlich Bilder von Nichtjuden, die man durch den Schmutz zog und verspottete, weil sie mit Juden verkehrten.

Und doch konnte ich mir Veras Lage nicht recht vorstellen. Zu viel Betrieb in einem Privathaus hätten die Nachbarn bemerkt. Konnte Vera nur ab und zu bei anderen ins Haus kommen? Wenn jemand plötzlich schwer krank war, ging Vera trotz der für Juden streng geltenden Ausgangssperre zu ihm nach Hause? Traute sie sich, eine Tasche mit ärztlicher Ausstattung zu tragen? Und wie hätte sie die nötigsten Medikamente bekommen, wenn man ihre Praxis geschlossen hatte? Holten Leute sie erst, wenn das Ende nahe war?

***

Der nächste Brief trägt kein Datum und stammt von meinem Großvater Josef. Er schreibt nur ein paar Zeilen, in denen er vor allem zum Ausdruck bringen will, wie groß seine Liebe zur Familie ist und wie sehr er sich nach ihr sehnt. Er träumt von einer früheren Zeit, als er mit mir spielen konnte.

Mein l. Edi, l. Gretl und Hellikind,
Nach langem Stillschweigen will ich wieder paar Zeilen an Euch
richten. Ich bin gottlob gesund und geht es mir gut. Ich bekomme
Eure Briefe und es ist immer ein Freudentag für mich. Wir danken
dem l. Gott, dass es Euch so gut geht. Täglich denke ich an Euch.
L. Edi, wie geht es der l. Gretl und unserer herzigen Helli? Wo
sind die Zeiten, wo wir im Kinderpark gespielt haben? Mit dem
Opi, gell l. Helli? Einen Wunsch hätte ich noch, einmal wieder spie-
len mit der l. Helli. Der l. Gott soll alle unsere Wünsche erfüllen.
Die l. Mama und die Geschwister schreiben Euch gewiss alles,
so schließe [ich] mein heutiges Schreiben und grüße und küsse
Euch alle im Geiste. Bleibt gesund und schreibet bald wieder. Euer
treuer Papa Waldstein.

Im selben Umschlag findet sich ein maschinengeschriebener Brief,
dessen sachlicher Ton ganz auf Emil Urbach verweist. Erstaunlicher-
weise wird Else nur als »Frau Doktor« erwähnt, und Emil, der bisher
nie einen Brief unterschrieben hat, gibt einen falschen Namen an.

Das Bildchen von Euch hat uns sehr gefallen u. freuen uns sehr auf
die folgenden. Wir lesen mit viel Vergnügen Eure Berichte. Allen un-
seren Verwandten u. Bekannten geht es gottlob gut, sie lassen Euch
alle vielmals grüßen. Wir erhoffen von dem kommenden Jahre, dass
es Euch allen recht günstige Erfolge als Krönung Eures Fleißes brin-
gen wird.
Der l. Gretl wünschen wir zu ihrem bevorstehenden Wiegenfes-
te das erdenklichst Beste, vor allem feste Gesundheit u. sie möge an
der l. Helly große Freude erleben!
Die Frau Doktor hat sich mit den Wünschen recht herzlich ge-
freut, erwidert sie ebenfalls herzlichst, lässt vielmals danken. Der l.
Mama geht es Gottlob stets besser. Sie stopft jetzt Strümpfe, denkt
sehr häufig an Euch, möchte Euch fortwährend helfen in Eurer
Wirtschaft. Otto ist Hauslehrer in einer größeren Stadt in unserer
Nähe, es geht ihm gut, gefällt ihm dort. Manci ist Schneiderlehr-

mädchen, geht zeitlich früh aus dem Haus, kehrt spät abends zu-
rück, fühlt sich trotzdem glücklich.

Annys humorvolle Schreibweise erfreut uns immer. Mit besten
Grüssen an jeden einzelnen von Euch, verbleiben wir Eure Euch
liebende Familie Auerbach

Ganz dicht neben dem Decknamen »Auerbach« stehen zwei Zeilen
in Marthas Handschrift:

Vielleicht hast Du doch Erfolg, was wäre das für eine Freude für
uns alle! Nochmals Dir l. Schwägerin, alles erdenkliche Gute. Euch
alle grüßen wir alle und küssen Euch Eure tr. Martha u. Emil.

***

Der nächste Brief ist wieder von meinen Großeltern Fanni und Josef,
aber vieles bleibt mir rätselhaft. Warum unterschreibt mein Großvater nicht wie immer mit »Euer treuer Papa« sondern mit »Josef«?
Warum ist er nicht zu Urbachs gezogen, so wie er es am 26. September vorhatte? Und das allergrößte Rätsel sind die Fränkels. Wenn
meine Großeltern jetzt bei Arnold und Vera wohnen, wo sind Martha und Emil? Wieso schreibt niemand mehr über die herzige Dorli
und über das brave Ilserl?

3087 1820

Sehr erfreute mich[,] Euren Brief zu lesen, und das kleine Foto. Ihr
seht alle gut aus. Was meine Gesundheit betrifft, fühle ich mich
schon kräftiger, mein Herz hat an Schwäche gelitten. Wir wohnen
beim l. Arnold, benützen das Wartezimmer und koche ich für uns
separat, so dass ich am Vormittag beschäftigt bin, und die Nach-
mittage nütze ich mit dem Stopfen der Strümpfe für die l. Urbachs
aus, da die l. Elsa genügend beschäftigt ist. Wir sind alle gtl. gesund
und beschäftigt.

Meine Gedanken waren stets bei Euch allen und die Cousinen
lassen Euch alle herzlichst grüssen. Mit den Schwiegereltern bin ich

sehr oft beisammen, auch gehen wir miteinander spazieren. Resl
hat sich ziemlich erholt.

Nun meine Lieben, nehmt von uns allen die herzlichsten Grü-
ße und Küsse entgegen und schreibet bald wieder, worauf wir uns
herzlich freuen. Eure treue Mutter Fanni.

Ich bitte Euch meine schlechte Schrift zu entschuldigen, das ist
noch von der Schwäche geblieben.

Auch von mir die herzlichsten Grüße und Küsse. Schreibet bald
wieder einmal, Euer Josef.

***

Arnold schickt regelmäßig einmal im Monat einen Brief. Am 28.
November 1940 schreibt er, dass seine Firma ihn trotz des Mangels an Maschinenbauingenieuren entlassen habe. Als Grund seiner Entlassung gibt er an: »Wenn ich nicht dieses Gebrechen hätte«
und auch »wegen meines alten Übels«. Nachdem Arnold und Vera
im Sommer noch 70–80 km am Tag mit dem Fahrrad zurücklegen
konnten, nehme ich an, dass beide Ausdrücke eine verhüllende Um-
schreibung für sein Judentum sind.

28.XI.40 3043-3525

Meine Lieben,
Heute kam Euer l. Brief vom 26/X. an mit dem Foto u. da gab es
natürlich große Freude bei uns. Ihr könnet gewiss ermessen, was
Euere Briefe in dieser Zeit für uns bedeuten, besonders wenn sie
uns so gute Nachricht über Euer Wohlergehen bringen, u. uns auch
über Ottos Befinden beruhigen. Ich danke Euch jedem einzelnen
für Eure Grüße und bitte Euch gleichzeitig uns weiterhin wenigs-
tens einmal im Monat zu schreiben.

Bei uns ist alles gesund u. von den beruflichen Veränderun-
gen abgesehen auch alles beim alten. Die l. Mama ist nun schon
fast vollkommen wiederhergestellt, ist schon den ganzen Tag au-
ßer Bett, nimmt an Gewicht zu u. fühlt sich auch schon durchaus
kräftiger, sodass man sie sozusagen als gesund ansehen kann. Der

Arzt, der an ihr wirklich ein Wunder vollbracht hat (er selbst hat an ihrer Wiederherstellung nie gezweifelt, aber wir alle u. auch sie selbst hatten arge Befürchtungen) kommt jetzt nur noch einmal in der Zeit u. überlässt die Beobachtung u. Pflege der l. Vera.

Bei mir gab es wie schon angedeutet eine Veränderung im Berufe. Ich konnte in letzter Zeit wegen meines alten Übels den schwierigen Anforderungen meines alten Postens nicht mehr nachkommen u. musste die Firma verlassen.

Glücklicherweise fand ich aber gleich wieder Arbeit, nicht in meiner alten Funktion sondern als Kontrollör bei einer kleinen Metallwarenfirma in Smichov, mit bescheidenem Gehalt aber sonst ganz nett u. ich bin sehr zufrieden. Ich muss zwar um halb sechs Uhr aufstehn, denn wir arbeiten in einer Schicht bis drei Uhr u. zu mittag gibt es nur einen kleinen kalten Imbiss, aber dafür bin ich zur Jause schon wieder daheim, was mir schon jahrelang nicht passiert ist. Vera geht zu einem Mittagstisch u. bringt mir mein Essen mit nach Hause. Das essen wir dann gemeinsam zum Nachtmahl. Ihr sehet wie gut ich es mit meinem technischen Berufe getroffen habe, denn Techniker werden heute sehr gesucht u. auch gut gezahlt. Wenn ich nicht dieses Gebrechen hätte, könnte ich heute leicht 5–6000 Kronen verdienen u. in Deutschland noch viel mehr.

Nun will ich für heute schließen u. übermittle jedem einzelnen von Euch, meinen Lieben, meine herzlichsten Grüße u. Küsse. In Gedanken stets bei Euch bin ich Euer alter Arnold

Immer wieder komme ich auf Arnolds Worte zurück. Weil er als Jude geboren war, hatte man ihn von seinem Posten entlassen. Doch, weil seine Tätigkeit als Ingenieur zu Kriegszeiten nützlich war, wurde er gleich von einer anderen Firma angeheuert. Die neue Firma arbeitet Tag und Nacht. Im Hinblick auf Bezahlung und Arbeitszeit ist es zwar eine Degradierung, aber Arnold strengt sich weiter an, zuversichtlich zu bleiben.

Vera gibt nicht mehr vor, Hausarbeit lernen zu wollen, und auch nicht, dass ein Mangel an Gesellschaft sie an den Mittagstisch locke.

Sie bringt Arnolds Essen mit nach Hause und zum Abendessen teilen sie es.

***

Im Dezember 1940 ist Fanni genügend auf die Beine gekommen, um meiner Mutter zu ihrem Geburtstag am 5. Januar alles Gute zu wünschen. Fannis wenige Zeilen sind nur das Vorspiel. Der Hauptgrund des Briefes ist Marthas letzte dringende Bitte. In ihren Träumen spricht sie mit ihrem Bruder.

Zensor 2953 1397a

Heute träumte mir von Dir, mein geliebtes Brüderlein. Ich erzählte Dir soviel, und wie viel hätte man sich wirklich zu erzählen!

Bitte liebes Brüderlein, wende Dich doch noch einmal an die l. Bella. Wenn sie das Affidavit schon ausgestellt hat, dann könnte sie doch wirklich das gute Werk tun.

Nun ist inzwischen schon die kleine Dorli so groß geworden wie Helli war, als Ihr von uns fort ginget. Sie ist überaus lieb und klug und plappert in beiden Sprachen.

Ilselein ist schon ein großes Mäderl, muss privat lernen da keine j. Schulen sind. Sie ist schon sehr vernünftig. Wir denken stets in alter, treuer inniger Liebe an Euch alle. Bleibet nur alle gesund. Vielleicht will es doch das Schicksal, dass wir uns noch einmal wieder sehen.

***

Bis zum 10. März 1941 gibt es keine Nachricht, und dann kommt ein Brief von Arnold. Wie immer prangen oben dreist die Ziffern der Zensur. Arnolds Angst sickert in die Zeilen ein.

10-3-41 1412-1331a

Meine Lieben!

Dieser Tage hatten wir große Freude als Euer l. Schreiben vom 10.1. eintraf. Auch vom l. Otto ist inzwischen ein Brief eingelangt, sodass wir wieder für einige Zeit beruhigt sind. In Eure Berichte leben wir uns stets förmlich hinein, und sehen jeden einzelnen von Euch im Geiste vor uns bei seiner Tätigkeit und die süße kleine Helli, die wohl überall dabei ist, wo etwas los ist.

Helly Kinderl ist sicher Eure beste Zerstreuung bei der vielen Arbeit. Deine Schwester Anny, l. Schwägerin, ist wirklich eine blendende Geschäftsfrau. Wir bewundern alle ihre Tüchtigkeit. Viele, innige Grüsse an sie und ihren l. Mann von uns allen.

Von uns kann ich Euch G.s.D. berichten, dass es uns allen gut geht und überhaupt die ganze Zeit über besser ergangen ist, als Ihr Euch wahrscheinlich vorstellt. Ich gehe fleißig meiner Arbeit nach und auch die l. Vera ist in ihrer Art genug fleißig. Am 1. April wollen unsere Eltern zu uns ziehen, da Papa sich in Budweis zu einsam fühlt und wir gerne alle beisammen sein möchten.

Ich übermittle Euch unsere allerbesten Wünsche für Euer Wohlergehen und bin mit den herzlichsten Grüßen und Küssen Euer Arnold.

Und hier hören plötzlich die Briefe auf. »Halt!« rufe ich in die Leere meiner vier Wände hinein. »Verschwindet nicht! Es ist erst März. Japan wird erst im Dezember 1941 seine Bomben auf Pearl Harbor abwerfen. Warum schreibt ihr nicht mehr? Wo seid ihr? Was ist passiert?«

12. Kapitel

Fantasien

Ich zögere noch, die wenigen Nachkriegsbriefe zu bearbeiten. Stattdessen begebe ich mich auf eine Fantasiereise in die Vergangenheit. Vor meinem inneren Auge erstehen lebendige Szenen mit meinen Angehörigen. Meistens erscheinen sie am Bahnhof, wo uns die ganze Familie zum Abschied winkt.

»Schreibt oft.«

»Vergesst nicht, Fotos zu machen.«

»Passt auf Schlangen und wilde Tiere auf.«

»Lasst euch auf dem Schiff alles gut schmecken. Ihr braucht Kraft.«

Der scharfe Pfiff des Zuges schneidet die letzten Ratschläge mitten im Wort ab. Die kleine Gruppe, die dicht beieinander auf dem Bahnsteig steht, ist plötzlich ganz still geworden. Gretl lehnt sich ein letztes Mal aus dem offenen Abteilfenster und winkt. Tränen strömen ihr über die Wangen. Edi steht regungslos neben ihr, in seinen Armen hält er die kleine Helly. Sie turnt vor Aufregung herum und scheint als Einzige glücklich zu sein, als der Zug ruckt und sich dann langsam vorwärts schiebt. In den Chor der Abschiedsrufe mischt sich, als der Zug Fahrt aufnimmt, mit tiefer Stimme nur ein einzelnes »Lebt wohl« hinein. Kein »Auf Wiedersehen« voll froher Hoffnung auf eine baldige Heimkehr, sondern ein »Lebt wohl«, das die Endgültigkeit des Abschieds unterstreicht.

»Wessen Stimme war das?«, fragt sich Edi, als er das Kind niedersetzt und bei der Hand nimmt. Ist es sein eigener Vater gewesen, der Familienpatriarch, den alle Papa Waldstein nennen? Oder war es Gretls Vater, Max Grünhut? Möglicherweise sein sonst so optimistischer Bruder Arnold in einem Moment des Zweifels. Am ehesten wird es wohl die Stimme eines der beiden Emils gewesen sein, der Schwäger, die mehr Gemeinsamkeiten hatten als den zufällig gleichen Vornamen.

Emil Urbach ist der ältere von beiden und die Weste seines dunklen Anzugs scheint ein wenig eng, wie es sich für einen wohlhabenden Mann und Vater von zwei Teenagern gehört. Edi stellt sich die vier Urbachs vor, wie sie Arm in Arm zum Ausgang schlendern und dort stehen bleiben, um auf »die Alten« zu warten. Die vier Großeltern und auch Martha und Emil Fränkel mit ihren zwei Kleinen gehen langsamer. Martha trägt die kleine Dorli in ihren Armen, während Emil das Ilserl bei der Hand hält, die größere Tochter, die ihm unzählige Fragen stellt.

»Papa, wird es ein sehr großes Schiff sein? Größer als das Schloss am Berg? Papa, hat Kanada wirklich Bären? Wird Helly sich nicht fürchten?« Und zuletzt, die allergrößte Frage, die Frage, auf die Emil so gerne eine Antwort hätte: »Papa, wann werden wir sie wiedersehen?«

Emil sieht in die Ferne, und sein Blick fällt auf die Urbachs, die auf den Ausgang des Bahnhofs zugehen.

»Lauf schnell zu Tante Else und Onkel Emil. Warte mit ihnen, weil ich der Mama helfen will. Ihre Arme sind bestimmt schon müde.«

Ilserl hüpft voraus, und innerhalb von Sekunden hat sie ihr Cousin Otto Urbach hoch auf seine Schultern gehoben. Von diesem »Hochsitz« aus kann sie den Bahnhof besser überblicken. Was für ein riesiges Gebäude ist das! Hoch oben, noch höher als ihr Kopf, sitzen Tauben auf Metallträgern und noch höher, über dem rußigen Glasdach, schweben graue Wolken. Ihre Ohren klingen von dem Stimmengewirr, dem Knarren der Gepäckwagen und dem Zischen der Züge, die ungeduldig auf den Gleisen warten.

Im selben Augenblick fällt ihr Blick auf die Großeltern. Sie schreiten langsam voran, und Opa hat Hellys Großmutter den Arm angeboten. Hellys Opa Grünhut scheint eine Rede zu halten. Sein Schnurrbart bewegt sich mit, während er spricht, und bei jedem zweiten Wort rudern seine Arme durch die Luft.

Ilserl findet es sonderbar, ihren Opa und ihre eigene Oma reisefertig gekleidet zu sehen. Wahrscheinlich werden sie noch heute den Zug nach Budweis nehmen. Ilserl wollte mit, aber ihre Eltern haben schon Nein gesagt. Wenn sie mit dieser sonderbaren, gepressten Stimme sprechen, ist es für sie eine Warnung, kein zweites Mal zu fragen.

Ohne Helly hätte es sowieso nicht viel Spaß gemacht. Die Erwachsenen sind neuerdings so ernst und haben auf nichts mehr Lust. Wann immer die Familie in letzter Zeit versammelt gewesen ist, haben sie nur über Politik gesprochen. Oft hören sich die Gespräche wie Debatten an, und niemand scheint mehr glücklich zu sein.

Vielleicht könnten sie nachmittags in einen Park gehen, und wenn Otto und Marianne mitkommen würden, könnten sie vielleicht Verstecken spielen. Aber in letzter Zeit sind Otto und Marianne auch anders gewesen. Otto hat sie zwar auf seine Schultern gesetzt, aber er hat keinen Scherz gemacht. Er hat nicht an ihren lockigen Zöpfen gezogen und sie auch nicht Schweineschwänzchen genannt. Irgendetwas hat nicht gestimmt.

Natürlich sind alle traurig, weil Helly und Onkel Edi und Tante Gretl wegfahren, aber sicherlich würden sie zurückkommen, auch wenn es längere Zeit dauert. Inzwischen würden sie aus Kanada Briefe schicken. Ilserl kann schon ganz gut lesen und Mama hat versprochen, eine neue Schule zu suchen, damit sie auch das Schreiben lernt. Dann könnte sie an Helly Briefe senden und sie würden einander nicht vergessen. Nie, egal wie lange es dauern würde, bis sie wieder zusammen spielen könnten.

Otto hebt sie herunter und stellt sie sorgfältig auf ihre Füße. Ilserl schiebt gerade ihren rechten Zopf zurück, als wie erwartet die Einladung von Tante Else kommt: »Warum gehen wir nicht alle zu uns zurück auf ein Stück Kuchen und eine Schale Kaffee? Die Kinder können im Garten spielen, und wir werden uns alle weniger einsam fühlen, wenn wir zusammen bleiben.« »Eine gute Idee«, pflichtet Emil bei.

Emil lächelt, als er an die baufällige Villa am Stadtrand denkt. Immer gab es Besuch. Freunde und Familienmitglieder gaben sich die Klinke in die Hand. Sie hatten Glück gehabt, nach dem übereilten Verkauf ihrer schönen Wohnung im Sudetenland dort zu wohnen. Als er an diese angsterfüllten, spannungsgeladenen Tage zurückdenkt, vergeht sein Lächeln. Aber sicherlich ist das Schlimmste jetzt überstanden, allen bösen Gerüchten zum Trotz.

Emil fällt ein, wie die Villa beim ersten Anblick ausgesehen hatte. Die Fenster waren mit dickem Ruß von einer nahegelegenen Fabrik bedeckt und das ganze Haus roch muffig. Die Küche stank besonders, der Boden war mit Mäusedreck gesprenkelt. Ein alter Besen hielt die Speisekammertür offen, aber man hatte einen verrottenden

Abfallhaufen in der Ecke liegen lassen. Um Elses Enttäuschung zuvorzukommen, redete er los:

»Kein Wunder, dass die Villa an Juden zu vermieten ist. Kein anderer würde hier wohnen wollen.«

Zu seinem Erstaunen streckte Else ihm die behandschuhten Hände entgegen und lächelte glücklich.

»Nehmen wir sie. Die Villa hat viele Zimmer und wir werden Platz brauchen, wenn wir mit Fränkels teilen wollen. Otto und Marianne könnten ihr eigenes Zimmer haben, und wenn wir das Glück haben, ein Dienstmäderl zu finden, das willens ist, für Juden zu arbeiten, dann hätten wir auch für sie ein Zimmer. Und meine Eltern werden ja auch ab und zu von Budweis kommen wollen.«

»Aber die Villa ist doch so versaut, so das Gegenteil von unserem Haus in ...«

»Das macht nichts. Mir macht die Arbeit nichts aus. Meine Mutter hat uns das Arbeiten beigebracht. Außerdem war es nie mein Wunsch gewesen, einen reichen Mann zu heiraten.«

»Damals war ich alles andere als reich. Erinnerst du dich noch, wie lange ich gewartet habe, bevor ich wagte, bei deinem Vater um deine Hand anzuhalten? Ich hätte nie gedacht, dass er seine Tochter jemandem anvertraut, der beruflich noch nichts vorzuweisen hatte.«

»Aber es war doch nie ein Problem. Ich war so in dich verliebt, dass ich an nichts anderes denken konnte. Ich wollte nur mit dir zusammen sein. Übrigens konnte Papa mir nichts abschlagen. Mit meinen Brüdern war es anders. Papa war ihnen gegenüber so streng. Ich habe nie gedacht, dass es funktionieren wird, wie Edi zurück nach Strobnitz gezogen ist, um Papa im Laden zu helfen. Ich dachte, Edis Leben wäre vorbei, ehe es angefangen hatte. Und jetzt, schau an. Er hat Frau und Kind und bald wird er in Kanada sein.«

Elses Worte hatten Emil an diesen Tag in der kalten, stinkigen Küche erinnert. Es war ein Schock gewesen, als die Nazis das Sudetenland überrannt hatten, oder besser gesagt, als die Weltmächte den Nazis das Land übergeben hatten. Seines Wissens hatten dort Tschechen und Deutsche, Juden und Christen seit ewigen Zeiten in Frieden nebeneinander gelebt, besonders in kleinen Orten wie Krumlau, wo Emil und Else ein so gutes Verhältnis zu allen gehabt hatten. Wie kam es, dass seine Ärztekollegen sich kleinlaut ihrem Tagesgeschäft zuwandten, ohne ein Wort der Entrüstung oder des Protests zu äußern, als man ihm das Recht zu praktizieren entzogen hatte?

Es schien logisch, nach Prag zu ziehen, wo er wenigstens weiter seinen Beruf ausüben durfte. Aber innerhalb von sechs Monaten hatte sich alles wieder geändert. Jetzt war Hitler auch in Prag, und dieselben antijüdischen Gesetze waren auch dort in Kraft getreten. Gott sei Dank hatten sie die alte Villa genommen, und Else hatte wie mit Zauberhand ein gemütliches Asyl geschaffen, wo Freunde und Familie sich willkommen fühlten. Als die Fränkels mit Kind und Säugling Zuflucht suchten, war für alle Platz.

Ein Großteil der jüdischen Flüchtlinge hatte in der Nähe des Bahnhofs eine Wohnung gefunden. »Prag, Bezirk 32« wurde zur vorläufigen Zufluchtsstätte für Juden aus Pilsen, Marienbad, Karlsbad und einer Vielzahl von Städten an der deutschen Grenze. In diesem Bezirk saßen sie auf ihren gepackten Koffern, reisefertig und in der Nähe der Züge, die sie in Sicherheit bringen sollten.

Eine andere Stimme unterbrach Emils Gedanken. Es war sein Schwager Emil Fränkel, der den schlafenden Säugling in seinen Armen hielt.

»Wir werden zwei Wagen brauchen, aber es sollte zu dieser Tageszeit möglich sein. Otto und Marianne können sich mit den vier Großeltern in einen zwängen. Das würde uns eine Gelegenheit zum Reden geben. Ich mache mir vor allem um Max und Resl Sorgen. Was soll aus ihnen werden, jetzt wo beide Töchter im Ausland sind? Resl scheint noch ziemlich angegriffen und schwach zu sein, und Max lebt nicht in der Wirklichkeit. Er tut nichts als beten, und er glaubt fest daran, dass der liebe Gott sich um alles kümmern wird.«

»Wenigstens bleibt ihm sein Glauben. Das können wir nicht sagen. Wir werden verfolgt, weil wir durch Zufall als Juden geboren wurden, wobei unsere Religion weder dir noch mir viel bedeutet.«

***

In meinem Kopf gibt es noch weitere Szenen und Gespräche. Else steht in der Tür ihrer Villa in Prag, wo sie charmant ihre Gäste empfängt.

Sie schließt leise die Tür und greift nach dem Körbchen mit belegten Brötchen, das sie auf das Büfett gestellt hat. Sie bietet sie an, während sie sich sicher zwischen den Gästen bewegt. Manchmal bleibt sie stehen und hört nachdenklich zu, den Kopf zur Seite geneigt.

Um keinen Trübsinn aufkommen zu lassen, teilt sie Kostproben ihrer glücklichen Erinnerungen aus, die sie wie einen Vorrat gesammelt hat. Sie gleichen Blüten, die nach einer versunkenen Welt duften und ihre Gäste entzücken.

Else lädt Freunde ein, sie lädt die Familie ein, sie begrüßt Besucher, die nur vorübergehend in Prag sind. Jeden Sonntagnachmittag gibt es bei ihr Jause. Kaffee und Kuchen. Der Kaffee ist stark und dunkel und es gibt Zuckerwürfel und eine silberne Zange dafür auf einem Tablett. Auf dem Tablett steht auch eine Schüssel »Schlag«, die süße Sahne, die weit über Wiens Stadtgrenzen hinaus beliebt ist. Else bietet frisch duftendes Hefeteiggebäck an. Manchmal serviert sie Apfelstrudel, die blättrige Kruste noch warm vom Ofen, oder Mürbeteig mit frischem Obst oder Schokoladenguss.

Der Tisch biegt sich. Am Anfang konnte man noch allerlei Zutaten für Leckereien kaufen und sie zubereiten. Bei Else fühlen sich alle willkommen, und je schlimmer die Zustände werden, desto mehr suchen die Menschen bei ihr Trost. Ihr Kuchen schmeckt gut, aber vor allem kommen sie ihretwegen und weil sie so guten Mutes ist. Für kurze Momente ist es noch möglich, mit guter Speise und angenehmer Gesellschaft von den widrigen Umständen abzulenken.

***

Oft drängt sich Emil Fränkel in meine Gedanken. Seine Enttäuschung sitzt tief. Ich belausche ihn bei seinen Selbstgesprächen:

»Etwas muss ich tun, aber was? Sie ändern immer wieder die Vorschriften. Zuerst hieß es ›Juden raus‹. Aber wohin? Es nimmt uns kein Land. Wie können wir raus? Das kann einen verrückt machen.

Am Anfang schien es eine gute Idee, bei Marthas Schwester Else und ihrer Familie zu wohnen. Ich habe darüber schon oft genug gescherzt, dass es vom Schicksal bestimmt war, sonst hätte man uns beiden nicht den Namen ›Emil‹ gegeben.

Langsam nützen sich aber meine Witze über die beiden Emils ab. Übrigens ist Humor nicht die Stärke meines Schwagers. Die netten Umgangsformen hat er immer seiner Frau überlassen. Sie ist äußerst nachsichtig, aber seitdem der Herr Doktor nicht mehr sein Fach ausüben darf, ist es nicht leicht, mit ihm auszukommen.

Die Villa ist tatsächlich geräumig, aber für das Zusammenleben von acht Personen ist sie nicht geeignet. Vier Urbachs und vier Fränkels. Reibungen sind unvermeidlich. Ich weiß, ich sollte mich zu den Glücklichen zählen, aber es ist nicht leicht, besonders weil Martha mir noch so geschwächt vorkommt. Diese Ungewissheit, vor allem so kurz nach ihrer komplizierten Schwangerschaft, ist ihr unerträglich. Sie versucht ihr Bestes, mir und Ilserl ihre Tränen zu verbergen, aber sie ist keine gute Schauspielerin.«

***

Auch Martha kommt in meinen Gedankenspielen eine wichtige Rolle zu. Wenn sie die Feder in die Hand nimmt und auf die leere Seite starrt, meint man immer demselben inneren Monolog beizuwohnen:

»Wie soll ich schreiben, wenn ich so von meinen Gefühlen überwältigt bin? Ich darf nicht mehr weinen. Meine Tränen erschüttern Ilserl. Sie ist so ein braves Kind. Acht Jahre alt und schon fast erwachsen. Schade, dass ihre Kindheit so kurz war. Aber was hätten wir anders machen können?

Es gab zu viele Entscheidungen, eine einschneidender als die andere. Wie soll ich nicht das Verlorene betrauern? Wie kann ich meine Tränen zurückhalten? Zu Hause, Linz, das ist alles in der Vergangenheit, und ich muss in der Gegenwart bleiben. Prag ist jetzt mein Zuhause, und doch fühle ich mich obdach- und heimatlos. Ich sehne mich nach dem Vertrauten. Nach der Wohnung, die Emil und ich so schön eingerichtet, und dem Kinderzimmer, das wir für Ilserl und dann für Dorli frisch gestrichen hatten. Nach den handgestickten Tischtüchern und der Bettwäsche, die in meiner Aussteuer waren. Ich sehne mich nach den blau-weißen Tassen, die ich jeden Morgen mit heißer Milch und Zucker und frisch gemahlenem und aufgebrühtem Kaffee füllte. Kleinigkeiten, die mir so abgehen. Ich vermisse auch die Freunde, die oft bei uns waren. Werden wir je nach Hause können? Ist alles für immer verloren?

Ich sitze hier und schreibe auf einem Tisch, der uns nicht gehört, unter einem Dach, das nicht das unsrige ist, in einer Stadt, in der wir fremd sind. Nur mein Bruder Arnold und seine Vera sind in Prag zu Hause. Sie waren der Magnet, der uns hierher zog, und sie sind außerordentlich gütig zu uns. Sie sind auch immer so positiv, so optimistisch, was die Zukunft angeht. Vielleicht bekam Arnold durch seine Ausbildung als Ingenieur dieses besondere Vertrauen in die Vernunft. Ich falle immer in einen Abgrund voller Gefühle. Vera hat auch diese ruhige Ausstrahlung und scheint alles bewältigen zu können, was das Leben bringt. Wenn Arnold und Vera um mich herum sind, habe ich wenigstens für kurze Zeit die Hoffnung, dass dies noch nicht das Ende ist.

Vielleicht sind Arnold und Vera optimistischer, weil sie keine Flucht erleben mussten. Else und ihr Mann wollten auch nicht hierher, aber auch sie hatten keine andere Wahl, als Hitler mit seinen Soldaten in das Sudetenland einmarschierte. So lange Edi und Gretl und Helly hier waren, ging es leichter. Für Ilserl war Helly ein Geschenk des Himmels, besonders seit wir wussten, dass Ilserl hier nicht in die Schule gehen darf.

Wäre es anders gewesen, wenn ich nicht zum ungünstigsten Moment schwanger geworden wäre? Es war kurz vor Hitlers begeistertem Empfang in Wien, als der Arzt meine Schwangerschaft bestätigt und sofort vom Reisen abgeraten hat.

Ich kann es nicht ertragen, an diese schrecklichen Monate nach dem Anschluss zu denken. Emil hatte schon lange behauptet, dass Österreich Hitler mit offenen Armen begrüßen würde, in der Hoffnung, dass er das Staatssäckel füllen werde, so wie er es in Deutschland getan hatte. Emil sagte immer wieder, dass die guten österreichischen

Bürger sich genau so wenig wie die deutschen um das Schicksal der Juden kümmern würden. Die Habsucht gewinnt immer, weil die Leute stets die Politiker unterstützen, die ihnen Reichtum versprechen. So lange Emil sich weiter den Kopf zerbricht, kann ich mich nicht heimisch fühlen. Es gibt für ihn nur einen Refrain: Raus! Raus! Raus aus Europa!

Stundenlang haben wir diskutiert, welche Möglichkeiten uns bleiben. Es gibt nur wenige. Wir sorgen uns besonders wegen der Kinder. Als jüngstes von fünf Kindern hatte ich das Glück, von allen geliebt zu werden. Als älterer Bruder stand Arnold mir jederzeit mit Rat und Tat zur Seite. Meine Schwester Else hat sich immer um mich gekümmert, und wenn meine Mutter ab und zu mit Strafe drohte, gab es Otto, der es verstand, sie mit süßen Worten abzulenken. Und bis jetzt war der liebe, weichherzige Edi immer da, um meine Tränen zu trocknen. Werden Ilserl und Dorli auch die Liebe einer eng verbundenen Familie erleben?

Die arme Dorli. Auf die Welt gekommen just in dem Moment, als die Welt in den heftigsten Aufruhr geriet. Während die Österreicher Hitler als Retter bejubelten und er damit prahlte, er könne ein Wirtschaftswunder vollbringen, indem er das Land von den Juden befreite, lag ich mit einem Judenkind in den Wehen. Keinen interessiert es, dass unsere Familie mit Religion nur wenig anzufangen weiß. Für sie sind alle Juden gleich.

Was liegt für Dorli in der Zukunft? Und für Ilserl? Sie war so glücklich während dieser Monate, als wir alle in Prag waren. Sie und Helly waren wie Schwestern. Jetzt ist Helly nach Kanada gefahren und Ilserl lächelt fast nie. Emil lässt nicht ab von dem Gedanken, dass auch wir nach Kanada müssen. Wenn Ilserl Englisch lernen könnte, würde uns Kanada vielleicht nicht so fern erscheinen.«

13. Kapitel

Nach dem Krieg

Der Anfang ist wohl bitter. Manches wird Euch schwer fallen und schmerzlich berühren.

Diese Worte, die uns Arnold 1939 – handschriftlich und nicht mit der Maschine – geschrieben hatte, warfen ihre Schatten voraus. Im Jahr 1945 nehmen seine Worte noch einen ganz anderen Sinn an, sie sind ergreifend und voller Weitsicht.

Es gibt keine Verbindung zwischen Arnolds letztem Brief mit dem Datum 3.10.1941 und seinem ersten Nachkriegsbrief. Dieses Mal musste Arnold neu anfangen, und ich kann mir keinen Begriff davon machen, wie bitter, wie schwer, wie schmerzlich dieser neue Anfang gewesen sein muss. Auschwitz, wo Arnold die letzten Jahre des Krieges verbracht hatte, wurde am 27. Januar 1945 befreit, aber es brauchte fast sechs Monate, ehe Arnold eine Feder in die Hand nahm.

1. Brief
Prag, am 10.7.1945

Meine Lieben,

Liebster Edmund und Gretl, meine allerliebste kleine Helene, liebe Anny und Ludwig, ich umarme und küsse Euch alle herzlichst und innigst als einer der leider so wenigen, die durch den Abgrund des Todes und die Qualen der Hölle hindurchgegangen sind und dem es trotzdem durch Gottes Ratschluss bestimmt war, lebend wieder in die alte Heimat zurückzukehren.

Oft wenn ich so in meiner Einsamkeit an die letzten Jahre zurückdenke mit ihrer jedes menschliche Maß, ja jede menschliche Fantasie übersteigenden Grausamkeit, an die hundertfachen Gefahren und übermenschlichen Entbehrungen, an die unzähligen, verzehrenden Krankheiten und die hunderte sonstigen Todesmöglichkeiten, wenn ich an meine tausende gefallenen, richtiger gesagt, elend verreckten Kameraden und Millionen ebenso schändlich

185

zugrunde gegangenen Glaubensgenossen denke, wenn ich mir die grauenhaften Bilder der Not und Verzweiflung, durch die ich hindurchgegangen bin, vor Augen halte, dann erscheint es mir selbst ganz unfassbar, dass ein Mensch dies alles überstehen, dies alles aushalten kann, und ich kann nicht anders als dies als Gottes Wille und als Gottes Wunder zu bezeichnen und nicht nur als ein Wunder, sondern als eine Kette von Wundern, deren Glieder ineinander greifen nach Gottes Wunsch und Willen.

Dann aber wieder, wenn ich an meine Einsamkeit denke, an meine liebe so unsagbar gute Vera, ohne die ich nicht leben will und nicht leben kann, wenn ich daran denke, dass mit jedem Tage, der vergeht, die Aussichten auf ihre glückliche Wiederkehr geringer werden, dann packt mich die Verzweiflung und ich rechte mit Gott und frage mich und ihn, warum er denn gerade mich gerettet hat von all den vielen Millionen und wozu ich seinem Willen nach wohl auserkoren sein möge und welche Aufgabe mir denn noch zustehe oder bevorstehe auf dieser Welt.

Meine Lieben, Ihr werdet abgesehen von der Tatsache meiner glücklichen Wiederkehr von den Totgeglaubten nicht viel Freude an mir erleben, was ich Euch mitteilen kann und mitteilen werde, ist alles eher denn erfreulich, und auch ich selbst bin lange nicht mehr der alte Arnold, solche Jahre und solche Ereignisse gehen nicht spurlos an einem vorüber. Ich bin weichherzig und traurig geworden im Wesen und in der Seele und vielleicht auch über die Jahre gealtert. Vielleicht wird auch hier die verstreichende Zeit ihr heilsames Wunder verbringen – das bleibt eben abzuwarten.

Ich hätte hunderte und tausende Fragen an Euch zu richten, an jeden Einzelnen von Euch, wie Ihr all die Jahre seit unserer letzten schriftlichen Verbindung verbracht habt, wie es Euch allen ergangen ist, was Ihr für Freuden und Leiden mitgemacht habt in all den Jahren, wie Eure Farm und Euer Hauswesen sich entwickelt und vergrössert hat und tausend andere Fragen. Ihr müsst mir sie alle beantworten, auch wenn ich sie nicht stelle, am besten in Form einer recht ausführlichen Schilderung aller Ereignisse und Eindrücke in dieser Zeit. Und ich will das Gleiche versuchen, obwohl ich nicht weiß, ob mir das gelingen wird und ob sich all das, was ich erlebt und erlitten habe, überhaupt mit Worten wird schildern lassen.

Zunächst will ich Euch eine möglichst genaue, leider über die Maßen traurige Bilanz über den Stand unserer Familie und Verwandtschaft geben, die allerdings insofern nicht endgültig ist, als wie schon erwähnt, der eine oder andere der Vermissten durch missliche Verhältnisse in Deutschland aufgehalten noch zurückkehren kann, aber die Wahrscheinlichkeit ist leider gering.

Unsere guten, teuren Eltern leben leider nicht mehr. Es war ihnen leider Gottes nicht vergönnt, den Sieg der gerechten Sache und den Untergang Hitlers und seines Reiches zu erleben, von dem wir alle von allem Anfange an fest überzeugt waren.

Unsere liebe, gute Mutter starb an dem in Theresienstadt verzehrend wirkenden Durchfall, der zur vollkommenen Abmagerung und Entkräftung führte. Sie hatte einen leichten Tod und starb wenigstens wie ein Mensch in ihrem Krankenbett in Gegenwart von Papa, Vera und mir am 29. Oktober 1942. Kurz vorher konnte sie sich auch noch von der l. Elsa verabschieden, die sich auf der Durchreise nach dem Osten einige Stunden in Theresienstadt aufhielt.

Die liebe Mama Resi ist ebenfalls in Theresienstadt im August 1942 verschieden, so dass ihr all die Qualen und Nöte der späteren Zeit und vor allem die unmenschlichen Grausamkeiten der Konzentrationslager des Ostens erspart blieben.

Schlimmer war es mit unserem guten Vater. Er hielt sich überaus wacker in all der Not und Entbehrung in Theresienstadt. Er war voll guten Mutes und Zuversicht, war lustig bei all dem Hunger und Schmutz, in dem wir dort lebten, und wirkte beispielgebend in seiner Umgebung durch lange 17 Monate.

Als wir aber Mitte Dezember 1943 gemeinsam nach Birkenau/ Oswiecim [Auschwitz] kamen und er die tierisch rohe Art sah, mit der wir behandelt wurden, versagte er seelisch. Er konnte das nicht mit ansehen, verweigerte die Nahrung, konnte das trockene Brot nicht hinunterbringen und starb innerhalb dreier Wochen seit unserer Ankunft am 12. Jänner 1944. Wenige Tage vorher hat er unter Tränen Abschied von mir und vom Leben genommen.

Eine ganz geringe Zahl von Juden hatte das Glück, bis zum glücklichen Ende in Theresienstadt bleiben zu können und wurde dadurch gerettet. Zu diesen zählen Martha Fried mit Viktor und ihr Bub und Onkel Semi, der mit ihnen wohnte. Ferner Veras Mutter, die trotz tödlicher Erkrankung – es handelte sich um eine innere Blutung, wieder genas. Vera spendete ihr Blut und sie erholte sich langsam wieder und lebt noch heute. Leider ist bis jetzt nicht eines ihrer drei Kinder zurückgekehrt.

Papa Grünhut ist verschollen. Er hielt sich lange Zeit, bis 1944 in Theresienstadt, wo er einen sehr schönen einflussreichen Posten als Menagemeister einer grossen Kaserne hatte, einen Posten, den er allerdings nicht wie allgemein üblich war, in unserem Interesse auszunützen verstand. Dann musste auch er, wie die meisten anderen, den dornenvollen Weg nach dem Osten antreten. Es ist nicht ausgeschlossen, dass er sich noch melden wird, es sollen auch auf der Krim noch Rekonvaleszenten sein, doch rechnen kann man leider nicht damit.

Von der übrigen Verwandtschaft starben in Theresienstadt: Onkel Sigmund Vogel und seine Frau, Onkel Heinrich Vogel.

Onkel Gustav Waldstein erlag in Unterkralowitz, wohin er von Strobnitz aus geflüchtet war, innerhalb von drei Tagen einer tückischen Lungenentzündung.

Den schrecklichen Weg nach Polen in die Konzentrationslager, die intern unter den Deutschen als Vernichtungslager bezeichnet wurden, während sie für die Öffentlichkeit den Namen Arbeitslager trugen, haben folgende unserer lieben Angehörigen und Verwandten antreten müssen:

Die l. Elsa mit ihrer ganzen Familie im Oktober 1942, seither keinerlei Nachricht von ihr.

Die l. Martha mit Emil und den beiden Mäderln im August 1944, keine Nachricht.

Ebenso im August 1944 meine Schwägerin Edith mit ihrem Mann. Letzte Nachricht im Jänner 1945 aus Stettin.

Mein Schwager Eduard im Feber 1943, seither keine Nachricht.

Onkel Fritz mit Tante Hilda im Herbst 1943, ohne Nachricht.

Vally Roth mit Mann und Buben im September 1943.

Deda Glückauf im Sommer 1943 mit Mann und Buben.

Marenka Pick gemeinsam mit mir, Vera und Papa mit ihrer so überaus herzigen Tochter Vera.

Onkel Max Waldstein mit Frau und eine hübsche 17-jährige Tochter.

Onkel Emanuel Eiser mit Tante Berta und Tante Therese aus Linz, die alle mit mir sowohl in Th. als auch in dem verfluchten Vernichtungslager Oswiecim mit seinen gefürchteten Gaskammern und mit seinen vier ewig qualmenden Krematorien gemeinsam beisammen waren.

Und es geschehen doch Wunder. Alfred Pick, Marenkas Mann, soll angeblich dieser Tage nach 5-jährigem Aufenthalt in dem berüchtigten Buchenwald Nachricht gesandt haben.

Die arme Erika, eine blühend schöne junge Frau von 22 Jahren, Martas und Viktors Stolz und Freude ist mit ihrem jungen Mann vor meinen Augen ins Gas gegangen. Ist diese Tatsache allein nicht schon himmelschreiend? Glaubt Ihr dass man bei solchen Sachen seine Nerven behalten kann?

Verloren und verdorben sind ferner unser Cousin Hermann Vogel und seine Schwester Lina, ferner Hermann Bloch und Emmy, Tante Berta aus Strobnitz mitsammt Erich und Walter. Vielleicht meldet sich letzterer noch, denn in Osw. [Auschwitz] war er noch am Leben.

Aber das Schlimmste war ja leider eben der Schluss, die letzten Tage, in denen die wilde Bestie des Nationalsozialismus im Todeskampf wie wütend um sich schlug und hunderttausende Opfer forderte.

Das ist eine traurige Statistik, meine Lieben, die ich Euch da aufgezählt habe, und Ihr werdet sie kaum trockenen Auges gelesen haben.

Und nun bedenkt, dass ich in dieser eben geschilderten Welt lebe – leben muss, umgeben von all diesen toten Gestalten und den Erinnerungen an sie und an die grauenhafte Umgebung, in der ich mit ihnen beisammen war, dass all die Gedanken und Erinnerungen jener Zeit meiner tiefsten Erniedrigung und menschlichen Entwürdigung immer wieder vor mir aufstehen und ich nichts habe, was ich dagegenstellen könnte ausser einem Menschen und meiner Arbeit. Dieser eine Mensch, ein goldener Mensch mit einem goldenen Herzen, mein Trost und meine Freude, ist unser Otto, der wie immer da ist, wenn die Not am größten ist, der tröstet und hilft und mir das Leben erleichtert und verschönt so gut er es nur kann. Ich kam natürlich krank zurück und arm wie ein Bettler, angewiesen auf die Gutherzigkeit der Leute und des Roten Kreuzes, und da kam der l. Otto im richtigen Augenblick als Retter in der Not. Das Wiedersehen war so ergreifend und für mich so unerwartet, dass ich mich lange der Tränen nicht erwehren konnte.

Ich umarme und küsse Euch alle herzlichst. Euer Arnold

***

2. Brief
Praha, 11.7. 1945

Meine Lieben,

Ich will meine Briefe an Euch nummerieren und jeweils in ein paar Tagen einen dieser Berichte absenden. Vorsichtshalber mache ich gleich einen Durchschlag, damit ich ihn Euch, falls einer der Briefe verloren gehen sollte, gleich senden kann.

Die traurige Liste unserer verstorbenen Verwandten kann natürlich keinen Anspruch auf Vollständigkeit erheben, zumal mir ja die Schicksale, besonders der entfernteren Verwandten nicht bekannt sind. An diese Liste reiht sich eine zweite, nicht minder traurige und schauerliche, der guten Freunde und Bekannten. Mancher liebe Name ist darunter, der nicht mehr klingen wird, mancher liebe Mensch, der nicht mehr sein wird. Es wäre sinnlos, ja sogar gar nicht möglich, sie Euch alle aufzuzählen, und so will ich denn nur die wenigen aufzählen, die Ihr auch gekannt habt.

Da ist vor allem mein lieber Freund und Sportgenosse Bruno Skutetzki mit seiner bildschönen jungen Frau, die beide in tragischer Weise ihr so junges Leben in Oswiecim aushauchen mussten. Er hielt es drei Wochen aus in dieser Hölle, sie nur eine einzige Woche. Ihre Mutter, eine noch stattliche Frau von 50 Jahren ist ganz von Sinnen über diesen Verlust. Sie steht einsam und verlassen in der Welt. Ich besuche sie jede Woche und da weinen wir gewöhnlich ein Stündchen zusammen.

Der nächste in der Reihe ist Dein ehemaliger Bankkollege Schiff, l. Edi. Seine Frau, die nach einer abenteuerlichen Flucht hierher zurückgefunden hat und die vor zwei Jahren noch ein junges blühendes Geschöpf war, ist heute eine Greisin.

Ich will nun versuchen, Euch meine Lieben, den Gang der Ereignisse mit all ihren so mannigfachen Eindrücken und Erlebnissen so ausführlich als es nur geht zu schildern. Zunächst einmal das Familiäre.

Wie Ihr vielleicht wissen werdet, konnte die l. Elsa nach Eurer Abreise nicht mehr lange in der Euch bekannten Wohnung am Tebesin bleiben, sondern übersiedelte in die Kronenstrasse in Weinberge. Einige Zeit später musste unsere l. Mama wegen ihres Herzleidens ins Krankenhaus nach Prag kommen, wo sie einige Wochen verbrachte, bis sie in häusliche Pflege entlassen wurde.

Unter Elsas sorgsamer Pflege und aufopfernden Betreuung stellte sich ihr Gesundheitszustand wieder ziemlich her, dann aber gab es plötzlich einen gewaltigen Rückschlag, dass die l. Mama bereits vollkommen apathisch wurde und sich von uns bereits verabschiedete. Aber meine liebe gute Vera ließ nicht locker. Mit dem ihr eigenen ärztlichen Instinkt war sie die Einzige, die Mamas Leben nicht verloren gab. Sie tat Menschenmögliches und Unmögliches und im Verein mit einem jungen Herzspezialisten, der es wunderbar verstand, die l. Mama seelisch zu beeinflussen, brachte er sie wieder langsam, fast unmerklich, wieder hoch, bis sie wieder ganz gesund war. Interessanterweise hat dieses ewig kranke, so empfindliche und überanstrengte Herz in Th. [Theresienstadt] durchgehalten, dass die Ärzte den Kopf schüttelten über soviel Lebenskraft.

Nach einigen Monaten ließ sich Emil Urbach vernehmen, dass ihm der Besuch der l. Mama nun schon zu lange dauere, was insofern entschuldbar war, als ja auch Fränkels in der keinesfalls geräumigen Wohnung wohnten. Da inzwischen der l. Vera die Praxis verboten wurde, luden Vera und ich den l. Papa ein, Budweis zu verlassen und mit Mama zu uns zu ziehen. Wir richteten ihnen das ehemalige Wartezimmer als Wohnzimmer ein, Mama kochte und wirtschaftete wie unberufen, wie in alten Zeiten und in unserem Kreise. Umgeben von der ganzen, damals so zahlreichen Familie und Verwandtschaft, verbrachten die l. Eltern etwas mehr als ein Jahr, ich glaube es war ihr schönstes, bestimmt aber das ruhigste Jahr ihres sonst so arbeitsreichen und entbehrungsvollen Lebens.

Ununterbrochen kamen und gingen Besuche, und Samstagnachmittags wollte oft die Zahl der Sessel nicht reichen. Onkel Fritz mit Hilde, Onkel Heinrich mit Frau, Walter Waldstein mit seiner jungen Frau, Urbachs und Fränkels, meine Schwiegereltern, Edith mit Viktor und vor allem Papa Grünhut waren fast tägliche Gäste in dieser Runde. Papa, Onkel Fritz und ich stellten das unerschütterliche Trio der Optimisten her, das sich niemals unterkriegen ließ, immer wieder wussten wir neue Tatsachen und Merkmale, die Hitlers Untergang garantieren oder aufzeigen sollten, und die grössten deutschen Siege und die schärfste Knebelung unserer eigenen Freiheit konnte uns diese Überzeugung nicht abspenstig machen. Dazu bemühte ich mich auch sonst, unsere Gäste bei guter Laune zu erhalten und machte ihnen lustige Stimmung vor, was das Zeug hielt.

Ich spielte damals alle möglichen Instrumente, vor allem und am besten die Ziehharmonika. Ich hatte ein wundervolles Instrument, eine Pianoharmonika mit Tasten, mit 90 Bässen und 3 Oktaven. Ich betrieb das Studium vollkommen wissenschaftlich, hatte einen Konservatoristen als Lehrer und machte bei ausserordentlichem Fleiße sehr schöne Fortschritte. Nach ¾ Jahren spielte ich bereits Opern nach Noten. Und ich hatte eine ungeheure Freude mit dieser Musik, war es doch meine einzige Zerstreuung, die einem Juden noch erlaubt war. Aber auch das war bald verboten, und so ging ich zur Gitarre über, dann zur Hawaiipfeife, Mandoline und schliesslich, als alle Instrumente abgeliefert werden mussten, zur Mundharmonika.

Damals entdeckte ich mangels anderer Fähigkeiten mein Talent zum Singen und Pfeifen zur Gitarrebegleitung, ich hatte ein ganzes Büchel mit lustigen deutschen und tschechischen Liedern und

Versen und unterhielt unsere zahlreichen Gäste stundenlang mit meiner Produktion. Meine schöne Ziehharmonika ist zu meinem größten Leidwesen bei den Ereignissen der Mairevolution hier in Prag verloren gegangen. Obwohl ich ja auch meine gesamte Habe einbüßen musste, schmerzt mich dieser Verlust am meisten, weil ich mir heute keinen Ersatz dafür beschaffen kann.

So lebten wir denn friedlich mit unseren lieben Eltern gemeinsam bis der Ruf an uns erging, uns zum Transport nach Th. zu melden. Die l. Eltern kamen im Juli 1942 an die Reihe, Vera und ich um einen Monat später.

Nun muss ich aber zurückgreifen und Euch die Entwicklung der Verhältnisse richtig chronologisch schildern.

Nach dem Einzug der Deutschen änderte sich wider Erwarten zunächst nichts an unserer Lage und das blieb lange Zeit so, fast über ein Jahr. Schon wiegten wir uns in dem schönen Gedanken, dass alles beim Alten bleiben und wir als nichtdeutsche Juden ungeschoren bleiben werden, als die Schikanen begannen. Die Deutschen verfolgten nämlich das Prinzip, uns selbst nichts anzutun, sondern erst die Tschechen zum Antisemitismus zu erziehen, und dies ist ihnen recht gut gelungen. Die erste schreckhafte Überraschung war, als wir ausgerechnet am Jomkippur plötzlich alle Radioapparate abgeben mussten und unser gesamtes Vermögen in einer einzigen Ziffer einbekennen mussten.

Und dann folgte Schlag auf Schlag, gewöhnlich alle 14 Tage, irgend etwas Neues, ein neues Verbot, eine neue Einschränkung, die uns das Leben erschwerte, ja nach und nach unmöglich machte. Zunächst wurden uns die Gast- und Kaffeehäuser verboten, dann die Theater und Bibliotheken, später sogar alle Parks und öffentlichen Anlagen, ja sogar die Bäder und das freie Baden, wo immer.

Die Einkaufszeit wurde auf wenige bestimmte Stunden des Vor- und Nachmittags bestimmt, später nur auf eine einzige Nachmittagsstunde, wo in den Läden natürlich schon längst nichts mehr zu haben war.

Nach und nach verbot man uns den Kauf fast aller Lebensmittel, zunächst die Zuckerwaren und Bonbons, dann Fleisch und

Fische, später sogar Obst, Marmelade und alle gedörrten Früchte wie Zwetschgen, Rosinen u.s.w. Dann kam sogar das Gemüse an die Reihe, Milch, Käse und drgl., so dass am Schluss nichts anderes übrig blieb als Brot, Mehl und Kartoffeln.

Man verbot uns das Fahren in der Elektrischen außer in und von der Arbeit im letzten Wagen und nur stehend. Man verbot uns nach und nach das Betreten aller Straßen und Plätze der inneren Stadt, später sogar ganzer Stadtteile.

Dann kam das Verbot, am Samstag Nachmittag und Sonntag überhaupt die Straße zu betreten, also einfach Weekendhausarrest. Das Schlimmste aber war der Judenstern, ein mächtiger gelber Fleck über dem Herzen, auf dem in nachgeäffter hebräischer Deutschschrift das Wort Jude stand. Das war die ärgste Diskrimination, damit lieferten sie uns der Meute aus zur gefälligen Bedienung niedriger Gelüste.

Und es war doch nicht das Ärgste, denn es kam etwas noch viel Ärgeres. Sie warfen die Juden ganzer Stadtteile über Nacht aus ihren Wohnungen hinaus und pferchten sie in menschenunwürdiger Weise zu 4 bis 7 Familien in einer Wohnung zusammen. Nur wir hatten das unerhörte Glück, weil wir auf einer Hauptstraße wohnten, von diesem schrecklichen Übel verschont zu bleiben.

Mit meiner Aufzählung, die übrigens absolut nicht vollständig ist, ist jedoch die Zahl der Quälereien durchaus nicht zu Ende, denn nun kommt die unendliche Reihe der Schikanierungen von Amts wegen, die zahllosen und unbegrenzten Verordnungen das Hab und Gut der Juden betreffend und dessen Erfassung, Registrierung, Ablieferung und Verarbeitung. Es vergingen kaum 14 Tage, ohne dass eine solche Verordnung erschien, und diese 14 Tage waren meist ausgefüllt mit der Beschaffung und Ausfüllung der Drucksachen, Verpackung und Ablieferung der betreffenden Gegenstände, so dass ich damals das Witzwort prägte, dass Jude sein ein Beruf ist.

Tausend herzliche Grüsse u. Küsse von Eurem Arnold

***

Meine Lieben

Ich hoffe, dass Ihr meine beiden Briefe erhalten habt und will in meiner Schilderung so gut es geht fortfahren.

Man nahm also den Juden unter Benützung des ganzen gewaltigen Amtsapparates und Amtsschimmels ihr ganzes bewegliches und unbewegliches Vermögen ab. Zunächst kamen die ganz Reichen daran, die Häuser, Fabriken, Geschäfte usw. Dann kamen auch wir an die Reihe, mit allen nur erdenklichen Schikanen. Nicht einmal mein Gehalt durfte mir meine Firma direkt auszahlen. Das musste über die Bank gehen, in der wir natürlich nur zu einer bestimmten Stunde der Woche vorsprechen durften.

Dann kamen die Ablieferungen von Hunderten von Dingen an die Reihe, an die man normalerweise gar nicht denken würde bei der Aufzählung seines Besitzes. In ununterbrochener Folge, meist in Abständen von 14 Tagen, musste immer wieder dieser so umständliche Apparat in Bewegung gesetzt werden, der gerade uns Juden umso schwerer fiel, als ja die verschiedenen Ämter nur ganz ausnahmsweise für uns da waren und man uns auf Schritt und Tritt Schwierigkeiten machte. Mit Radios fing es an, dann kamen Bilder, Teppiche, Kunstgegenstände an die Reihe, dann Musikinstrumente, Reisezeuge und technische Instrumente, Autos und Fahrzeuge, alle Skiausrüstung, alle Gold-und Silberwaren, dann Felle und Pelzwaren, später sogar wollene Bekleidungsstücke und Leibwäsche, die mehr als zwei Garnituren betrug. Ja sogar vor den armen Tieren machte man nicht Halt, alle Hunde und Kanarienvögel mussten den Weg zur Sammelstelle antreten.

Nun dürft Ihr aber nicht glauben, dass wir sozusagen ständig die Hosen voll hatten und all die Verordnungen schnell und richtig befolgten. Im Gegenteil, wir sabotierten, was nur irgendwie möglich war, und von dem Standpunkt ausgehend, dass ja ohnehin alles für uns verloren ist, riskierten wir mehr als wir verantworten konnten. Wir lieferten prinzipiell nur ganz wenige und meist unbrauchbare Sachen ab und verschenkten sie lieber, als sie den Deutschen in den Rachen zu werfen.

Überhaupt riskierten wir in diesen Jahren immer wieder den Kopf, denn die Gestapo machte ja nicht viel Federlesens mit unsereinem, wenn sie ihn erwischten. Aber Gott sei Dank, es ist immer alles gut ausgefallen, wenn wir auch ständig sozusagen den Kopf in der Schlinge hatten und mit einem Fuß im Kriminal, mit dem anderen aber im Grabe standen. So z.B. ging ich über ein Jahr lang in der Fabrik ohne Stern herum. Wenn ich in die Nähe der Fabrik kam, deckte ich den Stern mit der Aktentasche zu, und in der Fabrik nahm ich dann einen Arbeitsmantel ohne Stern über. Und Vera ordinierte über zwei Jahre schwarz in ihrem Privatzimmer, während die Ordination leer stand. Ihr könnt Euch gewiss vorstellen, wie gefährlich das war und was wir alles für Vorsichtsmaßregeln anwenden mussten, wo doch der Verkehr mit Ariern auf das Strengste verboten war. Auch unsere Sonntagsausflüge und unser Freibad, wenn auch in irgendeinem versteckten Winkel, ließen wir uns nicht nehmen. Na schön, aber spiel mal Verstecken mit Gestapo und Polizei.

Auch mit den Lebensmitteln hielten wir uns keineswegs an die Vorschriften. Ich behielt meinen Posten bei der Firma Parik bis gegen Ende 1940, dann musste ich die Firma verlassen, fand aber gleich wieder einen anderen Posten, wenn auch natürlich keinen leitenden mehr. Ich trat als Warenkontrolleur bei einer Fabrik für Feinmechanik ein, die hauptsächlich kleine Präzisionsbestandteile für deutsche Militärflugzeuge herstellte, und hatte die Aufgabe, mittelst feinster Messwerkzeuge die Maßgenauigkeit der Halb- und Fertigfabrikate zu überwachen. Da ging es natürlich meist um tausendstel und noch weniger mm und die Verantwortung war groß, zumal dann Militärorgane die Ware in der Fabrik übernahmen. Aber die Arbeit war angenehm, wenig anstrengend und bequem, das Gehalt allerdings mäßig. So arbeitete ich etwa anderthalb Jahre bis auch hier mich die antijüdische Kampagne vertrieb.

Ich war ohnehin schon langsam einer der ganz wenigen bewunderten Juden geworden, die noch immer arbeiteten. Und ich fand abermals gleich wieder eine Stelle in einer Fabrik für Gasmasken und feine Mechanik in Straschnitz, in der es mir, allerdings nur

3 Wochen, zu wirken vergönnt war, denn mitten in die fleißigste Arbeit kam die Abberufung in den Transport nach Terezin [Theresienstadt]. Auch in der Transportangelegenheit haben wir natürlich nicht tatenlos zugesehen und gewartet, bis man uns zur Schlachtbank führt, sondern haben unter Ausnützung aller erdenklichen Schliche und Schwindel das Datum des Antritts hinausgeschoben. Zunächst haben wir uns trotz drohender Strafe nicht zur Registrierung gemeldet, und als man uns dazu zwang, verschwanden mit Emils Hilfe, der bei der Kultusgemeinde angestellt war, aus der Kartothek unsere Karten, aus denen die Transporte zusammengestellt wurden.

So packten wir denn unsere sieben Zwetschgen und sahen unserem Abtransport, für uns der Beginn einer neuen Welt und eines neuen Lebens entgegen. Man durfte natürlich nur beschränktes Gepäck mitnehmen, ich glaube 40 kg. Alles übrige sollte in der Wohnung zurückbleiben und dieselbe sollte unversehrt bleiben. Natürlich befolgten wir auch diese Vorschrift nicht, nahmen etwa 70 kg pro Person mit, gaben einiges, besonders die Teppiche und einige von Veras Instrumenten, die natürlich längst hätten abgeliefert sein sollen, zu guten Bekannten in Aufbewahrung, schenkten viel an die Bedienerin, den Hausmeister usw. her und ließen in der Wohnung nur pro forma ein paar Sachen zurück. Die Sammelstelle für die Transporte war ein Teil des Messegeländes, dort wo gewöhnlich die Radio- und Möbelausstellung stattfand.

Das Milieu war grauenhaft, ein richtiger Anfang und Vorgeschmack dessen, was uns dann später erwartete und eigentlich all die Jahre nicht mehr verließ – Schmutz, Ungeziefer, Hundefraß, Strohlager, Latrine, keine Waschgelegenheit und tierisch rohe Behandlung. Mir selbst machte das alles nicht viel aus, ich war das alles schon vom Kriege her gewöhnt und fasste alles von der heiteren Seite auf, hatte zwei Flaschen Kognak mit und Schokolade und ließ die Dinge an mich herantreten.

Meine liebe Vera aber, das arme Geschöpf, mit ihrer übertriebenen Reinlichkeitsliebe konnte sich absolut nicht an diesen Saustall gewöhnen und besonders die Latrine hat es ihr derart angetan, dass sie über eine Woche lang an absoluter Verstopfung litt. Vera war gleich vom ersten Augenblicke an als Ärztin tätig, widmete sich jedem einzelnen Menschen, als ob es um Privatpatienten ginge und war in der allerkürzesten Zeit nicht nur die bekannteste Ärztin, sondern auch die beliebteste Person des ganzen Transportes. Und diese ganz ungewöhnliche Beliebtheit, ja Vergötterung, blieb ihr eigen, wohin auch immer wir in den folgenden Jahren kamen, die Leute haben sie wirklich wegen ihres so guten Herzens und ihrer so erfolgreichen ärztlichen Kunst verehrt, vergöttert und beschenkt wie sonst niemanden. Vera aber war schlicht und einfach und glaubte, es sei ihre Pflicht, jedem bis zum Äußersten zu helfen.

Nach etwa einer Woche wurden wir an zweitausend Leute unter Schupobegleitung nach Terezin abtransportiert. Auf der Bahn in Bauschowitz etwa 3 km vor T. empfing uns die SS und befahl gleich, alle Koffer zurückzulassen. Wir haben sie nie wieder gesehen. Was wir schleppen konnten, nahmen wir mit, es war aber ein heißer Julitag und der Marsch mit dem viel zu schweren Gepäck eine Qual. Während unseres Einzuges in Th. mussten die Straßen von allen Bewohnern geräumt und die Haustore und Fenster geschlossen sein, damit niemand mit uns in Verbindung treten könne, bevor wir nicht entsprechend präpariert seien. Man sperrte uns in die unterirdischen alten Kasematten, von wo man uns erst nach einer gründlichen Leib- und Gepäckdurchsuchung entließ, die uns natürlich unsere wertvollsten Sachen kostete. Auch hier schwindelten wir natürlich, indem sich Erika in Schwesterntracht Zutritt zu uns verschaffte und uns einige Sachen in Aufbewahrung übernahm. So retteten wir wenigstens Uhren, Medikamente und dergleichen.

Dann wurden wir zu Wohnungen verwiesen und zwar Vera in ein Privathaus und ich in eine Kaserne. Weder das Eine noch das Andere jedoch entsprach in Wirklichkeit dem Begriffe des Wortes oder seiner mit ihr verknüpften Vorstellung. Beide, Wohnhaus und Kaserne, sahen nur von außen so aus wie ihr Name, im Inneren aber waren sie der Erfindungsgabe der Deutschen entsprechend abgeändert und für Massenbesiedlung nach ihren Begriffen hergerichtet worden.

Jeder Häuserblock hatte nur einen Eingang, meist in einer rückwärtigen Gasse oder Seitengasse, alle anderen Türen und Tore waren versperrt und vernagelt. Im Hofraume waren die trennenden Mauern zwischen den einzelnen Gebäuden niedergerissen, ebenso die Schuppen, Ställe und dergleichen. Es entstand also aus einem Häuserblock ein Wohnblock, der mit der Ziffer bezeichnet wurde, ebenso wie die Gassen nummeriert waren. Jeder Raum innerhalb eines Hauses vom Boden bis zum Keller war mit so vielen Personen besiedelt, als am Fußboden liegend sie Platz hatten. Erst viel später fing man an, sich Stroh zu beschaffen, dann Strohsäcke, später Bretter und erst nach zwei Jahren tauchten die ersten primitiven Pritschen als Bettersatz auf. In einem Zimmer schliefen, wohnten und wirtschafteten also meist 10 bis 20 Personen gleichen Geschlechtes, meistens wohl die alten Leute, während die Jungen in den Kasernen wohnten. Dort waren die großen, alten, finsteren und muffigen Säle bis in den letzten Winkel mit zweistöckigen Brettergestellen, Kavalatten angefüllt, und es ging dort begreiflicherweise zu wie in einer Judenschule. Der Begriff des Privatlebens verlor jeden Sinn in dieser Massenansammlung von Menschen. Immer war man von hunderten miesen Juden umgeben, und die Sehnsucht nach ein bisschen Ruhe und Einsamkeit war oft stark.

Über Theresienstadt könnte ich ein ganzes Buch schreiben und es wäre bestimmt nicht uninteressant, von welchem Standpunkt auch immer betrachtet. Ich will das aber berufeneren Federn überlassen. Jedenfalls hat es sich da um ein ganz einzig dastehendes, großartiges und großzügiges Projekt gehandelt, das da verwirklicht wurde, eine Massenansiedlung ungewöhnlicher Ausmaße, ein kommunistisches Gemeinwesen, wie es noch nicht da war in Mitteleuropa. 60 000 Leute, die in allen ihren Tätigkeiten und Funktionen einem einzigen Kommando folgten, alle sozusagen aus ein und demselben Kessel ernährt wurden, ein riesiger Apparat, und doch nur eine Richtung und ein Wille.

Alles ging ins Gigantische bei diesem Massenaufgebot, denn es handelte sich ja nicht nur um die jeweils 60 000 Einwohner dieser Stadt, sondern auch um die hunderttausende Juden ganz Europas, *die diese Stadt passierten. In einem Dutzend Küchen in den großen Kasernen wurde gekocht, meist für 3000 bis 6000 Leute auf einmal. Die Essensausgabe, die aufgrund von Menagekarten erfolgte, dauerte mehrere Stunden. Ein einziges Zentrallager umfasste alle Vorräte an Lebensmitteln, Gebrauchsgegenständen, Werkzeugen usw. Ein Wirtschaftsrat bestimmte aufgrund der vorhandenen Vorräte das tägliche Menu, und es ist klar, dass da selbst die geringsten Zutaten wie Pfeffer oder Majoran gleich in die Kilo gingen. Die Reparaturwerkstätte für Kleider und Schuhe war ein Großbetrieb mit 600 Arbeitern und 30 Beamten.*

Die Zentralbäckerei buk 12 000 Brote täglich und das modernste Krematorium Europas, bei dem eine Leiche die andere verbrennt mit seiner stattlichen Leistung von 100 Leichen täglich, konnte bei weitem den Bedarf nicht decken, denn die Zahl der Toten betrug täglich 140 bis 170. Also alles im Großmaßstab wie Ihr seht.

Auch in anderer Beziehung war die Stadt interessant. Schon der ganze Betrieb in den Straßen ähnelte mehr dem einer Großstadt, denn es waren auf engem Raume so viele Menschen beisammen, dass zu gewissen Tagesstunden keine Stadt der Welt einen so zahlreichen Straßenverkehr aufweisen kann. Besonders bemerkenswert war die Sache von der technischen und volkswirtschaftlichen Seite. Hier wurde alles von den ersten Anfängen bis zur Entwicklung der Stadt als Parade- und Glanzobjekt von Juden geschaffen, von jüdischen Hirnen und jüdischen Händen. Und da erlebten wir unsere Wunder und wollten oft unseren Augen nicht trauen. Was hat da nicht alles der jüdische Handwerker, der jüdische Ingenieur, der jüdische Künstler geschaffen! Hier zeigte sich über die Maßen deutlich der Nonsense von der Minderwertigkeit der jüdischen Rasse. Aber nicht nur die jüdischen Maurer, Tischler, Schlosser und Maler verbrachten hier Wunderwerke des Handwerks und der Kunst, sondern auch der jüdische Rauchfangkehrer, der jüdische Kanalräumer, Brunnenbohrer, Lastträger, Eisenbahnarbeiter, Fuhrmann, Ochsenknecht und Landwirt taten ihre Pflicht und erzielten Ergebnisse, wie sie nicht besser sein konnten.

Und gar erst die Industrie mit ihren Dutzenden von Werkstätten, in denen nicht nur für die jüdische Gemeinschaft, sondern auch für die Deutschen und besonders für die Heereslieferungen gearbeitet wurde in allen nur erdenklichen Branchen wie Papier, Pappe, Leder, Glimmer, Eisen und Metallwaren, Spielzeugen, Tintenerzeugung, Fellverarbeitung und vieles andere stand, obzwar doch die Arbeit unentgeltlich geleistet werden musste, in nichts den gleichen Fabriken im Hinterland nach.

In großen Ateliers waren viele berühmte Künstler, hauptsächlich Maler und Grafiker tätig, die Hunderte herrlicher Bilder malten, welche von den Herren SS dann privat für Millionenbeträge verkauft wurden. Einer der bekanntesten Maler war ein weitläufiger Cousin von uns mit Namen Waldstein, den ich dort kennen lernte. Auch die keramische Werkstätte vollbrachte einzigartige wertvolle Kunstgegenstände, die wie alles übrige das Schlagwort von der Minderwertigkeit der jüdischen Künstler ad absurdum führten.

Auch die Technik vollbrachte hier Großtaten, die sich den vorab geschilderten würdig anreihen. Ihr dürft nicht übersehen, dass es sich darum handelte, aus einer Stadt mit 7000 Einwohnern über Nacht eine solche mit 60 000 zu schaffen. Der Bedarf an Wasser, elektr. Strom usw. stieg plötzlich auf das 10-fache und da musste rasch Abhilfe geschaffen werden. Ein neues Wasserwerk, ein vergrößertes Elektrizitätswerk, ein Dutzend neuer artesischer Brunnen, ein riesiger Friedhof, später das erwähnte moderne Krematorium, Schuttablagerstätten, eine mächtige Industrie mit 4500 Arbeitern, eine Großlandwirtschaft, Großschweinezucht und eine gigantisch große Mistbeetanlage mit Tausenden von Fensterbeeten entstanden innerhalb kürzester Zeit. Von Bauschowitz nach Th. wurde in Rekordzeit eine neue Bahnstrecke gebaut, der man es in keiner Weise ansieht, dass sie vom ersten Bleistiftstrich bis zum letzten Spatenstich von jüdischen Gehirnen und jüdischen Händen geschaffen wurde. Die Eisenbahnzüge fuhren bis mitten in die Straßen der Stadt.

Eines schönen Tages entstand plötzlich mitten auf dem Ringplatz ein moderner Mammutbetrieb für Heereslieferung. Soldaten stellten riesige Zelte auf und verschwanden wieder, und die jüdischen Ingenieure schufen in diesen Zelten innerhalb weniger Tage einen mit allen modernen Errungenschaften der Technik ausgestatteten Großbetrieb, in dem sogar das laufende Band nicht fehlte und in dem 1000 Arbeiter beschäftigt waren. Es wurden verschiedene Bestandteile aus deutschen Fabriken angeliefert und hier montiert und in ganz bestimmter Anordnung in Kisten verpackt. Hier taten sich besonders die Frauen durch ungewöhnlichen Fleiß und Geschicklichkeit hervor, und man traute seinen Augen kaum, wenn man diese feinen, ehedem so schön gepflegten und manikürten zarten Hände nun diese schwere schmutzig schmierige Arbeit verrichten sah oder zarte Frauen die schweren Kisten schleppen sah. In dieser Erzeugung tat sich als Vorarbeiterin besonders unsere Cousine Marta Fried hervor, die viel Geschmack an der industriellen Fabrikation fand und ihr auch später treu blieb. Eine Million Kisten sollte damals innerhalb dreier Monate expediert werden und dieses Programm wurde getreu erfüllt. Die Zelte verschwanden wieder über Nacht und der Ringplatz war wieder der alte. Natürlich hatten alle an dieser Erzeugung Beteiligten bestimmte Vorteile speziell in der Ernährung.

So könnte ich Euch noch stundenlang interessante Dinge über Th. berichten, aber dazu reichen weder Raum noch Zeit, und ich will lieber wieder zu den persönlichen Erlebnissen übergehen. Der Anfang war wie jeder Anfang schwer. Während man die Frauen noch vorläufig in Ruhe ließ oder nur zu Aufräumungsarbeiten und dergleichen heranzog, mussten wir Männer vom ersten Tage an schwer arbeiten, meist mit Schaufel und Krampen [Hacke], und das fiel uns, die wir es nicht gewohnt waren, recht schwer. So ein Tag wollte absolut kein Ende nehmen und die Stunden krochen wie im Schneckentempo. Dabei wühlte der Hunger in unseren Eingeweiden und steigerte sich immer mehr bis zum Schmerz, und selbst die Mahlzeiten, die für einen Schwerarbeiter lächerlich gering waren, vermochten dem nicht abzuhelfen. So spekulierten wir denn hin und her, welche Maßnahmen wir da ergreifen sollen – ich war damals auf Schritt und Tritt mit meinem Schwager Eduard beisammen – denn einfach die Hände in den Schoß legen und die Dinge laufen lassen, das war nicht unser Fall. Etwas musste geschehen,

irgendwie mussten wir aus dieser prekären Lage heraus. So melde-
ten wir uns denn mangels eines besseren Ausweges zum Bahnbau,
wo die Arbeit zwar ebenfalls sehr schwer war, aber dafür doppelte
Mittagsportion.

Wir hatten kein Glück damit, denn es war kein Platz frei, aber
bei dieser Gelegenheit erregte ich die Aufmerksamkeit des Leiters
des Arbeitsamtes und er forderte mich auf, in diesem Amte mit-
zuarbeiten. Das war ein ungewöhnlicher Glücksfall und ein noch
nicht da gewesenes Avancement, nach bloß einer Woche Schwerar-
beit bereits in angesehener Beamtenstellung. Ich wurde also damals
Zugältester – d.h. Kommandant eines Arbeitszuges, der eine halbe
Hundertschaft darstellte. Ich hatte vor allem die Aufgabe, die Leute
zu den einzelnen Arbeiten zu bestimmen, deren schriftlichen Befehl
wir täglich von der zentralen Arbeitsstelle erhielten, die über 30 000
Arbeiter verfügte und die Ihr Euch am besten wie ein Ministerium
vorstellen müsst, das direkt der SS unterstand. Mein Dienst war
alles eher als anstrengend. Außer der Arbeiterabfertigung Früh
und Nachmittag hatte ich nur die paar Eintragungen und verschie-
denen Listen zu führen, die übrige Zeit konnte ich auf der faulen
Haut liegen. Und noch ein großer Vorteil war damit verbunden,
abgesehen von der einflussreichen Stellung innerhalb der Kaserne,
einen permanenten Überzeitschein und dergleichen, es wurden
mir, da ich zu jeder beliebigen Nachtstunde bereit sein musste, im
Bedarfsfalle Dienst zu tun und so und so viel Leute auf Befehl zur
Arbeit zu stellen, die Nachtstunden allgemein in die Arbeitszeit
eingerechnet, sodass ich den vollen d.h. höchsten Anspruch auf
Prämienbrot erhielt, und das war sozusagen eine Sache, denn diese
Prämie machte genau soviel aus wie die normale Brotzuteilung,
sodass ich also doppelte Ration Brot hatte. Dann kam noch ein wei-
terer, überaus wertvoller Vorteil dazu, besonders als ich nach eini-
ger Zeit avancierte und Hundertschaftsältester wurde. Ich wurde
offiziell bestätigt, bei der SS-Leitung gemeldet und war dadurch der
bisherigen Gepflogenheit gemäß transportgeschützt.

Trotz aller genannten Vorteile habe ich den Posten aufgegeben
und mich als sich die Gelegenheit dazu bot, aufs soziale Gebiet

innerhalb desselben Arbeitsamtes geworfen. Der Posten als Zugäl-
tester hatte nämlich auch seine großen Nachteile. Es gab Arbeiten,
die direkt ein Vergnügen waren und wo die Leute noch Geschenke
oder Essen bekamen. Es gab leichte und schwere und sehr schwere
Arbeit und solche, die überaus unangenehm war, z.B. im Wasser
stehend und es gab leider sogar Arbeit, die lebensgefährlich war.

Letzteres war besonders bei den Arbeiten in der sogenannten
kleinen Festung der Fall, wo in einer aus der theresianischen Zeit
stammenden alten Festung ein kleines, aber umso grausameres
Konzentrationslager mit 5000 Mann etwa 2 km vom Ghetto ent-
fernt untergebracht war. Dort arbeiteten unsere Leute im Garten
unter Aufsicht von SS-Gärtnern, die in bekannt sadistischer Art
unsere armen Burschen mit unzähligen Ohrfeigen traktierten, aber
auch mit Holzlatten oder Eisenstangen, sodass fast täglich einzelne
blutüberströmt nach Hause kamen, ja einzelne sogar als Krüppel
ins Ghetto zurückbefördert wurden. Ich selbst habe erst am zweiten
Tage nach meiner Ankunft eines meiner schlimmsten Erlebnisse an
eben dieser Stelle mitgemacht. Ich wurde von dem beaufsichtigen-
den SS zu einer Jauchepumpe gestellt und musste unter seinem
ständigen Gebrüll und Drohungen die Pumpe durch eineinhalb
Stunden in ununterbrochenem Gang erhalten, wobei mich natür-
lich wiederholt die Kräfte verließen und ich meine letzte Stunde
nahe glaubte. Aber der menschliche Körper hält Unglaubliches aus,
wenn es ums Letzte geht.

Zu solchen und ähnlich unangenehmen Arbeiten sollte und
musste ich also meine unschuldigen Kollegen kommandieren, oft
auch bei Nacht, bei Regen und Unwetter, und das lag mir nicht,
und so benützte ich die erste gute Gelegenheit, als mein Vorgesetz-
ter mit der Gründung einer neuen Arbeitskanzlei in einer neu er-
öffneten Kaserne betraut wurde und mich aufforderte, sein Mitar-
beiter zu werden. Da er mir die Wahl des Arbeitsfeldes innerhalb
der Einsatzstelle frei ließ, wählte ich das Gebiet der sozialen Für-
sorge und wurde Arbeitsbetreuer, d.h. ich übernahm die Aufgabe,
den Arbeitern alle nur möglichen Hilfsmittel, Erleichterungen, Prä-
mien, aber auch Kleider und Schuhe zu verschaffen und vor allem

Aufbesserung der Kost. Ich musste das alles bei den verschiedenen Ämtern ausfechten und durchkämpfen, manchmal sogar bei den Deutschen. Aber der Erfolg blieb nicht aus, denn überall gewährte man die ersten und besten Vorteile den Arbeitenden. So z.B. bekamen wir für die Schwerarbeiter doppelte Mittagsrationen bewilligt und für die anderen alle Reste von allen Küchen, die bei der Menageverteilung übrig blieben. Es ist selbstverständlich, dass auch ich selbst bei dieser Verteilung nicht hungrig blieb, und auch die l. Vera, die mein täglicher Gast beim Nachtmahl war, hatte in dieser Beziehung ausgesorgt.

Nach ein paar schönen Monaten war es allerdings wieder aus damit, aber der liebe Gott verließ uns nicht, so wie immer half er auf den Tag genau immer, wenn wir meinten, nun sei es aus, nun komme die große Gefahr oder das Gespenst des Hungers. Ein Freund, dessen Vater bei der Menagekommission war, verschaffte mir eine zweite Menagekarte, und später verschaffte uns ein Kollege, mit dem ich das Zimmer teilte – es war ein kleines ehemaliges Vorzimmer einer Unteroffizierswohnung, in dem wir zu dritt wohnten und das wir uns recht wohnlich einrichteten – ein Kollege also, der infolge seiner Bekanntschaft mit jedermann in der Küche ein- und ausging, jeden Tag soviel Essen, dass wir alle einschliesslich seiner Mutter und Vera genug zu essen hatten. Wir lebten dort idyllisch in diesem kleinen Raume, der knapp Platz für zwei Bettgestelle, einen Tisch und ein paar sonstige Möbelstücke bot, die ich alle eigenhändig aus eigenhändig gestohlenen Brettern verfertigte. Ja, mit der Zeit gab es dank meiner Erfindungsgabe und Basteleierfahrung allen möglichen, selbstverständlich verbotenen und daher geheim gehaltenen und maskierten Luxus wie elektr. Kocher, elektr. Bügeleisen, Bettbeleuchtung, spanische Wände und dergleichen.

Mit der Zeit gewohnten wir uns ganz gut an dieses Hundeleben, obzwar die Unannehmlichkeiten oft unerträglich waren. So z.B. das Ungeziefer, mit dem wir einen ewigen Kampf führten. Vor der Verlausung gelang es uns Jungen, uns ohne weiteres zu retten, aber gegen die Millionen von Flöhen und Wanzen musste ununterbrochen gekämpft werden, sonst vermehrten sie sich derart, dass an *ein Schlafen einfach nicht zu denken war. In dieser Zeit lernte ich die Eigenart dieser lieblichen Tierchen und alle ihre Eigenschaften, ihre Brutzeiten, ihre Vorliebe und Gepflogenheiten so genau kennen, dass ich als Spezialist in Floh- und Wanzenangelegenheiten hätte auftreten können und das Verhalten jedes einzelnen Tierchens von vornhinein voraussagen konnte.*

Aber hier wie immer triumphierte der menschliche Geist, die Fähigkeit zu denken und die Erfahrung im Gehirn zu halten, und so wurden wir denn immer wieder, wenn auch manchmal schwer, oft auch nur durch Vergasung ganzer Kasernen oder Häuserblocks, wenigstens für kurze Zeit Herr über diese Plagegeister, aber sie beschäftigten uns ununterbrochen. Schlimm war es z.B. auch mit der Wäsche. Die kleine ehemalige Militärwäscherei wurde von tüchtigen Fachleuten in ununterbrochenem Tag- und Nachtbetrieb zu dem unglaublichen Erfolg von 1000 kg täglich gesteigert, aber was bedeutete das schon bei 60 000 Leuten? Es kamen auf den einzelnen Ghettoinsassen doch nicht mehr als 2 kg Wäsche in drei Monaten, das ist nicht einmal eine Garnitur im Monat, ganz abgesehen von Bettwäsche und dergleichen. Zu Hause waschen konnten wir meistens nicht, hatten wir doch kaum Seife zum Körperwaschen.

Nun schließe ich meinen diesmaligen Bericht, es ist unterdessen der 18.7. geworden und wir fahren auf Urlaub, Otto und ich. Ich habe 14 Tage Urlaub, trotzdem ich erst seit 6 Wochen arbeite und Otto hat abgerüstet. Wir fahren nach Trebitsch zu Marta, unserer einzigen geretteten Verwandten, und Otto will von dort aus nach Strobnitz, Wien und Linz fahren, um überall nachzusehen, was in Erfahrung zu bringen ist.

Wenn wir zurückkommen, setze ich dann meine Berichte fort in der Annahme, dass Euch die geschilderten Erlebnisse und Beschreibungen wirklich interessieren werden. Seid für heute alle meine Lieben herzlichst gegrüsst, umarmt und geküsst von Eurem treuen alten Arnold

***

206

Meine Lieben,

Nun sind wir wieder glücklich vom Urlaub zurück und ich will also in meiner Schilderung fortfahren. Es war sehr schön in Trebitsch, Marta hat in rührender Weise für uns gesorgt, als müsste sie uns Mutter und Schwestern ersetzen, hat das Beste gekocht, lauter Dinge, von denen wir durch Jahre hindurch geträumt und gesprochen hatten, während wir die elende Wassersuppe aßen und der Hunger in unseren Gedärmen wühlte. Da gab es wieder Wiener Schnitzl, Marillenknödel und weißen Kaffee mit Kuchen, alles Dinge, die bei unseren ewigen Gesprächen von Essen übereinstimmend den ersten Platz einnahmen. Und auch sonst sorgten die l. Verwandten dafür, dass wir uns über die Maßen wohl fühlten und in ihrem Hause einen vollwertigen Ersatz für die verloren gegangene Heimat und das Elternhaus fanden. Wir genossen auch die Freuden des Landlebens, machten Spaziergänge, waren baden und im Wald, und ich gewann wieder das Gefühl und Bewusstsein, dass ich ein freier Mensch bin und nicht einer von den Erniedrigten, Verhassten, Ausgestoßenen. Es tat mir wohl, dass auch ich einfach durch meine Anwesenheit den l. Verwandten Freude bereiten konnte.

Leider vergingen die paar Tage allzu rasch und ich musste wieder nach Prag zurück in die Arbeit. Ich habe Euch vielleicht noch nicht mitgeteilt, dass ich kaum eine Woche nach meiner Ankunft in Prag gleich bei meiner alten Firma Parik in Arbeit trat, trotzdem ich noch Rekonvaleszent war und eigentlich die Zeit zur Besorgung hunderter Angelegenheiten auf den verschiedenen Ämtern gebraucht hätte und zur Versorgung einer Wohnung. Aber ich ging von dem Standpunkt aus, dass für meinen Schmerz und meine Einsamkeit die Arbeit die beste Medizin sei und habe mich darin nicht getäuscht, habe einen guten Posten und täglich einen Berg von Arbeit, was mir viel Freude bereitet. Ich habe dabei wenigstens das Gefühl, dass mein Dasein wenigstens den einen Zweck hat, diesen Platz in der Fabrik auszufüllen.

*Otto wollte nach Wien fahren, gelangte aber nur bis Bratisla-
va und musste wieder umkehren, da noch keine Verbindung nach
Wien besteht und vor allem keine Brücke über die Donau. Montag
will er nach Strobnitz fahren mit der Witwe von Walter Waldstein,
die wir neulich ganz überraschend auf der Straße trafen. Der arme
Walter ist also auch gestorben, trotzdem er mit mir in Osw. beisammen noch ein junger, kräftiger Mann war.*

*Nun haben wir wieder eine Wohnung, unsere alte ist besetzt und
so musste ich den dornenvollen Weg zur Beschaffung einer neuen betreten, ein Weg, der mit unendlicher Geduld, hundertfacher Enttäuschung und zahllosen Schwierigkeiten verbunden war und bei dem
ich, schon fast hoffnungslos, an Otto einen treuen Genossen fand, der
mir in allem an die Hand ging und die zahlreichen Wege für mich
mit militärischer Rasanz erledigte, wobei ihm natürlich die Uniform
des englischen Militärs sehr zustatten kam. Die neue Wohnung ist
bei weitem nicht so schön wie unsere seinerzeitige, hat nur 3 Zimmer,
und ist mäßig und alt möbliert, aber ganz gut gelegen, und meine
Ansprüche sind ja heutzutage nicht sehr hoch. Die Wohnung d.h.
das Mobiliar, Geschirr usw. ist natürlich gratis als Ersatz für die alten
Sachen, die uns von den Deutschen geraubt wurden. Ich wohne in
der neuen Wohnung mit Veras Mutter, die mit ihren 71 Jahren noch
überaus geschäftig und rührig ist und die dort Wirtschaft führen
wird, noch dazu ohne Dienstmädchen, da es diese Sorte von Arbeit
seit dem Umsturz einfach nicht mehr gibt bei uns. Der l. Otto will
noch 2–3 Wochen bei uns bleiben und dann nach Paris reisen.*

*Meine Lieben, wir erhielten in den letzten Tagen bereits drei Pa-
kete von Euch, für die ich Euch unseren heißesten Dank ausspre-
che. Im ersten war meist Schokolade und Zuckerwerk, im zweiten
und dritten, das die l. Anni als Absenderin hatte, waren Käse und
Honig, ferner Zucker, Bananenmehl und kleine Fleischkonserven
und Kakao. All diese Dinge bedeuten für mich, wie Ihr Euch leicht
vorstellen könnt, lange nicht mehr gekannte Leckerbissen und stellen einen recht erwünschten Zuschuss zu der ansonsten hier noch
recht mageren Ernährung dar. Nehmt also nochmals meinen herzlichsten Dank für diese Geschenke entgegen und seid überzeugt, dass*

ich Euch diesen Liebesdienst nie vergessen werde. Auch das seelische Moment ist dabei nicht zu übersehen, das tröstliche Bewusstsein, dass ich in Euch, wenn auch weit entfernt durch ein Weltmeer von Euch getrennt, Angehörige habe, die um mich besorgt sind und für mich sorgen, weil ich einer der ihren bin.

Und nun will ich in meiner Schilderung der Erlebnisse in Th. [Theresienstadt] fortfahren. Wir gewöhnten uns also ganz gut an das Hundeleben und empfanden infolge der mit der Zeit eintretenden Gewöhnung und Abstumpfung die Unannehmlichkeiten gar nicht so arg. Später, vom Standpunkt des KZ aus gesehen, bezeichneten wir Th. als Paradies. Die Verhältnisse besserten sich auch ein wenig mit der Zeit, und vor allem war für Zerstreuung in vielfacher Weise gesorgt. Es gab zahlreiche wissenschaftliche Vorträge berühmter Professoren, Kurse, Konzerte erstklassiger Künstler, mehrere improvisierte Kabarettgruppen, ja sogar erstklassige Theater und ein Opernensemble, wie es keine Großstadtbühne besser und künstlerisch wertvoller aufstellen konnte. So konnte man denn, wenn auch in vor Schmutz starrender Wäsche neben verlausten Nachbarn und mit knurrendem Magen, in Theater, Konzert oder Freiluftkabarett sitzen wie in besten Zeiten daheim. Auch eine wertvolle Bibliothek gab es, so dass man sein Wissen bereichern konnte. Ja, sogar eine Art Urlaub gab es, indem wir vom Arbeitsamte Leute, die über ein Jahr in den Kanzleien arbeiteten, intern auf leichte landwirtschaftliche Arbeit schickten.

Später avancierte ich zu einer hohen und angesehenen Stellung, indem ich Referent der Arbeiterbetreuung in der Arbeitszentrale wurde. Ich hatte eine große, lichte Kanzlei in der Magdeburger Kaserne, die alle Amtsräume umfasste, hatte eine Sekretärin und einen Mitarbeiter und einen zahlreichen Parteienverkehr den ganzen Tag über. Ich besuchte alle Industrieunternehmungen und Werkstätten, nahm all die Wünsche der Leiter und Arbeiter entgegen und spielte den braven Onkel aus Amerika, der seinen 5400 Kindern ihre Wünsche nach besten Kräften erfüllt.

Die liebe Vera war täglich bei mir, wir sahen uns bei jeder Gelegenheit, oft mehrmals an einem Tage und immer, wenn wir uns etwas zu sagen hatten, ging einfach einer zum anderen, denn mit der Einhaltung der Amtsstunden nahm man es nicht so genau, besonders in höherer Stellung. Wir verbrachten sehr schöne Abende im engsten Kreise, gewöhnlich mit meinem Mitwohnenden Fischer und seiner Mutter, die uns auch das Essen durch kleine Zutaten schmackhafter machte, ja sogar manchmal aus gestohlenen oder für sündhaftes Geld gekauften Lebensmitteln ein Feiertagsessen für uns bereitete. Der Kettenhandel blühte in Th. und es gab Leute, die ihre 10 und 20 Zigaretten im Tag rauchten, trotzdem das Rauchen schwer bestraft wurde, und eine Zigarette gewöhnlich 35 K. kostete, in schlechten Zeiten sogar K 100. Auch der Besitz von Geld wurde mit den schwersten Strafen belegt und doch riskierte es fast jeder. Die oft unerwarteten Durchsuchungen eigener weiblicher SS-Kolonnen oder der Herren SS selbst waren der Schrecken unseres Daseins und unserer Träume.

Die Moral stand in Th. vollkommen ausser Kurs, Flirt und Treubruch war gangbare Münze und das Wort von der Frau, die für ein Butterbrot zu haben ist, wurde hier buchstäblich Wahrheit, nur mit dem Unterschied, dass man statt der Butter Margarine verwenden musste. Jede Frau, die auf sich hielt, hatte ein Verhältnis mit einem Manne, der in einem möglichst nahrhaften Beruf stand, also am liebsten Bäcker, Fleischer oder Lagerarbeiter im Zentralmagazin, und zu ihrer Rehabilitierung gebrauchte sie die Ausrede, dass sie das nur ihrer Familie zuliebe tue. Ich war einer der wenigen, ganz unmodernen, die treu zu ihrer Frau hielten und mit ihr immer beisammen waren. Als die l. Vera später in ein Ärztinnenzimmer übersiedelte, das sie mit 6 Kolleginnen teilte, trafen wir ein Gentlemanagreement, das uns ermöglichte, jeder an einem anderen Tag der Woche, mit einer Frau oder Freundin ein Stündchen ungestört beisammen sein zu können.

Im November 1942 erkrankte die l. Vera schwer. Sie hatte sich bei ihrer Tätigkeit mit Scharlach infiziert und dazu kam dann Diphtherie und Gelbsucht, sodass sie über 11 Wochen in der Isolierung zubringen musste. Das war eine schreckliche und traurige Zeit für uns beide, und sogar unseren 10-jährigen Hochzeitstag konnten wir nur dadurch feiern, dass ich ihr ein paar kleine Geschenke sandte und einen Brief, der allerdings in seinem aufrichtigen Bekenntnis zu ihr und in seinem Dank für die 10 so glücklichen Jahre tiefsten Eindruck auf sie machte und den sie bis an ihr Lebensende aufbewahren wollte. Ich konnte sie im Spital nur immer hinterm Fenster sehen und wir verständigten uns durch Zeichen wie die Stummen. Aber auch diese schlimme Zeit nahm ihr Ende und alles war wieder gut.

Ein schreckliches Gespenst, ein ewiger Albdruck, schwebte jederzeit über uns, und das waren die Transporte nach dem Osten ins Ungewisse, ins Verderben. Der Transportsicherheit, dem Schutz gegen Abtransport, wurden alle erdenklichen Opfer gebracht, aber alle Massnahmen waren meist problematisch. Vera als Ärztin schützte mich, und ich in meiner Eigenschaft als Referent schützte sie, doch dies galt eben nur solange als normale Verhältnisse herrschten.

Unsere l. Eltern wurden im Herbst 1942 in einen Osttransport eingereiht und Veras Eltern sogar zweimal. Ihr könnt Euch gewiss vorstellen, wie schrecklich der Gedanke für uns war, die l. Eltern so einfach und allein ins Verderben ziehen zu lassen, und so setzten wir denn alle Hebel in Bewegung, liefen von einem Amt zum anderen, baten, bettelten, gingen alle nur erdenklichen Wege, intervenierten und ließen unsere einflussreichen Bekannten an den zuständigen Stellen vorsprechen, bis es uns gelang, sowohl meine als auch Veras Eltern aus dem Transport heraus zu reklamieren. So hatte denn die Tatsache, dass wir sozusagen die Überfuhr ins Ausland versäumten, wenigstens den einen Zweck, dass wir unserer beiden Eltern vor dem Verderben retteten und vor dem schrecklichen einsamen Tod in der Fremde.

Schlimmer war es leider mit der l. Elsa und ihrer Familie. Als eines Tages im Oktober 42 ein Transport aus Prag in Th. ankam, wurde er wie gewöhnlich streng isoliert in einer Kaserne untergebracht, in die niemand Zutritt hatte. Der Zufall wollte es, dass ich in meiner Eigenschaft als Zugältester etwa 10 Männer dorthin zu führen hatte mitten in der Nacht, da der Transport komplett nach Polen weitergehen sollte, und meine Leute sollten helfen, die Kranken und Gepäck in die zum Abgang bestimmte Kaserne zu transportieren.

Hier fand ich mitten in diesem beispiellosen Durcheinander von Menschenleibern und Gepäck unsere liebe Elsa mit Marianne, während Emil bei den Kranken untergebracht war. Ich versprach der l. Elsa meine beste Hilfe und meine energischsten Bemühungen, sie aus dem Transport heraus zu bekommen, obzwar die Zeit kurz und die Schwierigkeiten unendlich erschienen. Sie aber wollte nicht, sie hatte wohl keine Ahnung, was der Osten bedeutete und ließ sich die Sache nicht ausreden. Sie fürchtete einerseits, dass dann Emil allein abgehen würde oder das Gepäck verloren gehen könnte. Als ob denn überhaupt ein Gepäck gerettet werden könne. Wie oft in all den Jahren haben wir unser armes bisschen Gepäck eingebüsst, wie oft standen wir da, nur mit dem, was wir am Körper hatten!

Da also die l. Elsa nicht bleiben wollte und auch die Krankheit der l. Mama sie nicht dazu bewegen konnte, handelte ich gegen ihren Willen und versuchte, mit allen mir zu Gebote stehenden Mitteln, sie mit ihrer Familie aus dem Transport heraus zu bekommen. Es war ein schweres und hartes Stück Arbeit, fast hoffnungs- und aussichtslos. Ich opferte die Nacht und lief von einem Amte zum anderen. In Th. gab es keine Begrenzung der Arbeitszeit, und zu Zeiten der Transporte wurde überall Tag und Nacht amtiert, erst wenn der Transport weg war, konnte man an Schlaf denken. So gelang mir denn das schwierige Werk, und es fehlte mir zu Elsas Befreiung nichts als eine Unterschrift eines Arztes, den ich mich aber in der Nacht nicht zu stören getraute.

In aller Frühe holte ich mir die Unterschrift und stürmte im Laufschritt in die Abgabekaserne. Der Abtransport war bereits im vollen Gange und unsere liebe, gute Elsa war bereits weg, weg auf immer und ewig. Da stand ich nun auf dem Kasernenhofe mit dem befreienden, lebenverheißenden Papier in der Hand und heulte wie ein Hund, den man geschlagen hatte. Diese so schreckliche, bittere Stunde werde ich mein Leben lang nicht mehr vergessen, und die Wunde, die solch ein Erlebnis reißt, heilt nie wieder ganz zu.

Otto Urbach war nicht mit ihnen, er weilte zu dieser Zeit auf einem grossen Gutshof in Lipa, wo Hunderte junge Juden unter Aufsicht von SS Landwirtschaft betrieben. Er kam viel später nach

Th. War ein sehr kräftiger, schöner und lebenslustiger Junge, aber in die Heimat ist auch er nicht zurückgekehrt.

Auch bei mir und Vera war es eine tragische Verkettung von Umständen, die uns in den Transport nach Polen brachte. 16 Monate waren wir bereits in Th. gewesen und hatten in dieser Zeit viele Dutzende von Transporten abgehen sehen, als eines Tages, Mitte Dezember 43, auch an uns der grausame Ruf erging. Wir waren zwar, wie ich Euch schon mitteilte, gegen die Einreihung in einen Transport geschützt, aber diesmal brauchte man im Osten 200 Ärzte und suchte dazu die jüngsten aus. Und zu diesen gehörte die l. Vera und zu ihr gehörte ich, denn es herrschte das Prinzip, dass man nach Möglichkeit die engste Familie nicht auseinander riss. Die Arbeitszentrale setzte gleich alle Hebel in Bewegung, um mich heraus zu reklamieren und damit automatisch auch die l. Vera, und nun denkt Euch, meine Lieben, die Bemühungen waren von Erfolg gekrönt, aber der Bescheid kam um eine kleine halbe Stunde zu spät. Während der Beamte mit dem Ausreihungsbefehl am Bahnhof ankam, saßen wir bereits im plombierten Waggon und der Zug setzte sich langsam in Bewegung in die Hölle von Oswiecim.

Weiterer Brief folgt in 2–3 Wochen. Seid alle herzlichst gegrüsst und geküsst von Eurem treuen Arnold.

***

5. Brief
Praha, Dienstag 11.9.45
XII Manesova 32.

Meine Lieben,
Euren lieben Brief vom 1/8 erhielt ich am 25/8 also in etwa 3 Wochen, was eine gewiss rasche Verbindung darstellt. Der Brief, bzw. sein Inhalt, ist mir sehr zu Herzen gegangen, und ich danke Euch vielmals für Eure guten Worte. Ich wusste gar nicht, dass Du so schöne Briefe schreiben kannst, liebe Gretel, und dass Deine Worte vom Herzen kommen und aufrichtig gemeint sind, das fühle ich instinktmäßig aus ihnen heraus. Eure Sorge um mein seelisches,

ja sogar mein leibliches Wohl ist rührend und in jeder Weise be-
ruhigend für mich, und wenn ich auch Gott sei Dank schon soweit
wieder hergestellt bin, dass ich wieder fest auf eigenen Füssen stehe
und auch für Kleidung und Ernährung genugsam gesorgt ist, ist es
für mich, und vor allem für mein noch immer sehr wundes Innen-
leben, sehr köstlich und erfreulich, dass ich in Euch in jeder Weise
eine Stütze habe, Menschen, die mir blutmässig nahe stehen, die an
mich glauben und mich nie verlassen werden.

Ich war sehr ergriffen als ich las, welch tiefen Eindruck meine
Tatsachenberichte auf Euch gemacht haben. Das Bewusstsein all des
Schrecklichen, an das wir uns im Laufe von Jahren gewöhnt haben,
kommt nun mit Plötzlichkeit über Euch, tritt plötzlich, erst jetzt nach-
träglich aus dem Hintergrund des Unbewussten und des Unklaren
in das grelle Licht der Wirklichkeit. Nun aber kann Euch dabei der
Gedanken trösten, dass das alles einer zwar grausigen, aber immer-
hin schon überwundenen Vergangenheit angehört, dass wir zwar mit
Schaudern an diese Zeit, an all die schrecklichen Erlebnisse, Gefüh-
le, Visionen zurückdenken, dass wir uns jedoch nach besten Kräften
bemühen, alles samt und sonders zu vergessen, je rascher desto bes-
ser. Und die Zukunft wird uns das alles wie als böses Phantom der
Vergangenheit, als grausigen Traum von Elenden erscheinen [lassen],
während wir uns dem ewigen Gesetz des Lebens mit seiner unerhört
kraftvollen Vitalität folgend unserer neuen Zukunft zuwenden. Was
wir allerdings nicht vergessen können, was aus unserem Gedächtnis
und aus unserem Herzen nicht auszulöschen ist, das ist das Bewusst-
sein und die Sehnsucht nach all den Lieben, die uns so nahegestanden
sind und die diese grausame Zeit mit sich gerissen hat in den Ab-
grund, hinweggerissen von unserer Seite, ohne Rücksicht darauf, dass
unser Herz blutet und bluten wird, so lange wir leben.

Ich danke Euch vielmals herzlichst für Eure sicher aufrichtig ge-
meinte Einladung, zu Euch zu kommen. Aber das kommt wohl kaum
in Frage. Mein Platz ist hier in der alten Heimat, hier habe ich meine
Arbeitsstelle und vielfache Bindungen und Erinnerungen, auch fühle
ich mich nicht mehr jung genug, um ein ganz neues Leben zu begin-
nen und gehe hier meist die Linie des geringsten Widerstandes.

*Es tut mir leid, Euch mitteilen zu müssen, dass von den ge-
sandten 11 Paketen vorläufig nur die 5 Euch bereits bestätigten
ankamen. Seither große Pause. Ich gebe Dir, l. Gretel, gern die
gewünschten Maße bekannt, bemerke jedoch, dass ich mit Anzü-
gen ziemlich versehen bin, und auch Wäsche habe ich dank Ottos
Mithilfe zur Not genug und außerdem habe ich ja gelernt, Wäsche
etwas länger als sonst gewohnt zu tragen.*

*Hingegen wäre ich Euch sehr dankbar, wenn Ihr mir für den
Winter etwas warme, gestrickte Sachen verschaffen könntet, Swea-
ter, Ärmelweste und dergleichen, Schal, Handschuhe und vor allem
Gamaschen für Halbschuhe. Diese Dinge werde ich mir hier kaum
beschaffen können, da noch nicht einmal Wolle zum Verarbeiten
hier ist, geschweige denn Ware.*

*Mit der Ernährung ist es heute nicht mehr so schlimm. Ich be-
komme einerseits eine Zusatzkarte als Arbeitender und anderseits
auf ärztlichen Antrag eine Mehrzuteilung als Repatriant (ehemaliger Häftling). Natürlich geht es da nicht um Kilogramme, sondern
nur Dekagramme und gewisse Dinge wie Fleisch und Fett, Obst
und Zuckerwaren sind noch immer sehr rar.*

*Über meine Berichte möchte ich Euch noch Folgendes sagen. Ich
sandte Euch im ganzen, wie schon im letzten Brief bemerkt, 4 Berichte in 3 Briefen und gelangte bis zum Ende von Terezin, bis zum
Abtransport nach Oswiecim. Nun aber versagt meine Kraft oder
vielmehr meine Fähigkeit, die Dinge und Ereignisse anschaulich zu
schildern. Worte erscheinen mir zu schwach, zu kleinlich, um all dies
Erlebte und Geschehene zu schildern, die Gedanken verwirren sich,
ich möchte alles auf einmal zum Ausdruck bringen, und das geht natürlich nicht. Ich muss also jetzt vorläufig einen Punkt machen oder
eine Pause. Vielleicht kommt einmal die Zeit, wo ich alles in Ruhe
werde schildern können.*

*Über das Ableben Deiner l. Mutter, l. Gretel, kann ich Dir leider
nicht die gewünschte genaue Auskunft geben. Mein Gedächtnis hat
leider sehr gelitten und die Erinnerung kehrt oft erst nach Monaten wieder. Ich weiss nur, dass die l. Mama Resi sich in Th. geistig
wohler fühlte und sogar zur Hoffnung auf Gesundung des Geistes*

berechtigte, aber der Körper versagte wie bei allen alten Leuten und die Entkräftung forderte ihr Opfer.

Die Schilderung Eures Ergehens und des Aufbaus Eurer Farm hat mich ungewöhnlich interessiert, doch hoffe und erwarte ich, dass Du l. Edi mir noch viel Genaueres darüber mitteilen wirst. Und nun will ich Euch noch in Kürze mitteilen, dass der l. Otto am 31.8. nach Paris abgeflogen ist, von wo er mir allerdings schrieb, dass er infolge der dortigen Teuerung an die Wiedereröffnung der Fabrik momentan nicht denken kann, und so fuhr er für 2–3 Wochen nach England. Vorher war er zum dritten Male in Strobnitz und brachte persönlich mit dem Spediteur Fröstl, der in Nr 62 wohnt, die besten Stücke Eurer Möbel in meine halbleere Wohnung. Das grosse Buffet, 3 große Kästen, Tisch und Couch zieren nun meine neue Wohnung, in der ich mit Mama Schick hause und erinnern mich jede Stunde an meinen lieben Bruder Edi und seine gute Frau Gretl.

Und nun lebt recht wohl, meine Teuern und Lieben. Schreibt bald und oft und viel und seid herzlichst umarmt und geküsst von Eurem treuen Arnold.

Zu Deinem Geburtstag, l. Edi, meine innigsten und herzlichsten Glückwünsche.

14. Kapitel

Der Weg nach Hause

Wieder einmal hörten die Briefe plötzlich auf. Was war passiert? Warum gab es von Arnold keine Briefe mehr in unserer Schachtel? Zwar hatte er die Einladung meines Vaters erhalten, einen neuen Anfang mit uns in Kanada zu machen, hatte sie aber abgelehnt. Aber warum gab es keine weiteren Briefe? 1945 war ich neun Jahre alt, alt genug, um mich an die Ankunft weiterer Briefe erinnern zu können.

Otto war kurz nach dem Krieg nach Kanada emigriert und hatte etliche Monate bei uns in Hamilton gewohnt. Dann ging er eine geschäftliche Partnerschaft mit Ludwig ein. Sie erwarben gemeinsam ein Textilgeschäft auf dem Boulevard Saint-Laurent in Montreal. Leider endete die Partnerschaft unschön und schuf böses Blut zwischen Otto und meinem Vater. Da die Jahre der täglichen gemeinsamen Arbeit auf der Farm bei meinem Vater einen tiefen Respekt für Ludwig erweckt hatten, nahm er bestimmt seinen Schwager in Schutz. Der daraus erwachsene Zwiespalt zwischen ihm und seinem Bruder Otto heilte nie. 1991, dreiunddreißig Jahre nach dem Tod meines Vaters, erhielten wir Nachricht, dass mein Onkel gestorben sei.

Das Rätsel von Arnolds Schweigen ist nicht einfach zu lösen. Ich hatte die Nachkriegsbriefe zur Seite gelegt, weil ich mir nicht noch einmal die Gefühle zumuten wollte, die mich beim ersten Lesen dieser Briefe überkommen hatten. Vor allem wollte ich meiner Mutter eine erneute Trauer über ihren schweren Verlust ersparen.

Und dann verschlechterte sich ihr Gesundheitszustand und sie lebte nicht mehr lange. Am 30. September 1999, als wir neben ihrem Sessel saßen und ihre Hände streichelten, ihre geliebte Enkeltochter auf einer Seite und ich auf der anderen, wurde ihr Atem immer flacher, bis sie für immer einschlief.

Danach war keiner mehr da, den ich fragen konnte. Monate später, im Frühjahr 2000, rief mich mein Freund Rick aus Toronto an.

»Was hast du im September vor? Was hältst du von einer Reise zu unseren Wurzeln?« Zum zweiten Mal veränderte Rick, ohne es zu wissen, den Lauf meines Lebens.

Das erste Mal war es im November 1992, als wir an einem Sonntagmorgen beim Kaffee gemütlich in meiner Küche hockten und plauderten. Rick und ich haben so viel Gemeinsames in unserer Vergangenheit. Seine Mutter Mimi war einst die beste Freundin meiner Tante Anny. Das erste Haus, das Mimi und Robert in Hamilton kauften, war nur zehn Minuten von unserem Haus entfernt. Ich war zwölf Jahre alt, als Rick auf die Welt kam, und sehr stolz darauf, dass seine Eltern mich als seine erste Babysitterin engagierten.

Als Erwachsene verstanden Rick und ich uns immer glänzend. Irgendwann fing er an, mich als »seine ältere Schwester« vorzustellen, ein Ehrentitel, den ich sehr schätzte. Als Einzelkind sehnte ich mich immer nach Geschwistern und einer Großfamilie. Ich hatte nur Anny und Ludwig.

Leider behielten meine Mutter und Anny das seit der Kindheit eingeschliffene Spiel »Gute Schwester – böse Schwester« ihr Leben lang bei, und durch meine Zuneigung zu Anny geriet ich in einen Loyalitätskonflikt. Davon abgesehen hatte es auf der Farm immer Eifersüchteleien und Zwistigkeiten zwischen den beiden Frauen gegeben, und mein Vater und Ludwig mussten abwechselnd die Rolle des Friedensstifters spielen. Als erst mein Vater und dann Ludwig starben, klammerte sich meine Mutter umso fester an mich und ließ den Graben zwischen ihr und ihrer Schwester immer größer werden.

Im Gegensatz zu mir hat Rick einen Bruder, Fred, und die Verhältnisse innerhalb ihrer Familie sind ganz andere als bei uns. Ihr Vater Robert wurde in Prag geboren. Er war kaum siebzehn Jahre alt, als seine vermögenden Eltern munkeln hörten, es sei möglich, einen gewissen Gestapobeamten zu bestechen. Da sie ihre Verhaftung fürchteten, schickten sie ihren einzigen Sohn zu dem gewagten Unterfangen. Vorne im Daimler saß der Chauffeur, hinten saß Robert, eine Aktentasche voller Kronen auf dem Schoß. Das Gerücht war nicht falsch gewesen, und Robert kam tatsächlich mit gestempelten Ausreisevisa zurück.

Robert konnte es seinen Eltern nie verzeihen, dass sie ihn zum Versuchskaninchen gemacht hatten. Die Spannungen innerhalb der Familie verschlimmerten sich, als Robert nach einem Jahr sein Studium abbrach, um Mimi, eine um zehn Jahre ältere mittellose Immigrantin zu heiraten. Trotz ihrer Intelligenz und ihrer charmanten Art gelang es ihr nie, das Eis zwischen ihr und ihren Schwiegereltern zu brechen.

Rick kämpfte darum, seinen Vater besser zu verstehen, so wie ich mich um eine größere Nähe zu meiner Mutter bemühte. Auf einer gewissen Ebene waren beide unerreichbar. Als wir uns noch einen Kaffee einschenkten, stellte Rick die Frage, ob unser beider Gefühl, auf eine gewisse Weise von der Welt abgetrennt zu sein, mit unserer Vorgeschichte zu tun haben könnte. Obwohl wir beide viele Freunde haben, haben weder er noch ich ein richtiges Gefühl der Zugehörigkeit. Wir sind immer irgendwie außerhalb, schauen von draußen durchs Fenster und empfinden dabei ein seltsames Unbehagen.

Doch war ich über seine nächste Frage verblüfft: »Helen, meinst du, dass die Erlebnisse unserer Eltern in Europa auch auf uns einen Einfluss hatten?«

Im Rückblick erscheint mir die Frage einfältig. Erstaunlich ist jedoch, dass keiner von uns diese Frage je gestellt hatte. Das Stillschweigen unserer Eltern über all die Jahre war so absolut gewesen und ihr Unwillen, über die Vergangenheit zu sprechen, so offenkundig, dass wir nie auf den Gedanken verfielen, Ereignisse, von denen wir wenig wussten, könnten uns geprägt haben.

Ricks Frage erinnerte mich plötzlich an eine Meldung in einer jüdischen Zeitung, die eine Nachbarin mir oft vor die Türe legte. Sie hatte mir zuvor gesagt: »Ich weiß, dass du nicht religiös bist, aber manchmal gibt es doch gute Artikel, die dich interessieren werden.« Und wahrhaftig waren mir diese Worte ins Auge gefallen: »Konferenz für die Holocaust-Überlebenden der zweiten Generation.«

Es war ein Begriff, an den ich nie gedacht hatte. In meiner Welt gab es »Überlebende«, aber ich hatte keinen Grund, eine Verbindung zwischen mir oder meinen Eltern und den ausgemergelten Leuten mit gehetztem Blick und tätowierten Ziffern am Arm zu sehen. Im Gegenteil. Meine Mutter und auch Mimi hatten immer betont, wir gehörten nicht zu den »Überlebenden«, da wir rechtzeitig nach Kanada gekommen seien und »es« nicht mitgemacht hätten. »Es« war damals für uns das einzige Wort dafür, denn das Wort »Holocaust« kam erst viel später. Ich kenne das Wort auch nur auf Englisch, ohne die deutsche Betonung, die meine Eltern und ihre Bekannten benutzten. Für sie war »es« das einzige Wort für Auschwitz, Buchenwald, Dachau und alle anderen KZ.

Doch wusste ich aus dem Bauch heraus, dass vieles auf uns übertragen wurde, wenn auch nur in Form unausgesprochener Ängste, namenloser Feinde und sogar schattenhafter Bedrohungen unseres Lebens. Schnell ging ich zu den Zeitungen im Papierkorb und fand den Veranstaltungshinweis. Die Konferenz sollte um elf Uhr beginnen. Es war halb elf. Im Nu hatten Rick und ich die Mäntel an, waren zur Tür hinaus und standen genau in dem Augenblick in der Konferenzhalle, als der Gastvortrag angekündigt wurde. Die Vortragende hieß Helen Epstein, ein Name, der mich durch die Ähnlichkeit mit meinem Mädchennamen Waldstein anzog. Ebenso bedeutsam waren ihre Worte und auch die vieler anderer Konferenzteilnehmer.

Wir sprachen über unsere gemeinsamen Erfahrungen: die überlebensgroßen Schatten, welche das uns auferlegte Schweigen über die Vergangenheit geworfen hatte, das Gebot, ein braves Kind zu sein, das seine Eltern nicht durch Fragen aufregte, geschweige denn durch schlimmes Benehmen, und die Notwendigkeit, von Kindheit an unsere Eltern vor einer Welt zu schützen, deren Sprache und Bräuche sie nie ganz beherrscht hatten.

Einer der Teilnehmer, den ich an diesem Nachmittag kennenlernte, war ein unscheinbarer Mann, dem noch die Krümel des Mittagessens im grauen Bart hingen. Er stellte sich mir vor als »Yitzhak«, ein Rabbiner, der eine Gruppe mit Angehörigen der zweiten Generation der Holocaust-Überlebenden gründen wollte. Die Konferenz hatte bei mir einen so starken Eindruck hinterlassen, dass ich zusagte, an einem Treffen der Gruppe teilzunehmen. Und das war der Anfang meiner Reise nach Hause.

Zu jener Zeit war Yitzhak Rabbiner einer kleinen Gemeinde mit Namen Or Shalom. Er erklärte mir, dass man diese Worte meist als

»das Licht des Friedens« übersetzt, aber dass »Shalom« auch Ganzheit heißt. Vielleicht gibt es keinen Unterschied zwischen Frieden und Ganzheit, denn als ich anfing, die Zufälligkeiten meines Lebens zu einem Ganzen zu verbinden, spürte ich, wie mich ein Frieden einhüllte, der mir bisher unbekannt gewesen war.

Aus Neugier besuchte ich eines Samstagmorgens einen Gottesdienst von Or Shalom, der wöchentlich in einer Mietwohnung abgehalten wurde. Der Gottesdienst schien mir seltsam und ungewohnt, wenn auch nicht völlig fremd.

Als Kind schickten mich meine Eltern jeden Sonntag in die Kirche. Ich ging hin, weil mir meine Eltern eine gewisse Kenntnis der Religion angedeihen lassen wollten und wir nette Nachbarn hatten, die mich regelmäßig mitnahmen. Aber sie wollten mich auch vor dem jahrhundertealten Hass schützen, der ihr eigenes Leben zerstört hatte. Die Broschüren, die man mir mitgab, bewahrte ich sorgfältig auf. Man sah darin Bilder von einem blonden, blauäugigen Christus, der die Leprakranken heilte, die Kinder segnete und auf einem Esel durch Jerusalem ritt.

Später, als wir in die Stadt übergesiedelt waren, machte ich bei einer kirchlichen Mädchengruppe mit. Ich trug gern meine weiße Bluse mit Matrosenkragen und sammelte eifrig die Verdienstabzeichen, die man uns verlieh.

Ich war zehn Jahre alt, als meine Eltern endlich bei einer reformierten Synagoge Mitglied wurden. Zweimal im Jahr, zu den Großen Feiertagen Rosch Haschanah und Jom Kippur, gingen sie in die Synagoge, aber sonst kaum. Nicht einmal meiner Mutter zuliebe wollte mein Vater öfter gehen.

Sie waren hauptsächlich beigetreten, weil ihnen bewusst wurde, dass die Jahre dahinschwanden. Meine Mutter sprach es so aus: »Irgendwo muss man hingehören, denn wenn, Gott behüte, etwas passieren sollte, dann können sie einen nirgends beerdigen. Ich lasse mich zwar nicht gerne von den Würmern fressen, aber besser so als auf die andere Art.« Anders vermochte meine Mutter nicht auszusprechen, dass Einäscherung – angesichts des elenden Endes ihrer Eltern – für sie nicht in Frage kam.

Mein Vater hat immer behauptet, das Allerwichtigste sei, anständig zu bleiben. In Europa hatten er und seine Familie gewusst, dass sie Juden waren, weil es so in ihrer Geburtsurkunde stand, so wie es in meiner steht. In der Familie meines Vaters hatte keiner viel für die Religion übrig. So wie ihre Nachbarn aßen sie Wurst und Schweinefleisch, und die Kinder gingen in dieselbe Schule wie die Kinder dieser Nachbarn. Insgesamt hatte ihr Leben in vielem meiner Kindheit in Kanada geähnelt.

Der Samstagmorgen, an dem ich als erwachsene Frau zum ersten Mal zu einem Gottesdienst der Gemeinde Or Shalom ging, machte mich mit einer anderen Welt bekannt. Aus meiner Kindheit erinnerte ich mich nur an ein Gebet der hohen Feiertage: Schma Jisroel, Adonoi Eloheinu, Adonoi Echod, das uralte Bekenntnis, dass es nur einen Gott gibt, den ewigen Gott aller Menschen. Was mich tief ergriffen hat in Or Shalom, war die Musik. Als Kind war mein Lieblingslied »Jesus loves me – this I know«, »Jesus liebt mich – das weiß ich ganz bestimmt«. Die jüdischen Melodien hatten jetzt etwas ganz Tiefes in mir geweckt.

Ein Lied insbesondere ging mir zu Herzen. »Barchu, geliebter Geist, Schechina, heiliger Name, wenn ich das Licht in meiner Seele erwecke, komme ich nach Hause.« Von dem Moment an, in dem die Gemeinde diese Melodie zu singen begann, musste ich weinen, und ich weinte noch immer, als ihre Stimmen verklungen waren. Als die stillen Tränen über meine Wangen rollten, wusste ich, dass ich wahrhaftig nach Hause gekommen war.

An diesem Tag änderte sich etwas in meinem Wesen. Es widerstrebt mir, mich »religiös« oder auch nur »spirituell« zu nennen. An manchen Tagen frage ich mich sogar, ob es überhaupt einen persönlichen Gott gibt, und noch öfter zweifle ich an der Gültigkeit vieler Bibelstellen und ihrer traditionellen Auslegung. Jedoch gab es eine wesentliche Änderung darin, wie ich denke und fühle und wie ich die Welt erfahre. Zumindest durchdrang ich eine meiner äußeren Schichten und kam dadurch ein Stück näher an den Kern meines Seins.

Als meine Mutter zu mir nach Vancouver zog, um ihre letzten Lebensjahre bei mir zu verbringen, hatte sie auch das Gefühl, nach

Hause gekommen zu sein. Sie bat mich, sie hier auf dem jüdischen Friedhof zu begraben.

Am Tag ihrer Beerdigung trauerten Juden und Nichtjuden, Gläubige und Nichtgläubige. Dabei trat in meinen Augen etwas für Kanada Typisches zutage: dass die guten Anlagen dieses Landes erst noch zur vollen Reife kommen müssen.

Meine Welt und die meiner Familie mit der kanadischen Lebens- und Denkweise zu verbinden, ist eine andere Facette meines Nachhausekommens. Mein Kanada ist zugleich ein Land von selbstgefälligen Bürgern und ein Land von Menschen, die ihre Verschiedenheiten akzeptieren und sogar schätzen. Es ist ein Land von Menschen, die es gut meinen, aber doch unbewusst vielen anderen Leid zugefügt haben. Dennoch ist es eine Besonderheit Kanadas, fähig zu sein, von der Vergangenheit zu lernen.

Es war höchste Zeit, meiner eigenen Vergangenheit ins Gesicht zu schauen. Anfangen wollte ich mit dem Ort meiner Geburt. Ein Jahr nach dem Tod meiner Mutter flog ich wieder nach Europa.

15. Kapitel

Wieder auf der Suche nach meiner Familie

Mitte August hatten Rick und ich vereinbart, uns in Prag zu treffen. Ich wollte aber zuerst wieder nach Linz, um zu sehen, ob nicht doch etwas über Fränkels in den Archiven zu finden war. Ich plante auch, Zeit mit Tracey und Martin zu verbringen und möglicherweise ihr Angebot anzunehmen, mit ihnen im Auto in mein Heimatdorf Strobnitz zu fahren.

Ich hatte einmal in den sechziger Jahren versucht, von Österreich über die Grenze in die Tschechoslowakei zu fahren. Damals war das Land noch unter kommunistischer Herrschaft. Die Grenzer zeigten kein Interesse an meinen amerikanischen Mitreisenden, aber als sie meinen Geburtsort im Pass sahen, durften wir nicht weiter. Eine Stunde saßen wir im von der Sommersonne aufgeheizten Wagen fest, während ein Grenzsoldat mit meinem Pass verschwand und seine Kollegen mich mit Fragen überhäuften. Immer wieder fragten sie nach meinen Kontakten in der Tschechoslowakei und mokierten sich über meine Behauptung, dass mir die Sprache fremd sei. Endlich ließen sie uns doch weiterfahren, aber nur unter der Bedingung, dass wir eine »Reiseführerin« mitnähmen.

Diese begleitete mich auf Schritt und Tritt. Sie saß verdrießlich mit am Tisch, während wir wässrigen Kaffee tranken, und sie begleitete mich sogar zum WC und lehnte sich ungeduldig gegen die Toilettentür. Dann führte sie uns zu einem Souvenirkiosk, an dem wir pflichtgemäß unsere Dollars für billig hergestellten Tand ausgaben. Als wir zurück an die Grenze kamen, gab es nochmals Verzögerungen. Die Beamten nahmen den Hintersitz heraus und schoben das Auto auf eine Hebebühne, um sicher zu sein, dass ich keine tschechischen Bürger ins Ausland schmuggelte.

Im Vergleich zu den Sechzigerjahren war es dieses Mal leicht, die Tschechische Republik zu betreten. Zuerst gab es ein gemütliches Frühstück in der Küche bei Tracey und Martin, dann fuhren wir den Fluss entlang, bis wir eine schöne österreichische Landschaft erblickten. Ein sanfter Regen konnte unsere Stimmung nicht verderben. Hübsche Häuser, an denen Blumen vor jedem Fenster hingen, wechselten sich ab mit Obstgärten, fruchtbarem Ackerland und grünen Wiesen, wo fette Kühe weideten.

Die Grenzstation stand in krassem Gegensatz zu der bukolischen österreichischen Landschaft: graue Gebäude aus Zementziegeln, besetzt mit ebenso graugesichtigen Grenzsoldaten in farb- und formlosen Uniformen. Ein teilnahmslos wirkender Soldat stempelte gähnend meinen Pass und hob den klapprigen Schlagbaum. Wir setzten unsere Fahrt auf einer Straße fort, die auf beiden Seiten von Prostituierten gesäumt war. Manche trugen Stöckelschuhe, andere oberschenkelhohe Stiefel. Alle trugen sehr kurze Röcke und enge Tops trotz des strömenden Regens. Die meisten waren jung. Hinter ihnen lag nichts, nur brachliegende Felder und verwucherter Wald.

Martin spürte unser Unbehagen. Für ihn war diese Szene nicht neu. »Schrecklich«, sagte er leise. »Das menschliche Elend als Ausdruck wirtschaftlicher Not. Man sieht es bei jedem Grenzübergang in die Tschechische Republik. Reihenweise stehen sie da. Sie haben nichts anderes zu verkaufen.«

Ihre Gesichter verschwanden im Rückspiegel. Nur das regelmäßige Klick-Klack der Scheibenwischer unterbrach die trübsinnige Stille. Verschwommen zog die Landschaft an den Fenstern vorbei. Graue Wolken hingen wie Leichentücher über endlosen Kornfeldern, die nur ab und zu unterbrochen wurden durch Ansammlungen abbruchreifer Häuser mit durchhängenden Dächern und verblichenen Fassaden. Hier verschönerten keine Blumenkästen die Fenster und nichts blühte in den vernachlässigten Gärten, wo verrostete Landmaschinen unter dem Unkraut verschwanden. Die Hoffnungslosigkeit war überall zu erkennen und drang sogar in unseren Wagen ein.

Schließlich sahen wir das Schild: Horní Stropnice. Nur in meiner Erinnerung existierte noch der alte Name Strobnitz. Ich sah auf die Uhr. Es war erst Nachmittag, nicht ganz halb zwei, obwohl es durch den verhangenen Himmel später zu sein schien. Das Dorf war unglaublich öde. Ein freudloser Weiler ganz in Grau. Aschgraue Zementziegel unter einem aschgrauen Himmel. Kein einziger Fußgänger weit

und breit. Die Einwohner hatten sich in ihre dunklen Höhlen zurückgezogen. In keinem Fenster war ein freundliches Licht zu sehen.
Es war nicht schwer, unser Haus zu finden. Nummer 36 ist ein Teil
eines langen, grauen zweistöckigen Wohnhauses, das sich die ganze
Länge der Straße entlangzieht. Eine Reihe kleiner Geschäfte im Erd-
geschoss machte sich durch kunstlose Schilder bemerkbar. An diesem
trüben Nachmittag waren hinter fast allen Fenstern in den oberen
Stockwerken die ausgeblichenen Vorhänge zugezogen. Hier und da
war ein leerer Blumenkasten an der grauen Wand befestigt.

Nur ein Haus war anders. Nummer 36. Das Schaufenster des Ladens hatte man mit unschönen gelb-braunen Ziegeln grob zugemau-
ert. Ich sah es als ungeschickten Versuch, die letzten Spuren der Juden,
die früher hier gewohnt hatten, zu löschen. Die Juden, das waren wir.

Ein paar Jahre zuvor hatte Tini mit ihrer Familie Strobnitz besucht. Sie hatte mir gesagt, dass unser Haus direkt gegenüber dem
Denkmal in der Dorfmitte steht. Ich schaute auf die Inschrift auf der
Steinplatte, die man inmitten eines Streifens von ungemähtem Gras
aufgestellt hatte:

Den tapferen Strobnitzern, die in Verteidigung der Heimat fielen.

Es dauerte ein bisschen, ehe ich diese Worte und ihren Sinn begreifen
konnte. Diese Gegend war überwiegend deutschsprachig gewesen,
und die Sudetendeutschen hatten Hitler mit offenen Armen empfangen. »In Verteidigung der Heimat« heißt, dass diese Strobnitzer durch
die Hand der Alliierten gefallen waren. Und wo ist das Denkmal für
meine Familie? Meine Eltern, Großeltern und alle Geschwister waren
Opfer eben dieser Einwohner, die das Denkmal ehrte.

Tini hatte mir gesagt, dass damals unser Wagen kaum um die Ecke
war, als schon die ersten Strobnitzer gelaufen kamen, um alles aus
dem Haus zu holen und wegzuschleppen, was sie nur tragen konnten. Stand vielleicht noch heute ein Lieblingsteller meiner Großmutter
hinter einem dieser unbewegten Vorhänge auf dem Tisch?

Ich sagte zu Tracey und Martin, dass sie im Wagen bleiben sollten. Meine Absicht war, nur ein paar Fotos zu machen, und dann

wollte ich weg von hier. Ich starrte unser Haus an. Mein Herz fühlte sich so taub an wie meine nassen, kalten Finger am Fotoapparat. Ein letztes Bild wollte ich noch vom Ende der Straße aus aufnehmen. Von dieser Stelle fiel mein Blick auf eine schöne weiße Kirche mit einem freundlichen roten Dach und einem regenglitzernden Turm. Erfreut, etwas Anziehendes an diesem düsteren Ort gefunden zu haben, bat ich Martin, das Auto zu wenden und mir zu folgen.

Vor der Kirche standen kleine Gruppen von Menschen unter schwarzen Schirmen. Weil es Samstagnachmittag war, nahm ich an, es sei eine Hochzeitsgesellschaft. Als ich näher kam, glaubte ich, Deutsch zu hören. Das überraschte mich sehr, weil Tini öfters gesagt hatte, dass es für mich keinen Sinn hatte hinzufahren, weil heutzutage keiner in Strobnitz mehr Deutsch spricht. Tini wusste es sicherlich, nicht nur weil sie vor kurzer Zeit dort gewesen war, sondern weil sie zu den Sudetendeutschen gehörte, die von den Tschechen nach dem Krieg ohne viel Federlesens vertrieben worden waren.

Bei der ersten Gruppe sprach ich einen gut gekleideten Herrn an.

»Sprechen Sie Deutsch?«

»Ja, natürlich.«

»Sind Sie von hier?«

»Ja, natürlich.«

»Wunderbar, denn Tschechisch kann ich nicht. Ich suche jemand, der vielleicht meine Familie kannte. Sie hatten hier ein Geschäft. Mein Vater war Edmund Waldstein und mein Großvater hieß Josef Waldstein.«

Stille. Anhaltende, unangenehme Stille. Wortlos sahen die Leute in der kleinen Gruppe sich gegenseitig an. Gesichter wurden blass. Einer nach dem anderen verschwanden die Leute, als ob sie in die Kirche flüchten wollten. Ich stand allein, meine Hand immer noch am Ärmel des gut gekleideten Herrn. Er blickte auf die Rücken seiner Gefährten. Er sah lange auf seine Schuhspitzen. Dann begann er zu reden.

»Natürlich habe ich sie gekannt. Wir alle haben sie gekannt. Wir haben sie gut gekannt. Aber jetzt haben wir keine Zeit. Wir müssen in die Kirche gehen. Kommen Sie mit in die Kirche und wir werden später sprechen.«

Ich winkte Tracey und Martin heran, und drängte sie, mit mir zu kommen. Zusammen traten wir durch das Portal.

Der Innenraum der Kirche war warm und einladend. Glasfenster warfen rubinrote Lichtschimmer auf die weiß getünchten Wände. Auf einem reich verzierten Rokokoaltar prangte ein vergoldetes Kreuz. Auf der rechten Seite war eine lebensgroße Madonna in blauem Gewand zu sehen, die der Gemeinde ihre Arme entgegenstreckte. Auf der linken Seite führte eine kunstvoll geschnitzte Treppe auf die Kanzel. Überall flackerten Kerzen. Die braunen Holzbänke leuchteten in ihrem goldenen Glanz.

Schon war eine tiefe Stimme von der Kanzel zu hören. Selbst mit bestem Willen konnte ich nur ab und zu einzelne Worte des heimischen Dialekts erfassen. »Verzeihung. Versöhnung.« Unerwartete Worte für eine Hochzeit, dachte ich mir. Und wo sind Braut und Bräutigam? Ein Kirchenlied erklang, und dann hörte ich wieder einzelne Begriffe. »Frieden. Erinnerung. Mäßigkeit. Zurückhaltung.« Ich stieß Martin an. »Verstehst du?« Er nickte.

Erleichtert darüber, dass ich nicht versuchen musste, jedes Wort zu verstehen, überließ ich mich der Musik und dem Raum, bis die Versammlung aufstand. An der Tür reichte mir der Pfarrer die Hand, aber meine Augen suchten den gut gekleideten Herrn. Er war schon umringt von Leuten, einschließlich Martin. Tracey und ich warteten ungeduldig, um unsere Fragen zu stellen. Es war Samstag, der 8. August. Seit Ende des Zweiten Weltkrieges traf sich diese Gruppe jedes Jahr am zweiten Samstag im August um zwei Uhr nachmittags. Sie trafen sich, um die Erinnerung an Strobnitz wachzuhalten. Strobnitz war der Ort, an dem sie geboren und in die Schule gegangen waren, wo sie geheiratet und neue Familien gegründet hatten. Strobnitz war gleichzeitig der Ort, aus dem man sie nach dem Krieg vertrieben hatte. Die Tschechen hatten keinen Unterschied zwischen Nazi-Kollaborateuren und Sudetendeutschen gemacht. Die Tschechen hatten einfach alle Deutschsprechenden ins Exil vertrieben.

Tini hatte man auch vertrieben. Man gab ihr drei Stunden, ihre Sachen zu packen und wegzugehen. Wenn auch nicht in gleichem Maße, so gab es doch eine gewisse Ähnlichkeit in der Art und Weise, wie die Tschechen die Sudetendeutschen behandelt hatten und wie die Sudetendeutschen ihrerseits mit meiner Familie umgegangen waren.

Während der Jahre der kommunistischen Herrschaft durften die Sudetendeutschen nicht in die Tschechoslowakei kommen. Für sie war ein Hügel in Österreich der nächstgelegene Ort. Von diesem Hügel aus konnten sie an klaren Tagen Strobnitz sehen. Jedes Jahr kamen sie, aus Österreich, aus Deutschland, aus Belgien und Holland und von wo immer sie einen Zufluchtsort gefunden hatten. Um zwei Uhr am zweiten Samstag im August trafen sie sich an dem Hügel und hielten im Freien einen Gottesdienst, während sie in die Heimat hinüberblickten.

Seit dem Fall des Eisernen Vorhangs durften die Sudetendeutschen wieder zurück. Jetzt treffen sie sich in der Kirche in Strobnitz, jedes Jahr zur selben Zeit.

»Wie haben Sie uns gefunden?«, rief eine Stimme. »Wie haben Sie gewusst, dass wir heute hier sein würden?«

Ich schüttelte erstaunt den Kopf. Das war ja mehr als Zufall! Welche unsichtbare Hand hatte meine Füße hierher geleitet? Welches Schicksal hatte mich um zehn Minuten vor zwei Uhr an diese Kirche geführt? Zehn Minuten später wären diese Leute schon in der Kirche gewesen und ich hätte nichts von ihrer Existenz gewusst.

Ich war nicht nur von weither gekommen, sondern es lagen auch sechzig Jahre zwischen meinem letzten Aufenthalt und dem jetzigen, und ich hatte einen Namen genannt, den man sechzig Jahre lang nicht ausgesprochen hatte: Waldstein.

Kein Wunder, dass ihre Gesichter bleich wurden. Ich kam mir selbst wie eine Erscheinung vor, eine gespenstische Wiedererscheinung, eine furchtsame Verkörperung lang verstummter Stimmen.

Zwei ältere Damen sprachen mich schüchtern an. Eine zupfte mich leicht am Ärmel.

»Ich heiße Lucie. Wir haben Ihre Großmutter gekannt. Sie hat uns oft nach der Schule zu sich in die Küche eingeladen.«

»Sie gab uns Buchteln frisch aus dem Ofen. Sie hat gerne gebacken.«

»Mitzi, erinnerst du dich noch an das Brot, das sie uns vor Ostern gegeben hat?«

»Oh, ja. Das hat gut geschmeckt. Besonders, wenn sie es mit Gänsefett bestrichen hat. Aber wie hat das nur geheißen?«

Ich wusste es sofort: Matzen, das ungesäuerte Brot, das man in der Pessach-Woche isst. Seltsame Ironie, dass sie sich ausgerechnet an dieses flache Brot erinnerten. Aller Wahrscheinlichkeit nach waren Matzen während der Pessach-Woche die einzige Art und Weise, in der meine Großeltern ihr Judentum feierten.

Inzwischen hatte sich der gut gekleidete Herr vorgestellt. Alois Bayer. Er bot mir an, mich herumzuführen. Als Erstes zeigte er mit dem Finger auf ein leeres Grundstück, das von Unkraut überwuchert war und erklärte mir, dass hier das Haus vom »Unteren Waldstein« gewesen war. Ich wusste nichts, weder von einem »Oberen« noch von einem »Unteren Waldstein«. Herr Bayer war gern bereit, mich aufzuklären.

»Der Bruder Ihres Großvaters hieß der ›Untere Waldstein‹. Sein Haus stand am Fuß des Hügels, deshalb der ›Untere Waldstein‹. Sein Sohn Erich und ich waren die besten Freunde. Wir waren beide verrückt nach Motorrädern. Wir haben stundenlang miteinander alte Räder repariert und neue aus alten Teilen zusammengebaut.«

Ich war sprachlos. Mein Großvater hatte einen Bruder gehabt, hier, in diesem Dorf. Mein Vater hatte einen Onkel gehabt, eine Tante und einen Cousin, und er war mit ihnen hier an diesem Ort aufgewachsen und doch hatte er sie nie mit einem Wort erwähnt.

Jetzt wollte Alois eine weitere Auskunft.

»Wissen Sie, was mit Erich passiert ist? Lebt er noch? Und lebt sein Bruder Walter?«

Seine Fragen eröffneten mir die Ungeheuerlichkeit des Verlusts. Ich wusste so wenig über die Familie meines Vaters und das Wenige stammte aus den Briefen. Er hatte Cousins, einen Onkel und eine Tante gehabt, die im selben Dorf wohnten. Ich wollte mehr wissen, und wir verabredeten, die Gruppe in einem Kaffeehaus wieder zu treffen.

Das Kaffeehaus ähnelte in keiner Weise den appetitanregenden Konditoreien in Deutschland und Österreich. Diese heruntergekommene Kneipe am Straßenrand stank nach kaltem Rauch. Auf unbequemen Holzstühlen saßen wir an viel zu kleinen Tischen. Es gab keine Speisekarte. Außer Palatschinken gab es nichts. Viele in der Gruppe zerzupften schon mit der Gabel den mit Marmelade gefüllten Teig. Bei den Getränken hatten wir wenigstens die Auswahl zwischen Kaffee oder Bier.

Alois war der Meinung, dass mir Bier besser schmecken würde. Schließlich befanden wir uns auf jenem Fleckchen Erde, wo Budweiser und Pilsner gebraut werden. Leider aber fand ich das lauwarme Bier und die übersüßen Palatschinken ungenießbar, noch dazu in diesem rauchigen, überfüllten Saal. Ich schob diese Gummirolle auf dem Teller hin und her und versuchte im allgemeinen Lärm zu verstehen, was die einzelnen Gäste sagten. Ich hatte über so vieles nachzudenken, aber auch noch so viel zu fragen.

Wir verabredeten uns noch einmal mit der Gruppe, dieses Mal zum Abendessen in Österreich. Wir fuhren Alois hinterher, der mit seinem Auto über Land fuhr und nur einmal an der Grenze hielt, wo er den einsamen Wachposten grüßte. Bald hielten wir vor einem Restaurant wie aus dem Bilderbuch. Unübersehbar, dass wir wieder in Österreich waren. Blumenschmuck hing üppig von Fenstern und Balkonen und es roch nach gutem Essen. Die fröhlichen Klänge einer Ziehharmonika trugen zur Gemütlichkeit bei. Innen gab es rot-weiß karierte Tischtücher und Kuckucksuhren zwischen den Hirschgeweihen an der Wand. Ein anheimelnder Saal, so schien es mir jedenfalls zu Beginn des Abends.

Anfänglich kamen viele an unseren Tisch, um mit mir zu sprechen. Einer stellte sich als Strobnitzer Chronist vor und fragte, ob ich gern ein Exemplar der Geschichte des Dorfes hätte. Ich sagte natürlich ja. Doch war ich beunruhigt. Unbehagliche Gedanken brachten mich durcheinander.

Wo waren diese Leute, als man uns vertrieb? Waren manche dieser Leute unter denen, die Tini als Plünderer beschrieben hatte? Ich erinnerte mich an ihre Worte: »Sie kamen alle, die Leute aus Strobnitz, sogar die Leute, zu denen dein Großvater brav gewesen war, die Leute, denen er Kredit gab, als sie ihre Rechnungen nicht bezahlen konnten. Jetzt kamen sie und stahlen, was nicht niet- und nagelfest war.«

Ganz bestimmt wollte keiner in dieser fröhlichen Gruppe an die Juden denken, und an das, was mit ihnen passiert war. Als ich weitere Fragen stellte, spürte ich, wie diese Leute vor mir zurückscheuten. Früher waren sie in dieselbe Schule gegangen wie Martha und Elsa und Arnold und Otto und mein Vater. Sie hatten miteinander gespielt und waren miteinander aufgewachsen. Waren sie auch unter denen, die ihre Arme gefüllt hatten mit Handtüchern und Wäsche, mit Töpfen und Geschirr – mit all dem, was wir zurück gelassen hatten? Hatte eine dieser grauhaarigen Damen einst die Küche meiner Großmutter geplündert? Hatte jemand heute Morgen noch seinen Kaffee mit einem unserer Löffel umgerührt? Zumindest tat jeder Einzelne von ihnen, als wüsste er von nichts.

Traceys Blick begegnete meinem und ich sah, dass sie verstand.

»Wir können gehen, wann immer du willst«, sagte sie leise.

Alois sah, dass wir aufstanden, und kam schnell herüber.

»Sie gehen doch nicht schon weg? Ohne zu essen? Haben Sie schon bestellt?«

»Nein. Der Kellner ist noch mit dem Bier beschäftigt. Wir haben noch keine Speisekarte gesehen.«

»Aber wo wollen Sie hin? In ein Hotel? Alles in der Gegend ist doch voll wegen unserer Gruppe. Sie finden nirgends ein Bett. Sie müssen bei mir übernachten. Bei mir in der Mühle. Ich rufe meine Frau an und sage ihr, sie soll Sie in Empfang nehmen.«

»Aber das wäre doch zu viel. Wir sind drei Personen. Haben Sie denn Platz?«

Ich hörte jemanden kichern.

»In der Mühle haben wir Platz genug. Außerdem will ich Ihnen morgen noch Fotos zeigen. Sie müssen zu mir fahren, denn ich kann hier jetzt nicht weg und ich möchte Ihnen gerne mehr von der Vergangenheit erzählen.«

Und so folgten wir den Wegbeschreibungen von Alois. Wir fuhren über Nebenstraßen durch dichten Wald, wo unsere Scheinwerfer Mühe hatten, den ausgefahrenen Weg zu erhellen.

Ein Hund bellte, als wir über eine kleine Holzbrücke rumpelten. Eine Tür wurde geöffnet und eine Frau stand im hellen Türrahmen.

Sie trocknete ihre Hände an der Schürze ab, als sie dem Wagen entgegenkam. Sie öffnete die Wagentür und ich sah in ein strahlendes, kluges Gesicht, umrahmt von grauem, zu einem Knoten gestecktem Haar. Sie sah uns einladend an.

Das war Lotte. Sie spürte meine emotionale Erschöpfung und führte uns direkt zu unserem Quartier, einer ehemaligen Mühle gegenüber dem Haupthaus. Wir stiegen die Steintreppe hinauf und betraten ein großes Wohnzimmer mit hoher Balkendecke und bequemen Sofas – von Leselampen sanft beleuchtet. Die Türen öffneten sich zu mehreren Schlafräumen und zu einem kleinen Speisezimmer, wo Thermoskannen und abgedeckte Teller mit Essen für uns bereitstanden.

»Ich dachte, Sie werden heute müde sein und für sich sein wollen. Morgen sehen wir uns zum Frühstück drüben im Haupthaus und dann können wir reden.«

Ich schaute nochmals in ihr schönes Gesicht, es erinnerte mich an das Bildnis eines Engels, das an der Wand meines Schlafzimmers in Kanada hing.

Wir schliefen tief. Am Morgen erwachten wir bei hellem Sonnenschein und hörten das Wasser so laut über den Damm rauschen, wie wenn es direkt unter den Bodendielen entlangfließen würde. Lotte war schon im Garten. Sie blickte ab und an zu unseren Fenstern hinauf, während sie ihre Blumen beschnitt. Im Haupthaus stand Kaffee bereit und auch Platten mit Wurst und Käse und gutem Roggenbrot. Alois saß schon an einem runden Tisch mit blau-weiß kariertem Tischtuch und blätterte in Fotoalben und einem Stapel von Papieren. Er rutschte schon ungeduldig auf seinem Stuhl hin und her, während wir uns mit Lotte unterhielten.

Ihre Geschichte war für uns auch interessant. Sie war vor vielen Jahren aus Jugoslawien geflüchtet, weil sie von allem weg wollte, vom Kommunismus ebenso wie von dem Hass zwischen den verschiedenen Volksgruppen, Kulturen und Nationalitäten, die nur ein Machthaber wie Tito vorübergehend zusammenhielt. Genau zu der Zeit, als wir in der Küche saßen und plauderten, bombardierten die »Alliierten« Brücken und töteten unschuldige Zivilisten, um den damaligen Diktator, Slobodan Milošević, zu vertreiben. Lotte und ihre Söhne lebten schon lange hier und waren österreichische Bürger, aber jetzt gehörte Mitteleuropa zu den Alliierten. Man hatte von Lottes Söhnen verlangt, Leute zu töten, mit denen sie als Kinder in die Schule gegangen waren, Leute, mit denen sie in ihrer Jugend Fußball gespielt hatten. Schon wieder schrieb man Weltgeschichte, gar nicht weit weg von hier und nicht mit abstrakten Begriffen, sondern mit Blut.

Endlich kam Alois an die Reihe. Er hatte Erinnerungsstücke von sich und meinem Cousin Erich gefunden. Noch einmal erzählte er uns, dass sie Motorradfreunde gewesen waren und in ihrer Jugend jeden möglichen Moment gemeinsam verbracht hatten, um sich ihre Maschinen aus weggeworfenen Teilen zusammenzubauen. Tracey und Martin stellten gute Fragen, während ich darüber nachdachte, dass ich einen Cousin hatte, dessen Namen ich nicht einmal kannte.

Alois führte uns in die Mühle zurück und zeigte uns seine Motorradsammlung. Auf ein Motorrad war er besonders stolz. Er behauptete, dass es genauso aussah wie die Maschine, die einst Erichs ganzer Stolz war. Ich fragte mich, wie und wann Alois sich dieses Fahrzeug angeeignet hatte.

Immer wieder sagte Alois: »Ich war nur ein Bub.« Ich hörte zu, aber ich fühlte mich überaus unwohl. Später vertraute mir Alois an, dass er in der Hitlerjugend gewesen war. »Wir waren alle in der Hitlerjugend. Es war normal. Alle in meinem Alter waren in der Hitlerjugend.«

Ich dachte wieder daran, wie gefährlich es ist, das zu tun, was alle tun. Kann man von einem dreizehnjährigen Buben erwarten, dass er fragt, was mit seinem besten Freund passiert ist, anstatt sich zu freuen, dass er ein neues Motorrad bekam? Ist es angemessen zu erwarten, dass die Menschen gegen den Strom schwimmen, wenn alle anderen einer Meinung sind?

***

Meine Gedanken trieben mich fort. Trotz meines Interesses an jedem Wort und jeder Einzelheit wollte ich weg. Glücklicherweise musste ich einen Zug erreichen.

Ich wollte nach Prag, und in Budweis war der nächste Bahnhof. Für die meisten Menschen ist Budweis nur der Name eines guten Bieres. Für mich war es immer die Stadt meiner Geburt. An diesem Sonntagnachmittag war Budweis einfach der passende Ort, wo Tracey und Martin mich absetzen konnten. Ich hatte vor, mich in Prag mit Rick zu treffen, während Tracey und Martin zurück nach Linz fuhren.

Auf dem Weg nach Prag wollte ich noch so viel verarbeiten. Die unerwartete Begegnung mit den früheren Strobnitzern und besonders mit Alois hatte mir viel zu denken gegeben. Mit meinen Gedanken war ich weit weg, als Martin im Zickzackkurs durch ein Gewirr enger Straßen mit Industriebauten fuhr, alle flach und grau an diesem trüben Tag. Gegenüber dem Bahnhof ließ er das Auto stehen und wir gingen zu Fuß zum Marktplatz.

Der Marktplatz von Budweis ist außerordentlich groß. Bestimmt ist er nicht zu vergleichen mit der Place de la Concorde in Paris oder dem Petersplatz in Rom, aber für eine Stadt in der Größe von Budweis kam er mir riesig vor. Es standen an diesem trüben Sonntagnachmittag keine bunten Schirme vor den Kaffeehäusern und kaum ein Passant war auf dem grauen Kopfsteinpflaster unterwegs. Aber plötzlich kam es mir vor, als ob ich Marschtritte hörte und polierte Stiefel blitzen sah. Ich musste daran denken, dass dieser Platz früher unter dem Stampfen von Nazi-Schritten gezittert hatte und dass der Ruf »Heil Hitler« hier widergehallt hatte.

Ich wollte weder Kaffee noch ein letztes Bier. »Ihr zwei solltet jetzt nach Hause fahren«, sagte ich zu Tracey und Martin. »Holen wir nur meinen Koffer und ich warte allein am Bahnhof auf meinen Zug.« Glücklicherweise ignorierten sie meine Bitte.

Es war mir in diesem Augenblick nicht bewusst, dass wir 1938 mit dem Zug von Budweis nach Prag geflüchtet waren.

Ich bin kein hysterischer Mensch. Ich halte mich für eine vernünftige Person. Panikanfälle kenne ich nicht. Doch als ich den Fuß in diese höhlenartige Bahnhofsanlage mit ihren hohen Mauern setzte, erstarrte ich. Ich konnte keinen Schritt weiter durch den dunklen Tunnel der Unterführung zum Gleis gehen. Was der Geist vergisst, merkt sich der Körper.

Ich fing zu weinen an. Zuerst leise, aber dann von Schrecken ergriffen. Ich konnte nicht atmen, nicht sprechen, keine Bewegung machen. So wie mein Vater vor sechzig Jahren nahm mich jetzt Martin in seine Arme und führte mich wie ein Kind zum Gleis. In Martins Armen war ich in Sicherheit, aber gehen konnte ich keinen Schritt. Ich hörte den Schaffner »Alle einsteigen« rufen und fühlte Arme, die mich in den Zug hoben, dann hielt ich mich an einer Stange im Gang fest. Stundenlang klammerte ich mich an sie, bis ich in Prag war. Den ganzen Weg drängte ich innerlich den Zug vorwärts. Mit aller Kraft schob ich ihn voran.

An diesem ersten Abend in Prag konnte ich das Alleinsein nicht ertragen. Glücklicherweise war Ricks Bruder Fred schon dort, und für ein paar Stunden schlüpften wir in die Touristenrolle. Durch ein Labyrinth schmaler Gassen fanden wir den Weg zur Altstadt mit ihrer berühmten Uhr, wo der Sensenmann die Sanduhr wendet und zu jeder vollen Stunde die Glocke schlägt. Wir verglichen die Speisekarten diverser Restaurants, genossen ein gutes Abendessen und plauderten über die Familie zu Hause in Kanada. Tiefer wollte ich nicht gehen.

Am nächsten Morgen kamen Rick, seine Freundin und seine Cousine mit ihrem Vater an. Drei Tage spielten wir weiter Touristen. Wir überquerten mehrmals die alte Karlsbrücke, wir besichtigten den Hradschin und das Palais Waldstein, wo heutzutage Sitzungen des Senats stattfinden, weswegen wir nur in den Garten durften. Wir besuchten viele Kirchen und Märkte, bewunderten tschechisches Kristall und Granatsteinschmuck und hatten Gefallen an allem. Wir taten so, als ob Prag für uns nur eine schöne mittelalterliche Stadt wäre, eine der vielen unvergesslichen Städte, in die die Urlauber strömten.

Eine der Sehenswürdigkeiten in Prag, die man »auf keinen Fall« versäumen sollte, ist das alte Jüdische Viertel. Weil die Juden vor 1848 keine Zivilrechte hatten und weil sie jahrhundertelang nicht unter Christen wohnen durften und deswegen in engen Ghettos eingepfercht lebten, musste man 20 000 Tote auf einem viel zu kleinen Friedhof begraben, einen Leichnam über dem anderen.

Ich schaute zu, als die Touristenbusse die Besucher ausspien, um die krummen Grabsteine zu begaffen. Ich hörte zu, als die Reiseleiter die komischen und kuriosen Sitten der Juden beschrieben. Ich fühlte mich wie ein Exemplar einer ausgestorbenen Spezies. Ich schauderte, als mehrere Reiseführer die Ereignisse der 1930er und 1940er Jahre als »ganz verständlich« abtaten, weil die Juden schließlich reich gewesen wären. Ich dachte an meine Familie. Nur wenige Schritte von hier hatten meine Eltern auf ihrem einzigen Koffer gehockt.

Es war Zeit, sich von der Touristenrolle zu verabschieden. Am nächsten Tag ging ich auf die Suche nach einer Adresse, die ich mitgebracht hatte: Mánesova Nummer 32. Die Absender-Adresse auf Arnolds letztem Brief.

Mánesova 32 ist ein renovierungsbedürftiger Wohnblock mit einer schweren Haustür, ohne Namensschilder oder Türöffner. Mir blieb nichts anderes übrig, als mich auf die Eingangsstufe zu setzen und zu warten. Nach langer Zeit kam ein Mann mit einem Hund nach Hause und ehe er mir die Tür vor der Nase zuschlagen konnte, schob ich ohne Umschweife meinen Fuß in den Spalt. Der Mann sprach weder Deutsch noch Englisch und mein Tschechisch ist – wie schon gesagt – gleich null, doch gab ich zu verstehen, dass ich die Absicht hatte, hier zu bleiben. Schließlich tat er einen Seufzer, klopfte an einer Tür, wo er sich laut und aufgeregt beriet und stampfte dann eine Stiege hinauf. Ich hörte, wie er an eine andere Tür klopfte. Nach einer Zeit kam eine Frau herunter und trat mir mit misstrauischem Blick entgegen.

Sie war die Antwort auf meine Gebete. So wie ich hatte sie ein Diplom von der Sorbonne. Für uns war Französisch immer noch die Weltsprache, die sie einst für gebildete Leute aus vielen Ländern gewesen war. Sie stellte sich als Frau Lhotova vor und lud mich in ihre Wohnung ein, wo ich mich für mein dreistes Benehmen entschuldigte. Ich erklärte ihr, dass ich keinen anderen Weg gesehen hatte.

In dem Moment, in dem ich den Namen Arnold Waldstein aussprach, wurde Frau Lhotova ganz blass. Zufall häufte sich auf Zufall. Sie erzählte mir, dass sie Frau Waldstein gut gekannt hatte. Bis vor Kurzem hatte sie schräg gegenüber gewohnt, aber dann hatte ihr Neffe Frau Waldstein in ein Altersheim gebracht, und dort war sie gestorben. Jetzt waren neue Leute in der Wohnung.

Aus den Tiefen meiner Erinnerung drangen die Stimmen meiner Eltern und ein Gespräch über die neue Frau von Arnold. Er muss nach dem Krieg wieder geheiratet haben. Ich habe Frau Lhotova von den Briefen erzählt und dass es plötzlich keine mehr gab. Meine Eltern haben Arnold nie wieder erwähnt.

Es wurde stiller. Eine alte Standuhr tickte hypnotisch, das Pendel hin und her schwingend.

Endlich begann Frau Lhotova zu sprechen.

»Diese Uhr gehörte Ihrem Onkel, und dies war eigentlich seine Wohnung.«

Ich erstarrte, war völlig entgeistert.

»Nach dem Tod ihres Mannes wollte Frau Waldstein hier nicht mehr wohnen. Ihre Wohnung war groß, und mein Mann und ich und unsere Kinder hatten nur eine ganz kleine über dem Hausflur. Zur Zeit der Kommunisten konnte man schwer eine andere Wohnung bekommen. Wir haben einfach getauscht. Deswegen haben sie ihren Namen noch im Telefonbuch gefunden. Früher musste man oft zehn Jahre auf ein neues Telefon warten, so nahmen die Leute vorlieb mit dem, was schon da war, und gaben ihren Freunden die ›neue‹ Nummer.«

Als sie ging, um das Telefonbuch zu holen, dachte ich zurück an die Briefe, die ich jetzt schon fast auswendig kannte. Nach dem Krieg ging Otto zurück nach Strobnitz, und er hatte die Möbel von meinen Eltern in Arnolds leere Wohnung schicken lassen. In seinem letzten Brief hatte Arnold das Folgende geschrieben: »Vorher war er [Otto] zum dritten Male in Strobnitz und brachte persönlich mit dem Spediteur Fröstl, der in Nr 62 wohnt, die besten Stücke Euerer Möbel in meine halb leere Wohnung. Das grosse Buffet, 3 grosse Kästen, Tisch und Couch zieren nun meine neue Wohnung, in der ich mit Mama Schick hause und erinnern mich jede Stunde an meinen lieben Bruder Edi und seine gute Frau Gretl.«

Ich saß unruhig auf der Kante des altmodischen Sofas. Hatte ich mich als Kind auf diesen Kissen zusammengerollt, um mir Gespräche der Erwachsenen anzuhören? Ich starrte auf die schweren Möbel im Zimmer, aber es kamen keine Erinnerungen an die Oberfläche.

Vielleicht aber wusste diese Frau, was mit Arnold passiert war. Vielleicht wusste sie, warum es keine weiteren Briefe gab. Ich erzählte ihr von dem Stillschweigen meiner Eltern.

»Sie kennen den Schluss der Geschichte also nicht? Ich habe Ihren Onkel nie gekannt. Als wir in das Gebäude übersiedelten, war er schon tot. Frau Waldstein hatte mir gesagt, dass sie seine zweite Frau gewesen war. Sie wusste, dass er viel gelitten hatte, aber davon sprachen wir nie.« »Hat Frau Waldstein erwähnt, wie und wann er gestorben ist? Ich frage mich, ob sein Körper durch die Erlebnisse in Auschwitz so geschwächt war, dass er bald nachher starb.« »Nein, sie konnten mehrere Jahre zusammen verbringen. Glückliche Jahre, so gab mir Frau Waldstein zu verstehen. Es war ein weiterer Grund, warum sie in dieser Wohnung nicht bleiben wollte, nach dem, was ihrem Mann passiert war.«

»Passiert? Was wollen Sie sagen? Was ist passiert?«

»Ihre Eltern haben es Ihnen wirklich nicht gesagt? Sie wissen wirklich nichts davon? Frau Waldstein hat ihn gefunden.«

»Gefunden? Was?«

»Ja, leider. Er war an diesem Nachmittag früher von der Arbeit nach Hause gekommen und er wollte ein Bad nehmen. Etwas stimmte nicht in den Rohrleitungen. Keiner weiß, was und wieso. Es kam Gas heraus. Sie hat ihn tot in der Badewanne gefunden. Kommen Sie. Ich zeige Ihnen, wo es geschah.«

Gas. Auschwitz. Man hatte den Juden gesagt, es wären Duschen, aber aus den Rohrleitungen kam Gas. Wie betäubt starrte ich auf die klauenfüßige Wanne, deren Emaille an einigen Stellen abgesprungen war. Verschiedene Leitungen liefen an der Wand und der Decke entlang.

Wortlos folgte ich Frau Lhotova zurück ins Wohnzimmer. Sie ging an eine Vitrine und nahm eine feine, ganz dünne Tasse mit Unterteller heraus.

»Frau Waldstein malte gerne auf Porzellan. Ich denke, diese Tasse soll jetzt Ihnen gehören.«

***

Am nächsten Tag ging ich allein zurück ins Jüdische Viertel. Dieses Mal war mein Ziel ein unscheinbares Gebäude, das Jüdische Gemeindezentrum. Ein Sicherheitsbeamter filzte meine Handtasche und schickte mich durch einen Metall-Detektor, der empfindlicher war als diejenigen am Flughafen. Im Inneren hielten sich ein paar ältere Männer auf, die Kaffee tranken: kein sichtbarer Grund für solche sorgfältigen Sicherheitsmaßnahmen.

Immer den Blick des wachsamen Sicherheitsbeamten im Rücken, ging ich die Treppe hinauf und in ein Büro, in dem ältere Frauen an Schreibmaschinen saßen. Das Büro war ein Gewirr von Kämmerchen, aber ich fand doch die richtige Stelle. Eine hilfsbereite Frau wies mir eine Wand voller Schubladen, jede Schublade gefüllt mit Karteikarten in Postkartengröße.

Auf den Karten stehen die Namen der Juden, die von Prag aus in Konzentrationslager verschleppt wurden. So wie Arnold geschrieben hatte, wurde jeder Jude in der Tschechoslowakei erst nach Prag geschickt und von dort in ein Konzentrationslager deportiert. Sobald man die Juden alle an einem Ort versammelt hatte, war es ganz leicht, sie wie Warenlieferungen zu verschicken. Tatsächlich enthielt jede Karte eine »Transportnummer« und die letzte Adresse jedes einzelnen Menschen.

Hier fand ich die Auskunft, die ich eigentlich nicht hatte finden wollen. Auf diesen grünen Karteikarten hatte man die Daten eines jeden eingetragen. Es war wichtig gewesen, den Überblick zu behalten, um sicher zu sein, dass jeder einzelne Jude deportiert worden war. Auf manchen Karten hatte man ein Todesdatum eingetragen, aber auf den meisten nicht. Es war unwichtig zu wissen, wann ein Jude starb. Hauptsache, einer weniger auf der Welt.

Die hilfsbereite Frau nahm alle meine Karteikarten und machte davon Fotokopien. Jede einzelne stempelte und unterschrieb sie. »Jetzt haben Sie ein offizielles Dokument, falls nötig«, sagte sie mir. Sie verlangte kein Geld dafür.

Meine Suche hatte Erfolg und doch fühlte ich mich ziemlich verwirrt. Noch einmal ging ich durch das Jüdische Viertel. Es war noch früh, aber überall standen schon Touristenbusse. Planlos wanderte ich durch das Jüdische Museum und sah Gegenstände, die einst jüdische Privatwohnungen geziert hatten. Kerzenleuchter, handgestickte Tischtücher, feine Porzellanteller und Tassen. Stammten Einzelstücke davon auch aus der Wohnung meiner Familie?

An das Museum grenzt ein weiteres altes Gebäude, aber dieses Gebäude ist leer. An jeder Wand sind Bronzeplatten eingelassen, auf denen 77297 Namen eingraviert sind. Der Name jedes Juden aus der Tschechoslowakei, der im Holocaust getötet wurde. Ich suchte die paar Namen, die zu mir »gehören«. Im Hintergrund las eine monotone Stimme jeden Namen vor. Ich musste keine Angst haben, die Namen ein zweites Mal zu hören. Die Stimme braucht mehrere Tage, um den Zyklus zu beenden.

***

Ich wusste, wohin ich jetzt zu gehen hatte. Da hatte ich keine Wahl. Theresienstadt.

In Theresienstadt oder Terezín, wie die Stadt auf Tschechisch heißt, befand sich ein Konzentrationslager. Kein Todeslager wie Auschwitz, beeilt sich die Literatur zu betonen. Es war »nur« ein Konzentrationslager. Es hatte keine Gaskammern und keine Öfen. Es war schlicht der Bestimmungsort, an den man die Juden aus der Tschechoslowakei transportierte. Viele Juden seien zwar dort gestorben, aber diese seien keinen Massentötungen zum Opfer gefallen. Die Zustände waren schlimm, aber, wie gesagt, Theresienstadt war nicht Auschwitz.

Als ich ihnen sagte, es sei meine Absicht hinzufahren, starrten Fred und die Cousinen mich an, als ob ich verrückt wäre. Nach Theresienstadt wollten sie auf keinen Fall. Rick und seine Freundin zögerten, entschlossen sich dann aber, auch in Prag zu bleiben. Ich verstand sie sehr gut, weil ich mir ebenfalls nicht sicher war, ob ich zu dieser Pilgerfahrt imstande war.

Weil es nur eine Stunde von Prag entfernt ist, gibt es viele Touristenbusse und Anzeigen für diese »einmalige Gelegenheit«, ein Konzentrationslager zu besuchen. Für mich war es ausgeschlossen, als »Touristin« hinzufahren.

Zu Fuß ging ich an den Busbahnhof und sah mir den Fahrplan an. Der nächste Bus fuhr erst in einer Stunde. Ruhelos ging ich auf und ab und verwünschte die Wartezeit. An einem kleinen Marktstand entdeckte ich billige Lederjacken aus China und merkte, dass ich trotz der Sonne an diesem warmen Herbsttag bis auf die Knochen durchgefroren war. Ich kaufte mir eine schwere dunkelgrüne Jacke, die mir den notwendigen Schutz zu bieten schien.

Als der Bus kam, setzte ich mich ganz nach vorne, damit ich die Schilder lesen konnte, denn ich befürchtete, den Busfahrer nicht verstehen zu können. Endlich sah ich vor mir das Schild: Terezín. Auf der linken Seite stand ein riesiges Kreuz. Ein Kreuz? Ich hatte einen Davidsstern an der Stelle erwartet, wo so viele Juden gestorben waren. Ich fragte den Busfahrer, aber er versicherte mir, dies sei Terezín.

Ein junges Ehepaar stieg mit mir aus. Schüchtern fragten sie, ob sie mich begleiten könnten, denn sie fanden, dass meine Sprachkenntnisse besser seien als ihre. Ich war froh über ihre Gesellschaft. Wir gingen quer über einen großen Parkplatz, wo schon viele Busse standen. Viele Besucher aßen Würstchen oder schleckten Eis. Rings um den Parkplatz waren Souvenirstände zu sehen.

Wir zahlten den Eintrittspreis und gingen unter dem Torbogen hindurch. Darüber stehen groß und deutlich die bekannten Worte: ARBEIT MACHT FREI. Ich zog die Lederjacke enger.

Die erste Baracke war fast leer. Auf einer Holzbank lagen ein paar verrostete Werkzeuge.

Manche Baracken waren völlig ausgeräumt. Die sauber gefegten Böden zeigten keinerlei Spur der Menschen, die einst hier waren. In anderen Baracken standen die Stockbetten, in denen Menschen wie Sardinen zusammengedrängt schlafen mussten.

Dann kam ein langer unterirdischer Gang. Der Eingang war wie eine Höhle, die nur ganz oben kleine Fenster aufwies. Im Reiseführer lasen wir, dass diese Fenster eine gewisse Luftzirkulation gewährten. Weiterhin ermöglichten sie den Insassen, die Kirchenglocken zu hören. Der Rest dieses unterirdischen Ganges bietet einen Blick auf eine Reihe von fensterlosen Gefängniszellen. Hier, noch weiter in der Tiefe, wurden die »nicht kooperativen« Bewohner eingesperrt.

Ich war dem jungen Ehepaar vom Bus, das mich unter seine Fittiche genommen hatte, höchst dankbar. Der junge Mann nahm meinen Arm, um mir Halt zu bieten, als ich durch diesen lichtlosen Kerker stolperte.

Der Reiseführer betonte, dass es hier keine Massentötungen gegeben hätte, aber dass es natürlich zwangsläufig dazu kam, dass Menschen getötet wurden. In solchen Fällen erschoss man die Opfer und begrub sie auch. Wer eine Kugel verdiente, verdiente auch ein Grab. Wer eines »natürlichen« Todes starb, wurde verbrannt. Die Asche warf man in den Fluss, der friedlich durch die Stadt fließt.

Starr blickte ich auf diesen Fluss, der die letzten Überreste von Fanni und Resl weggetragen hatte. Die Asche meiner Großmütter.

Das Ehepaar hatte schon genug. Ich begleitete sie zur Bushaltestelle und lief allein weiter durch die Stadt Terezín. Die Stadtbewohner gingen ihren Beschäftigungen nach, so wie sie es wahrscheinlich zur Kriegszeit auch getan hatten. Es gab Geschäfte, Spielplätze, Bürgersteige mit Fußgängern. Für mich war die Normalität der Stadt so beunruhigend wie ihre Geschichte.

Meine Schritte führten zu dem Museum mit Schaukästen voller jüdischer Relikte. Die gelben Davidsterne, die Arnold so gehasst hatte. Konfiszierte Pässe und kleine Fotos von geliebten Menschen. Kopien von den Verordnungen, die den Juden alle Rechte entzogen hatten. Viele Ausstellungsstücke zeigten das Bestreben, die Tschechen selbst als Opfer darzustellen, aber dies gelang nicht recht.

Was ich mir nicht vorgestellt hatte, war der Umfang des Lagers und das Ausmaß, in dem gewöhnliche Bürger zum täglichen Funktionieren des Lagers notwendig gewesen waren.

Unzählige Tschechen hatten ihre Hände gereicht, um den Nazis zu helfen.

Hier, in diesem Museum entdeckte ich eine Fundgrube von ungeahnten Schöpfungen. Ich staunte, dass man so viel aufbewahrt hatte. Kinderzeichnungen und Gedichte. Ich hatte mir nie vorgestellt, dass Kinder ihr Leben verbringen mussten, ohne draußen im Freien zu sein. Ich dachte, man hätte sie sofort ins Gas geschickt. Ich sah alle Bilder durch, aber ich fand keines mit dem Namen »Ilserl«.

Besonders hat mich ein schwarz-weißer Film fasziniert. Er hieß: »Der Führer schenkt den Juden eine Stadt.« Wieder und wieder spielte ich die Videokassette ab. Man hatte den Film gemacht, weil die Welt begonnen hatte, gegen die Behandlung der Juden durch die Nazis zu protestieren. So viele Menschen hatten die Todeslager persönlich gesehen und darüber berichtet, dass die Nazis nicht mehr ohne Weiteres alles leugnen konnten. Um diesen Film zu machen, wurde mit Schauspielern und Statisten eine Scheinwirklichkeit hergestellt. Man kleidete die Kinder und Erwachsenen anständig, zeigte eine Konzerthalle, ein Kaffeehaus, eine Bibliothek und angenehme Freizeitbeschäftigungen. Außerdem wurde das Rote Kreuz eingeladen, um vorzuführen, wie gut man die Juden behandelte. Die Abgesandten des Roten Kreuzes fanden es nicht nötig, hinter die Kulissen zu schauen. »Alles in Ordnung«, lautete ihr Bericht. »Keine Angst um die Juden.« Eine Zeit lang konnte die Welt weiter ruhig schlafen.

16. Kapitel

Ein letztes Mal auf der Suche

Die Vergangenheit mag wohl unverrückbare Geschichte sein, aber meine Geschichte ließe sich noch verändern. Sie ist noch revidierbar, kann nochmals neu gesehen werden – mit frischem Blick. Es ist noch nicht vorbei.

Meine Suche ist noch nicht zu Ende. Ich will noch lernen, verstehen, mit der Vergangenheit zurechtkommen. Mit meiner Vergangenheit. Bis das getan ist, kann die Vergangenheit nicht ruhen.

Und so fuhr ich 2004 wieder nach Europa, dieses Mal ohne mich darauf zu freuen. Es gab vieles, dem ich nicht ins Auge schauen wollte, sowohl in Europa wie auch in mir selbst. Was mich antrieb, war mein Wunsch nach einer Familie, ganz gleich wie weitläufig ich mit den fraglichen Personen verwandt war. Mir meist unbekannte amerikanische Cousins und Cousinen vierten und fünften Grades, verwandt durch meine Urgroßmutter mütterlicherseits, planten eine Reise zum Ort ihrer Wurzeln. Tachau (nicht Dachau, wie ich zuerst befürchtet hatte) heißt die Kleinstadt, in der die Familie lebte, in welche die Schwester meiner Großmutter Resl eingeheiratet hatte. Ich musste es auf der Karte suchen: ein kleiner Ort in der nordwestlichen Ecke des früheren Böhmens. Weit entfernt von Strobnitz, aber für ein Mitglied der Sippe doch nah genug.

Unser Hauptkontakt lief natürlich über E-Mails. Als sich die Debatten über die Gedenktafel, die wir in Tachau aufstellen wollten, mehrten, erwachte mein Zorn, der seit meiner letzten Reise in die Tschechische Republik zur Ruhe gekommen war, von Neuem. Ich konnte der vorgeschlagenen Wortwahl nicht zustimmen: »In Erinnerung an die Juden von Tachau: Unsere Mütter, Väter, Schwestern, Brüder, die unter der Unterdrückung durch die Nazis gestorben sind.«

Gestorben? Für mich war das Wort nicht eindeutig genug. Warum nicht »getötet«? Oder »ermordet«? Oder »wie Vieh geschlachtet«? Oder sogar »wie Ungeziefer ausgerottet«? Meine Empörung

245

war grenzenlos. »Warum sind wir so darauf bedacht, die Tschechen nicht zu beleidigen?«, habe ich gefragt. »Waren sie nicht schnell bereit, die Juden so schändlich wie die Deutschen zu behandeln? Hatten sie nicht bedenkenlos gestohlen und sich bereichert bei der staatlich sanktionierten Plünderung?«

Mein Zorn begleitete mich bis nach Marienbad, wo unsere Gruppe sich in einem prachtvoll renovierten Hotel traf, dessen Lage man nur als idyllisch bezeichnen kann. Rokokovillen, eingebettet in ein Tal voller Grün, unzählige Parkanlagen, Pavillons und Cafés mit Terrassen, die einladend locken. Wie viele andere hatten meine Eltern ihre Flitterwochen in Marienbad verbracht.

Ich freute mich, neue Verwandte kennenzulernen. Unser Abendessen war ganz festlich und wie aus dem Bilderbuch. Durch die offene Türe des Speisesaals sah ich Leinentischtücher, weiß und frisch gebügelt, auf denen in schweren silbernen Kandelabern die Kerzen flackerten. Frische Blumen standen zwischen blitzenden Kristallkelchen. Kellner schlängelten sich mit Champagner auf Silbertabletts durch die Versammlung der Gäste. Als jeder einzeln in den Saal trat und seinen Namen nannte, geschah etwas Entscheidendes. Dieser Moment wurde mir so bedeutungsvoll, dass ich wie Goethes Faust ausrufen wollte: »Verweile doch! Du bist so schön!« Endlich fühlte ich mich nicht mehr als Fremde, als Außenseiterin, ich erkannte mich in meinem Gegenüber.

Am nächsten Morgen kam ein Bus, der unsere Gruppe zum Rathaus brachte, wo uns ein offizieller Empfang erwartete. Liebliche Musik begleitete unseren Eintritt: Ein Chor blonder junger Mädchen brachte den zurückkehrenden Juden ein Ständchen. Die Anmut ihrer engelhaften Stimmen gefiel mir, aber zur gleichen Zeit wusste ich, dies war nicht meine Musik. Sprache und Melodien waren eindeutig tschechisch. Hatte sich der Chorleiter, der sich so oft und eifrig verbeugte, gar nicht die Frage gestellt, ob die Juden aus diesem Ort ihre eigenen Lieder hatten, die sie gerne sangen?

Ganz ungerührt ließen mich die pompös aufgeblasenen Plattitüden des Bürgermeisters, dessen schwere Medaille auf einem farbigen Band protzig über seinem Bauch baumelte. Er machte sich nicht die

Mühe einer Gewissenserforschung. So hatte ich leider das Gefühl, dass unsere Gedenktafel bald in einem verstaubten Schrank verschwinden würde.

Draußen im Freien ging es mir besser. An einem Haus nebenan weidete eine Ziege auf dem Rasen, eine Katze schlief auf einem besonnten Fensterbrett. Eine ältere Dame mit leerem Strohkorb am Arm blieb stehen, um zu fragen, warum ein ganzer Bus mit Besuchern gerade in diesem kleinen Ort gehalten hatte. Sie sprach zuerst Tschechisch, aber plötzlich wechselte sie ins Deutsche.

»Ich war hier«, sagte sie uns, »hier in diesem Ort, als alles passiert ist. Ich kannte Ihre Familie. Ich kannte die Eltern und die Kinder. Ich erinnere mich, wie sie alle weggingen.« Weil ich eine der wenigen war, die Deutsch verstanden, nahm sie meine Hand und sprach direkt zu mir.

Heute sitze ich an meinem Computer, und ich erinnere mich an kein Wort mehr, das diese Dame, deren Namen ich nicht einmal weiß, mir sagte. Meine Erinnerung daran ist völlig ausgelöscht. Ich weiß nur, dass ich mich in einem bestimmten Moment von ihr und der Gruppe löste, mich an eine Mauer lehnte und hemmungslos weinte.

Was hatte mich so tief getroffen, dass mir rein gar nichts im Gedächtnis geblieben ist? Etwas von der Menschlichkeit dieser Frau, von ihrer einfachen Art war durch meine Abpanzerung gedrungen.

Ich war voller Zorn und Wut nach Tachau gekommen. Wut auf die Tschechen, die ihre Ehre billig verkauft hatten, jetzt aber so taten, als seien sie erst Opfer der Nazis und dann der Kommunisten gewesen. Mein Ärger nährte sich an dem Bewusstsein, dass viele dieser selbst ernannten Opfer durch ihre Mittäterschaft vermögend geworden waren. Manche wohnten jetzt in den Häusern, die unsere Verwandten hinterlassen mussten.

Aber wie konnte ich Ärger empfinden gegenüber dieser einfachen, braven, grauhaarigen Frau, einer Frau, die nicht besser und nicht schlechter war als jede andere. Doch wenn nicht gegen sie, gegen wen sollte sich meine Wut richten? Es ist leicht, die Schuld abstrakten Systemen, einzelnen Anordnungen, sogar Hitler selbst zuzuschieben. Schuldzuweisung geht leicht. Aber wo ist die Grenze?

Wann ist dieses Schuldgeben eine Ausrede, ein Grund, Eigenverantwortung zu leugnen?

Und doch ist es mein Grundprinzip, niemals alle Mitglieder einer Gruppe in denselben Topf zu werfen. Denn das wäre genauso, wie die Nazis agiert haben. Oder genauso, wie Rassisten in aller Welt denken und handeln. So hart man die Angehörigen einer Gruppe verurteilen mag, sei es ein Staat, eine Religion oder eine Kultur, man tut immer Unrecht, wenn man alle über einen Kamm schert.

Ich bin nicht imstande, diese Frau zu hassen, auch wenn damals viele oder sogar fast alle bewusst weggeschaut haben, als Unrecht geschah. Irgendwie erinnerte sie mich daran, dass wir alle nur Menschen sind und keiner von uns immer den richtigen Weg geht. Manchmal bin ich nicht klug genug, nicht vernünftig genug, nicht stark genug, um den richtigen Weg zu wählen. Ich weiß nicht, wie ich in den Kriegsjahren reagiert hätte. Hätte ich mein Leben und das meiner Kinder riskiert, um einem Nachbarn zu helfen?

***

Mit solchen Gedanken im Kopf reiste ich weiter. Seit dem Zufallstreffen vor der Kirche in Strobnitz hatte mich Alois Bayer etliche Mal angerufen und mir Briefe geschrieben. Er wollte mit mir zurück nach Strobnitz fahren und wohin auch immer ich wollte. Ich dachte mir gleich, dass das nicht aus reiner Nächstenliebe oder Zuneigung zu mir geschah, aber andererseits wusste ich, dass sein gutes Tschechisch und sein gewandtes Auftreten mir Türen öffnen könnten, die mir sonst ewig verschlossen bleiben würden.

Wir fuhren zurück nach Strobnitz, aber auch sein Durchsetzungsvermögen konnte den passiven Widerstand der Archivbeamten nicht knacken. Es gab keine Unterlagen. Alois war sehr enttäuscht, und er spornte mich an, es auf anderem Wege zu versuchen. Vor allem riet er mir, mit Madeleine Albright Kontakt aufzunehmen. Erst spät, als Außenministerin unter Clinton, hatte sie herausgefunden, dass ihre tschechischen Eltern sie als Kind in England hatten taufen lassen, um ihr die Judenverfolgung zu ersparen.

In der Kleinstadt Krumlau hatten wir größeren Erfolg. Hier fand ich mehrere Dokumente, die belegten, dass Emil Urbach Oberarzt im Gesundheitsministerium und Besitzer eines geräumigen Einfamilienhauses gewesen war. Ein weiteres Dokument belegte, dass Martha und Emil Fränkel in Krumlau geheiratet hatten. Auf dem Trauschein steht die Unterschrift Emil Urbachs und meines Großvaters Josef Waldstein.

Als wir eine Nachmittagspause in einem schönen Kaffeehaus im Freien machten, erzählte mir Alois von seiner Jugend in den dreißiger Jahren. Es waren ihm viele Geschichten über seine Jahre in der Hitlerjugend eingefallen und er wollte davon erzählen. In seinen Augen war das eine Zeit jugendlichen Übermuts.

Versteinert hörte ich zu. Trotz meines Vorsatzes, nicht zu verurteilen, wuchs mein innerer Abstand. Ich war traurig, aber andererseits auch froh, als Alois mich in Budweis absetzte.

Den Abend und die Nacht verbrachte ich allein in einem Hotel gegenüber dem Budweiser Bahnhof, wo ich das letzte Mal jene schwere nervliche Attacke erlitten hatte. Ich musste mir beweisen, dass ich kein Sklave meiner Kindheitserinnerungen war. Ich musste meinem Dämon ins Gesicht sehen.

In aller Ruhe nahm ich am nächsten Tag den Zug nach Prag.

In Prag warteten weitere unerledigte Angelegenheiten. Ich war so daran gewöhnt zu hören, dass jeder aus meiner Familie ins Feuer getrieben worden war, dass ich weiter nicht an Arnolds Tod gedacht hatte. Es war kaum zwei Jahre her, seit ich mich mit Rick in Prag getroffen hatte, ohne dass ich auf den Gedanken gekommen war, Arnolds Grab zu suchen. Jetzt war es höchste Zeit.

Am nächsten Morgen nahm ich die U-Bahn fast bis zur Endstation. Nach einer Unterführung kam ich an eine hohe Steinmauer und ein Tor. Der »Neue« Jüdische Friedhof. Zum ersten Mal fiel mir auf, dass alle jüdischen Friedhöfe etwas Gemeinsames haben. Alle liegen hinter hohen Mauern und Toren, um sie vor Zerstörungswütigen zu schützen.

Ein ehrenamtlicher Mitarbeiter in einem kleinen Büro zeigte sich hilfsbereit und bot an, den Namen meines Onkels zu suchen. Ich nahm gleichzeitig sein Angebot an, alle Waldsteins zu suchen und die Liste auszudrucken. Zu meinem Erstaunen gab es 32 Waldsteins auf der Liste, alle nach 1891 auf diesem Friedhof begraben. Leider aber sah ich keine bekannten Namen. Als ich die Daten studierte, verstand ich, wieso. Einst gab es hier viele Waldsteins, aber nur den vor 1939 Gestorbenen hatte man ein Grab gewährt.

Nach 1939 gab es nur einen Eintrag: Arnold und Lota Waldstein. Mit meiner Liste in der Hand ging ich den langen Schotterweg entlang. Abteilung. Reihe. Grabnummer. Dann sah ich es. Abteilung 23. Grabnummer 14, ganz vorn in der ersten Reihe. Ein einfacher grauer Stein, fast unsichtbar unter dem wuchernden Efeu.

Zwei Namen. Arnold Waldstein, 1897–1951. Lota Waldstein, 1912–1994.

Weinend fiel ich auf die Erde. Lange lag ich da. Ich weinte aus sprachlosem Schmerz.

Ich weinte, weil mein Vater nie nach Europa gereist war, um seinen Bruder zu umarmen. Ich weinte, weil Arnolds Leben so widersinnig zu Ende gegangen war, in dem Moment, als zaghafte Hoffnung auf eine freudige Zukunft aufkeimte. Ich weinte über den Onkel, den ich nur durch seine Briefe kannte, einen Menschen, der vielleicht mein Kämpfen verstanden hätte, einen, der mir so viel von seinem Wissen und seiner Lebenserfahrung hätte geben können.

Ich weinte, weil ich so dumm gewesen war. Obwohl ich 1951 erst 15 Jahre alt war, wäre ich doch alt genug gewesen, um meinen Vater dazu zu bewegen, den Atlantik zu überqueren. Ich hätte ihn wenigstens dazu bringen können, Arnold und Lota ein Ticket für Kanada zu schicken. 1951 war ich aber zu sehr mit mir selbst beschäftigt, um auf solche Gedanken zu kommen.

Was war 1990 meine Ausrede? Warum war es mir nie eingefallen zu fragen, was mit Arnolds Witwe passiert war? Wie konnte ich so gedankenlos sein? Ich erinnere mich an die Nachkriegsjahre und an die Enttäuschung meiner Eltern darüber, dass Arnold in Europa bleiben wollte. Ich erinnere mich sogar, wie sie aus der Fassung gerieten, als Arnold wieder heiratete. Konnten meine Eltern Arnold gar nicht verstehen?

Ich weinte, weil der Verlust mir so erdrückend vorkam. Mein persönlicher Verlust, aber auch der Verlust für die Welt. Sechs Millionen Arnolds ohne Grab. Was hätten sie der Welt nicht noch alles geben können? Vielleicht hätte einer von ihnen das Heilmittel für eine lebensbedrohende Krankheit gefunden, Vielleicht hätte einer von ihnen mit einem kleinen Licht die Finsternis erhellt.

Epilog

Während ich diese Lebenserinnerungen schrieb, gestattete ich es mir nur selten, an die Massenvernichtung zu denken. Ich bin in Yad Vashem in Israel gewesen und habe das Holocaust Museum in Washington D.C. besucht. Auschwitz jedoch wollte ich nicht besuchen. Und doch denke ich manchmal an das Unvorstellbare.

Sogar mit Hilfe von Fließbändern kann es nicht leicht gewesen sein, Tausende und Abertausende von Leichen aus den Gaskammern in die Öfen zu bringen. Ich erinnere mich daran, einen Bäcker beobachtet zu haben, der mit einem hölzernen Schieber die Brote in einen Steinbackofen beförderte. War das Verbrennen der Leichen genauso alltäglich geworden wie das Brotbacken?

Trugen sie Schürzen, diese Männer, die Leiche um Leiche in den Ofen schoben? Trugen sie Handschuhe? Waren ihre Gesichter mit Masken bedeckt, um sie vor den bleibenden Gasspuren zu schützen? Wer waren diese Männer, die alles sahen, aber nichts sagten? Waren sie gewöhnliche Bürger, begierig auf gut bezahlte Arbeit? Oder waren sie Juden, die nur die Wahl zwischen Unmenschlichkeit und Tod hatten?

Ich denke wieder an meinen Großvater Josef, der in Theresienstadt heiter geblieben war, um andere zu beruhigen und ihnen bei ihren Sorgen beizustehen. Ich stelle ihn mir vor, wie er sich bemühte, mit erhobenem Kopf durch das Tor von Auschwitz zu gehen. Ich vergegenwärtige mir die Wirklichkeit gewordene Hölle, die ihn zu seiner eigenen Wahrheit führte: »Ich kann nicht leben mit dem, was ich sehe.« Erbarmen mit seinen Mitmenschen brachte ihn dazu, die schimmeligen Brotstückchen und die wässrige Suppe, die ihm vorgesetzt wurden, nicht mehr zu essen. Voller Schmerz traf er eine Entscheidung und nahm Abschied von seinem geliebten Sohn und von dieser Welt.

Doch so edel der Tod meines Großvaters auch war, er bewirkte nichts, um die deutsche Feuerwalze aufzuhalten. Als ich Arnolds Brief fand, war Josefs Tod schon bedeutungslos. Josef war nur einer von sechs Millionen, jeder Einzelne nicht mehr wert als eine Zahl.

So wie die Deutschen hatte auch ich die Besonderheit jedes einzelnen Menschen aus den Augen verloren.

Ist es einem Menschen möglich, sich sechs Millionen Einzelwesen vorzustellen? Ich sehe sie flimmern wie unzählige Kerzen, und dann sehe ich sie alle durch einen einzigen Hauch von Menschenhass ausgelöscht.

Wie ein Kind seine zerfledderte Kuscheldecke, so ziehe ich meine Vergangenheit hinter mir her. Er droht, mich zu Fall zu bringen, dieser Streifen Stoff, der vor so langer Zeit zusammengewirkt wurde. Jedoch kann ich diese Vergangenheit nicht ablegen. Noch nicht. Das werde ich erst können, wenn sie in einer bedeutungsvollen Gegenwart aufgehoben ist.

Am 14. Februar 2005 sagte ich das Kaddisch der Trauernden für Emil.

Jitgadal vejitkadasch sch'mei rabah ...

Den alten Bräuchen nach werden die uralten aramäischen Worte von einem Sohn gesprochen. Es gibt aber keinen Sohn, es gibt keine Töchter, es gibt weder Brüder noch Schwestern. Es gibt niemanden – außer mir.

Jitbarach, ve jischtabach ve jispaar, ve jisromam, ve jisnasei, ve jishadar, ve jisaleih, ve jishalal schemeih d'kudschah b'rich hu ...

Ich suchte Trost in den wehklagenden Worten, die seit Tausenden von Jahren von allen Juden überall auf der Welt intoniert werden.

Je heih schlahmah rabbah min schmajah, ve chjim aleinu ve al kol jisroel v'imru: Amein.

Kurz danach berührte mich jemand am Arm. Eine sanfte Stimme sprach: »Ich sah Sie unter den Trauernden stehen. Ich sah, wie Sie mit Ihrem Leid kämpften. Haben Sie jemanden verloren, der Ihnen sehr nahe war?«

»Den Mann, dem ich mein Leben zu verdanken habe.«

»Ihr Vater? Das tut mir sehr leid. Wann ist er gestorben?«

»Nicht mein Vater. Dieser Mann ist 1945 gestorben.«

Ein Schweigen folgte meinen Worten. Ich blieb in meiner inneren Welt der Wehklage versunken. Eine Hand streichelte mir weiter den Arm, bis ich mich langsam aus meinen Gedanken lösen konnte und anfing, meine Geschichte zu erzählen:

Heute trauere ich um einen angeheirateten Onkel. Emil Fränkel. Ich muss seinen Namen laut aussprechen, weil es bis jetzt niemand getan hat. Ich erinnere mich nicht an ihn, weil ich zu jung war, um eine bewusste Erinnerung zu behalten. Er schaffte uns 1938 aus Europa heraus und verwehrte es uns zurückzuschauen, damit wir nicht zu Salzsäulen erstarren würden, wegen unserer vielen zurückgelassenen Lieben.

Während die Nationen der Welt ihnen die Tür vor der Nase zuschlugen und Hitler stillschweigend ihr Einverständnis gaben, mit den Juden der Welt zu machen, was er wollte, während die politischen Führer und die Konferenzdelegierten sich im Luxus von Evian und der Sonne der Bermudas wärmten und zuhörten, wie Großbritannien seine Befürchtung äußerte, dass die Nazis von der Methode der Auslöschung zu einer der bloßen Verdrängung übergehen könnten, bemühte sich Emil verzweifelt, seiner Familie die Konzentrationslager zu ersparen.

Es ist so leicht, den Nazis die Schuld zu geben oder einfach nur Hitler zu beschuldigen. Doch von einem gewissen Zeitpunkt an wäre die Ermordung von Emils Familie ohne die Beteiligung oder wenigstens die Duldung vieler Länder und Einzelpersonen nicht möglich gewesen. Die kanadische Regierung war »gewissenhaft« gründlich, indem sie Umfragen veranlasste, um sicherzugehen, dass ihre Anti-Immigrationsverfahren den Willen des Volkes widerspiegelten.

In Europa wirkten ganz normale Menschen auf vielfache Art und Weise mit. Viele sahen es als praktischen Weg, wirtschaftlich vorwärtszukommen. Manche stimmten zu, weil sie Angst hatten, »Nein« zu sagen. Die Dänen sagten »Nein«. Und weil sie sich weigerten, ihre eigenen Bürger auszuweisen oder auszuliefern, wurden nur 500 dänische Juden abtransportiert, und nur 5 von ihnen starben. Mehr als 7200 Juden wurden von dänischen Freiwilligen mit Booten in Sicherheit gebracht. Aber anderswo schloss man sich den Nazis an. Nicht nur Deutsche, sondern auch Tschechen, Österreicher, Polen, Ungarn und sogar Franzosen.

Heute behauptet jeder, der den Krieg überlebte, ein Freiheitskämpfer gewesen zu sein oder ein Engel, der Juden im Dachgeschoss versteckte. Vielleicht war es einer von diesen namenlosen Helden, der den Fränkels half, ihren Häschern zu entgehen.

Während andere schnell in die Fänge der Nazis gerieten, wurden Fränkels erst am 6. März 1943 in ihr erstes KZ, Theresienstadt, deportiert, nach Terezín, wie es jetzt diejenigen nennen, die mit dem deutschen Namen der Stadt die ganze Erinnerung an sie aus ihrem Gedächtnis zu löschen versuchen.

Die Dokumente, die ich in Prag kopierte, waren sorgfältig aufbewahrt worden. Vier aufeinanderfolgende Nummern: 60114, 60115, 60116, 60117. Erst Emil, dann Dorothea, Ilse, und zuletzt Martha. Die Nummern der Eltern erschienen mir wie zwei Stützen, die die Kinder umschließen und beschützen sollten. Zusammen gingen diese vier Menschen durch das Tor, über dem noch immer der schaurige Schriftzug hängt: ARBEIT MACHT FREI.

Als ich Theresienstadt besuchte, musste ich mich dazu zwingen, einen Fuß vor den anderen zu setzen, um durch den Bogengang zu gehen, der diese höhnischen Worte trägt. Wie ein Mantra wiederholte ich »Theresienstadt war ein gutes Lager. Theresienstadt war ...«

Theresienstadt hatte keine als Duschen getarnte Gaskammern. Das Krematorium war nur für die Tausenden, die an Hunger, Ruhr und ähnlichen Krankheiten starben. So wie meine Großmütter Fanni und Resl.

Oseh schalom bim'ro'mav hu b'rachamah ja'aseh schalom aleinu, ve al kol jisroel v'imru: Amein.

Über zwanzig Monate lang überlebten die Fränkels in Theresienstadt. Ich weiß nicht, wie das möglich war. Ich weiß nicht, wie Martha den

Irrsinn in Schach halten konnte. Obwohl ich nichts zu fürchten hatte, schauderte mein Körper, als ich die nasskalten Baracken betrat. Ich erstarrte, als ich mir die Fränkels auf diesen splittrigen Brettern vorstellte. Ich wollte nur noch aus dem fensterlosen Tunnel des unterirdischen Gefängnisses und seiner erstickenden Stille fliehen.

Ich habe vieles über Theresienstadt gelesen. Ich habe sehr wenig über den nächsten Bestimmungsort der Fränkels gelesen. Alles in mir wehrt sich dagegen, diese Bücher zu öffnen.

Am 19. Oktober 1944, immer noch mit den Identifikationsnummern 60114 bis 60117, wurden die Fränkels nach Auschwitz verschickt.

Ich kann es nicht ertragen, die Bücher zu lesen. So viele Bilder sind mir auch ohnedies schon ins Hirn gebrannt. Brillenhaufen. Haufen von Kinderschuhen in der Baracke mit dem ironischen Namen »Kanada«, als Chiffre für das Land des Überflusses. Abgemagerte Skelette, zu schwach, um aus ihren dicht übereinander gebauten Hochbetten heraus zu kommen, während die stummen Befreier sie wie betäubt anstarrten. Die zwei Menschenschlangen, diejenigen, die noch arbeiten konnten, wurden nach rechts dirigiert, Alte und Kranke, Frauen und Kinder nach links. Emil musste zuschauen, wie Martha diesen letzten Gang ging. Dorothea auf dem Arm und Ilserl an der Hand. War Emil klar, wohin dieser Gang sie führen würde? Der Gestank von brennendem Fleisch aus den Krematorien war unverkennbar.

Kein Todesdatum ist für Martha, Dorothea und Ilserl vorhanden. Sie mussten ihre Kleidung ablegen und dann direkt in den Raum gehen, in dem das Zyklon-B-Gas aus der Düse an der Decke eindrang. Der Tod trat nicht sofort ein. Die Kratzspuren an den Wänden von denjenigen, die krampfhaft nach Luft schnappten, legen Zeugnis vom Todeskampf dieser letzten Momente ab.

Für Emils Tod gibt es einen Ort und ein Datum. Der Todesort ist Dachau. Zuerst dachte ich, das sei bestimmt ein Fehler. Auschwitz war im gefürchteten Osten, in Polen. Dachau liegt in Deutschland, nicht weit von München, der fröhlichen bierseligen Hauptstadt Bayerns. Das Datum war der 14. Februar 1945.

Der Valentinstag, der Tag der Rosen und der Schokoladenherzen, hat für mich eine neue Bedeutung angenommen. Niemand konnte mir sagen, warum Emil nach Dachau verschickt wurde. Es ist möglich, dass Auschwitz mit den Menschenmassen, die vergast werden sollten, einfach nicht mehr fertig werden konnte. Vielleicht gab es keine Juden mehr, die noch fähig waren, Leichen zu den Öfen zu schleppen. Angst vor dem russischen Vorrücken führte die Deutschen dazu, das Töten auf jede mögliche Weise zu beschleunigen, einschließlich langer Todesmärsche weg von der östlichen Front.

1945. Emil hätte es beinahe überlebt. Erlag er schließlich der Erschöpfung, dem gebrochenen Herzen oder einer Krankheit? Manche behaupten, dass Dachau das KZ-Lager für Unruhestifter war. Musste man Emil töten, weil er, der nichts mehr zu verlieren hatte, seine Peiniger bis zum Schluss herausforderte?

Die Hand streichelte mir weiterhin den Arm, während Tränen unter meinen Augenlidern hervorquollen.

Niemand hatte für Emil Kaddisch gesagt. Meine Eltern hatten für ihre Eltern Kaddisch gesagt und ich für meine Eltern. Für Emil war niemand mehr da gewesen.

Erst als ich die Briefe las. Aber jetzt gibt es kein Zurück mehr. Und wie es weitergehen kann, weiß ich immer noch nicht sicher.

Jitgadal vejitkadasch sch'mei rabah …

***

Manchmal könnte man denken, das Leben selbst sei seltsamer als die Dichtung. Als ich Cham besuchte, die deutsche Heimatstadt meiner Mutter, lernte ich Max Weißglas kennen, den Mann, der dort als »einziger Jude in Cham« bekannt war. Sieben Jahre später erhielt ich einen Telefonanruf von seiner Frau Melanie, die mir mitteilte, dass ihr lieber Mann gestorben sei. Ich sprach ihr mein Beileid aus und bedankte mich, dass sie mich benachrichtigt hatte.

Viele Monate später bekam ich einen Umschlag, der mit griechischen Briefmarken frankiert war. Ich öffnete ihn und fand den folgenden Brief:

*Liebe Fr. Helen! Ich schreibe einer unbekannten Frau einen Brief,
doch spüre ich genau, dass wir Freundinnen sein könnten. Es ist
mir eine Herzensangelegenheit, dass wir uns kennen lernen.
Langsam erwache ich aus meiner Ohnmacht über den Verlust
meines verstorbenen, geliebten Vaters Max. Ich weiß, dass Sie ihn
sehr geschätzt haben, und dass das auch von ihm ausging. Er sagte
es mir oft. Meinen Vater und mich verband etwas ganz Spirituel-
les, das man nicht in die schönsten Wörter kleiden könnte. Er ist
gestorben, aber nicht tot. Das gibt mir die Kraft, an das Leben zu
glauben. Wie Sie wissen, lebe ich schon viele Jahre in einem nord-
griechischen Fischerdorf, 50 km südlich von Thessaloniki. Meinen
Ehemann habe ich ganz bewusst als Nichtdeutschen gewählt und
Deutschland verlassen. Da Sie eine hochintelligente Frau sind,
muss ich nicht gross schreiben warum, wieso!*

*Unsere Tochter, jetzt 17-jährig, ist Jüdin von ganzem Herzen,
nicht glaubensmäßig, aber einstellungsmäßig. Sie sieht ihrem eh-
renwerten Opa so ähnlich, er liebte sie abgöttisch. Sie (Rebecca)
macht nächstes Jahr ihr Abitur, wir sind sehr stolz.*

*Dies waren wichtige, unwichtige Zeilen von einem unbekann-
ten deutsch-jüdisch-griechischen Herzen.*

*Wenn Sie mögen, werden wir ab Sommer internetmäßig Kon-
takt halten. Aber davor würde ich sehr gerne einen handgeschrie-
benen Brief von Ihnen erhalten. Es umarmt und denkt an Sie,*
Ihre Sonja Weißglas-Zampas aus Griechenland.

Ich fühlte mich natürlich geschmeichelt, dass jemand, dem ich so kurz
begegnet war, so viel von mir hielt. Während Max mich tief beeindruckt hatte, hatte ich nicht gedacht, jemandem, der die Hölle gesehen
und von den Flammen versengt worden war, viel bieten zu können.

Zugleich verstand ich das Bedürfnis einer Tochter, sich irgendje-
mandem zu nähern, der ihr helfen könnte, mit dem Verlust eines geliebten Vaters zurechtzukommen. Doch etwas an dem Brief gab mir
zu denken. Max und Melanie hatten doch sicher andere Freunde, die
ihn besser gekannt hatten als ich. Und sicher hatte er mir wohl kaum
etwas anvertraut, was nicht auch Melanie gewusst hätte.

Eines Tages, als ich mich bemühte, meine Gedanken zu formulieren, ehe ich sie auf Deutsch für Sonja niederschrieb, ging mir ein Licht auf. Ich bin Sonjas einzige Verbindung zu ihrer jüdischen Herkunft. Wie so viele andere hatte Max Gott zurückgewiesen, weil Er dabei gestanden hatte, als man diejenigen ausrottete, die Sein Lob gesungen hatten. Nach seinen Erfahrungen in den Konzentrationslagern hatte Max alle jüdischen Verbindungen abgelehnt. Er wollte nichts mehr mit Religion zu tun haben.

Sonja war mit absolut keiner Beziehung zum Judentum erzogen worden. Melanie ist nicht jüdisch, und alle anderen Juden in ihrer Heimatstadt waren verschwunden. Die wenigen, die das KZ überlebt hatten, wollten nicht nach Deutschland zurückkehren.

Sonja war nie einem anderen Juden begegnet. Ich bin ihre einzige Verbindung zu einer alten, verschwundenen Tradition.

Oder fast. In ihrer siebzehnjährigen Tochter Rebecca behauptet Sonja eine wiedergeborene jüdische Seele zu erkennen. Was weiß Sonja von der jüdischen Seele? Warum hat sie ihre Tochter nach der berühmten jüdischen Matriarchin benannt? Warum behauptet Sonja, dass diese Tochter, fünfzig Kilometer von Thessaloniki geboren und aufgewachsen, ein jüdisches Herz hat?

Was kann Sonja von diesen Dingen wissen, und noch wichtiger, warum sind sie ihr nicht gleichgültig?

Ich suche Rat bei einem Freund. Er empfiehlt mir, von meinen Erinnerungen an ihren Vater zu sprechen, aber ihr auch von dem Kampf um meine eigene Herkunft zu erzählen. Und somit hat er begonnen, dieser Dialog zwischen Fremden, die sich noch nicht begegnet sind. Zwei Frauen aus verschiedenen Generationen, die auf verschiedenen Kontinenten leben, die beide eine Zuflucht suchten, die eine in einem griechischen Fischerdorf, die andere in der Anonymität einer kanadischen Stadt. Zwei Frauen, aufgewachsen in den friedlichsten Orten der Welt und in einer sicheren Zeit, doch verbunden durch die Schatten der Vergangenheit. Wir schreiben uns Briefe und E-Mails. Sie teilt die Hauptgeschehnisse ihres Lebens mit mir, und ich freue mich, wenn Rebecca Fortschritte macht oder wenn Melanie mir schreibt, dass sie nach Griechenland reist, um bei

Sonja zu sein. Am Rosch Haschanah beschreibe ich für Sonja den Klang des Schofars, des Widderhorns, das mir tief in die Seele einzudringen scheint. Ich erzähle ihr, dass wir Apfelscheiben in Honig eintauchen, um ein süßes Neujahr zu begehen, und ich erkläre, warum wir am Jom Kippur fasten.

Ich merke plötzlich, dass ich das Wort »wir« gebrauche, und ich erkenne mit einem Schlag, dass ich mich jetzt als Jüdin betrachte.

Der Apfel fällt nicht weit vom Stamm.

Ich denke über dieses Sprichwort nach, während ich über die Zeitspanne der Jahre zurückschaue. Obwohl ich nicht als traditionelle Jüdin erzogen wurde, war ich mir doch immer meines Judentums bewusst. Jetzt sind es meine erwachsenen Kinder, die dasselbe sagen. Was ich nicht hatte, konnte ich nicht weitergeben. Und doch, vieles wurde mir übermittelt, das ich weitergegeben habe, oft auf wundersame Weise.

Bei meinen beiden Töchtern bemerke ich ein geschärftes Bewusstsein für die Rechte von Minderheiten. Auf je eigene Weise legt jede etwas auf die Waage, um Ungerechtigkeiten auszugleichen. Beide teilen mit mir auch eine stetige Dankbarkeit für den Reichtum des Lebens. Erst kürzlich erfuhr ich, dass dies ein Kennzeichen des Judentums ist.

Unsere Tradition lehrt nämlich, dass wir am Morgen beim ersten Erwachen danken sollen, für unser Herz, das schlägt, für unsere Lungen, die atmen, für die Gefäße, durch die unser Blut fließt, und für alles andere, was wir nicht bewusst steuern.

Ich habe so viel gelernt, seitdem ich zum ersten Mal diese Schachtel aus Pappe geöffnet habe, und ich schlage Wurzeln, die immer stärkere Kraft aus dem Nährboden des Judentums ziehen.

Vor kurzer Zeit wagte ich es zum ersten Mal, an Pessach einen Sederabend bei mir zu Hause abzuhalten. Nie hatten meine Eltern einen Seder gehalten. Vielleicht hätte ein Seder sie nur an alle erinnert, die nicht mit am Tisch saßen. Als meine Töchter klein waren, schickte ich sie auf die Suche nach Ostereiern. Jetzt lud ich sie zu einer langen Traditionsfeier ein, die die Wiedergabe unserer Befreiungsgeschichte aus der Sklaverei im alten Ägypten enthielt.

Zu meiner großen Freude nahmen meine Töchter die Einladung an, für sich selbst und für ihre Partner, die für den feierlichen Abend einfühlenderweise eine Kippa aufsetzten. Trotz seiner sehr gerafften Darstellung, die das Lesen einer langen Haggadah ersetzte, wurde ein kleines Kinderbuch zum Seder, das ich für meine einjährigen Zwillingsenkelsöhne gekauft hatte, zur wichtigsten Lektüre der erwachsenen Familienmitglieder.

Vielleicht ist unser Blick auf die Welt in vielerlei Hinsicht mit dem eines Einjährigen vergleichbar. Besonders in meinen Jugendjahren und mit Anfang zwanzig dachte ich einmal, dass ich so viel weiß. Das Leben ist ein langer Weg der Einsicht, auf dem einem allmählich bewusst wird, wie wenig man weiß und auf welch wackligen Füßen die vermeintlich unerschütterlichsten Überzeugungen stehen.

Heute sehe ich meinen Lebensweg mit anderen Augen. Ich denke jetzt durchaus, dass ich in die richtige Richtung gehe. Das Leben kommt mir mühelos vor, und manchmal scheint es mir sogar freudevoll, jetzt, da ich nicht mehr gegen den Strom schwimme.

In meinem Judentum leben sie weiter mit mir, diese Familienmitglieder, deren Leben so vorzeitig beendet wurde. Ich habe etwas von ihrem Wesen geerbt, zusammen mit ihren Geschichten. Sie fließen durch mich hindurch, und bis zu einem gewissen Grade gestalten sie mich.

Vielleicht ist das die eigentliche Lehre, auf die es ankommt: diese Bahnen zu öffnen. Vielleicht können die heilenden Ströme jetzt durch mich fließen, um an neue Ufer zu schlagen. Als ich dieses Jahr am Tisch saß und meinen Zwillingsenkeln zuschaute, wie sie ihre Apfelschnitten in eine Schale Honig tauchten, fiel auf das weiße Tischtuch mit dem Monogramm meiner Mutter eine Träne.

Brief von Arnold und Fanni, oben das Zeichen der Zensurbehörde, 1941

*Josef Waldstein und
seine Söhne in der
Uniform des Ersten
Weltkriegs, von links
nach rechts: Arnold,
Edi, Otto, Josef, 1917*

Hochzeit von Else Waldstein und Emil Urbach, Krumau, Oktober 1920

*Hochzeit von Vera Schick
und Arnold Waldstein,
ca. 1925*

*Anny Grünhut,
eine Schönheit mit
ihrem Kurzhaarschnitt,
Juni 1929*

Martha Waldstein,
ca. 1929

Emil Fränkel, ca. 1929

Edmund (Edi) Waldstein,
ca. 1930

Edi, Arnold und Otto,
ca. 1930

Familie Waldstein, ca. 1930.
Hintere Reihe (von links nach rechts): Edmund Waldstein, Emil Urbach,
Emil Fränkel, unbekannt, Else Urbach, Arnold Waldstein.

Mittlere Reihe: Martha Fränkel, unbekannt, Josef Waldstein,
Fanni Waldstein, Vera Waldstein, unbekannt.
Vorne: Ilserl Fränkel, Otto Urbach, Marianne Urbach

Oben: *Ilse mit ihrer Großmutter Fanni, Sommer 1932*

Unten: *Rückseitentext des Fotos: »An meinen lieben Onkel Edi, eine Erinnerung an meinen zweiten Geburtstag, 23. Januar 1933, Ilserl«*

Oben: Meine Großeltern mütterlicherseits: Resl (geborene Langschur) und Max Grünhut feiern ihre Silberhochzeit in Cham, Bayern, 6. Dezember 1934

Unten: Strobnitz, ca. 1935

Hochzeit von Gretl Grünhut und Edi Waldstein, 30. Juni 1935

*Gretl Waldstein,
geb. Grünhut, als
junge Mutter, elegant
gekleidet für ihren
Nachmittagsspaziergang,
September 1936*

*Mit meinem Vater vor
dem Geschäft, das den
Familiennamen trägt,
1937*

Helen mit Tini, 1937

Hochzeit von Anny Grünhut und Ludwig Ekstein, 14. März 1937

*Das arme Hilderl,
ca. 1938*

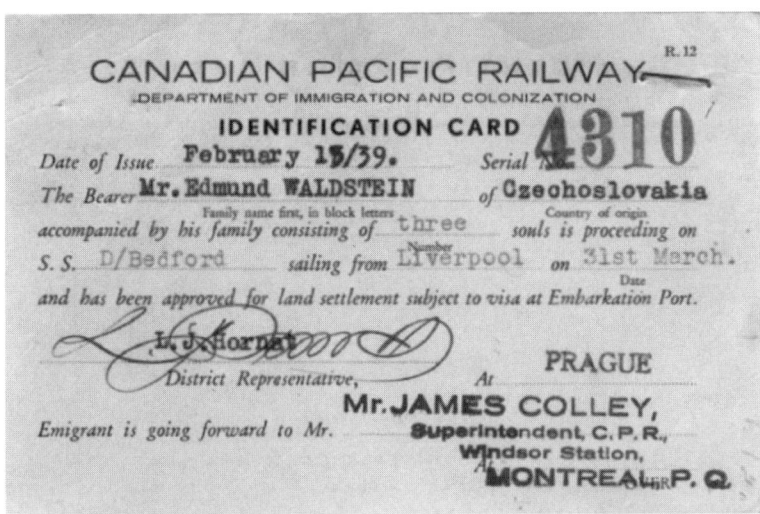

Ausweis von Edmund Waldstein, ausgestellt von der CPR, 15. Februar 1939

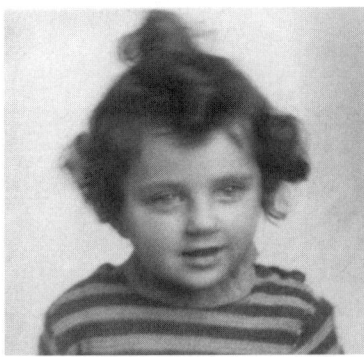

Links: Studiofoto von mir, datiert und gestempelt in Prag, 1939 (Beleg, dass meine Familie nicht einfach nur den Prager Bahnhof passiert hat.)

Rechts: Bereit für die Feldarbeit, die Mutter in Gummistiefeln, um ihre Beine vor Schlangen zu schützen, 1940

Allein am Hühnerstall, 1940

*Helen macht sich auf
den Weg zu ihrem ersten
Schultag, September 1941*

Transportkarte für Dorli Fränkel, 29.10.1944

Anny sitzt provokativ auf der Motorhaube unseres ersten Autos in Kanada, 1945

277

Einige der Skelette aus Massengräbern wurden nach dem Krieg ausgegraben

Arnolds Grab, 2008

Literatur

Abella, Irving/Troper, Harold: *None is Too Many*. Canada and the Jews of Europe, 1933–1948. Toronto: Lester Publishing Ltd., 1983.

Berenbaum, Michael: *The World Must Know.* The History of the Holocaust as Told in the United States Holocaust Memorial Museum. Baltimore: Johns Hopkins University Press, 2006.

Cohn-Sherbok, Dan: *Anti-Semitism.* A History. Thrupp, Stroud, Gloucestershire: Sutton Publishing, 2002.

Davies, Alan T. (Hrsg.): *Antisemitism in Canada.* History and Interpretation. Waterloo: Wilfried Laurier University Press, 1992.

Dirks, Gerald E.: *Canada's refugee Policy.* Indifference or Opportunism? Montreal: McGill-Queens University Press, 1977.

Foxman, Abraham H.: *Never Again?* The Threat of the New Anti-Semitism. New York: HarperCollins, 2003.

Gilbert, Martin: *The Holocaust.* The Jewish Tragedy. London: Collins, 1986.

Gilbert, Martin: *Never Again.* A History of the Holocaust. New York: Universe Publishing, 2000.

Hecht, Thomas O.: *Czech Mate.* A Life in Progress. Jerusalem: Yad Vashem, 2007.

Koestler, Arthur: *Promise and Fulfilment.* Palestine 1917–1949. London: Macmillan & Co. Ltd., 1949.

Lipstadt, Deborah E.: *Beyond Belief.* The American Press and the Coming of the Holocaust, 1933–1945. New York: The Free Press, 1986.

Niewyk, Donald L. (Hrsg.): *Fresh Wounds*. Early Narratives of Holocaust Survival. Chapel Hill: University of Carolina Press, 1998.

Paris, Erna: *Long Shadows*. Truth, Lies and History. Toronto: Vintage Canada, 2001.

Shapiro, Raya Czerner/Weinberg, Helga Czerner: *Letters From Prague, 1939–1941*. Chicago: Academy Chicago Publishers, 1991.

Troper, Harold: *From Immigration to Integration*. The Canadian Jewish Experience. Millenium Edition. Toronto: Institute for International Affairs, B'nai Brith Canada, 2001.

Wittrich, Robert S.: *Hitler and the Holocaust*. New York: Random House, 2003.

Wyden, Peter: *The Hitler Virus*. The Insidious Legacy of Adolf Hitler. New York: Arcade Publishing, 2001.

Wyman, David S.: *The Abandonment of the Jews*. America and the Holocaust, 1941–1945. New York: Pantheon Books, 1984.

Bildnachweis

Die Rechte für die Abbildungen liegen bei der Autorin.